o continente do labor

COLEÇÃO
Mundo do Trabalho

AS NOVAS INFRAESTRUTURAS PRODUTIVAS:
DIGITALIZAÇÃO DO TRABALHO, E-LOGÍSTICA E INDÚSTRIA 4.0
Ricardo Festi e Jörg Nowak (orgs.)

PETROBRAS E PETROLEIROS NA DITADURA
TRABALHO, REPRESSÃO E RESISTÊNCIA
Luci Praun, Alex de Souza Ivo, Carlos Freitas, Claudia Costa,
Julio Cesar Pereira de Carvalho, Márcia Costa Misi, Marcos de Almeida Matos

GÊNERO E TRABALHO NO BRASIL E NA FRANÇA
Alice Rangel de Paiva Abreu, Helena Hirata
e Maria Rosa Lombardi (orgs.)

OS LABORATÓRIOS DO TRABALHO DIGITAL
Rafael Grohmann

AS ORIGENS DA SOCIOLOGIA DO TRABALHO
Ricardo Festi

PARA ALÉM DO CAPITAL E PARA ALÉM DO LEVIATÃ
István Mészáros

A PERDA DA RAZÃO SOCIAL DO TRABALHO
Maria da Graça Druck e Tânia Franco (orgs.)

SEM MAQUIAGEM: O TRABALHO DE UM MILHÃO
DE REVENDEDORAS DE COSMÉTICOS
Ludmila Costhek Abílio

A SITUAÇÃO DA CLASSE TRABALHADORA NA INGLATERRA
Friedrich Engels

O SOLO MOVEDIÇO DA GLOBALIZAÇÃO
Thiago Aguiar

SUB-HUMANOS: O CAPITALISMO E A METAMORFOSE DA ESCRAVIDÃO
Tiago Muniz Cavalcanti

TEOREMA DA EXPROPRIAÇÃO CAPITALISTA
Klaus Dörre

UBERIZAÇÃO, TRABALHO DIGITAL E INDÚSTRIA 4.0
Ricardo Antunes (org.)

Veja a lista completa dos títulos em:
https://bit.ly/BoitempoMundodoTrabalho

Ricardo Antunes

o continente do labor

Copyright © Boitempo Editorial, 2011
Copyright © Ricardo Antunes, 2011

Coordenação editorial
Ivana Jinkings

Editora-adjunta
Bibiana Leme

Assistência editorial
Caio Ribeiro e Livia Campos

Coordenação de produção
Juliana Brandt

Assistência de produção
Livia Viganó

Preparação
Mariana Tavares

Revisão
Thaisa Burani

Diagramação e capa
Antonio Kehl e Livia Viganó
Sobre "El Vendedor de Alcatraces", de Diego Rivera

CIP-BRASIL. CATALOGAÇÃO-NA-FONTE
SINDICATO NACIONAL DOS EDITORES DE LIVROS, RJ

A642c

Antunes, Ricardo L. C. (Ricardo Luis Coltro), 1953-
O continente do labor / Ricardo Antunes. - São Paulo, SP :
Boitempo, 2011. (Mundo do trabalho)

ISBN 978-85-7559-178-9

1. Trabalho - América Latina. 2. Trabalho - Brasil. 3. Sindicatos
- América Latina. 4. Sociologia do trabalho. I. Título. II. Série

11-5236.

CDD: 331.1
CDU: 331.1
028913

É vedada a reprodução de qualquer parte
deste livro sem a expressa autorização da editora.

Este livro atende às normas do acordo ortográfico em vigor desde janeiro de 2009.

1ª edição: setembro de 2011; 3ª reimpressão: fevereiro de 2025

BOITEMPO EDITORIAL
Jinkings Editores Associados Ltda.
Rua Pereira Leite, 373
05442-000 São Paulo SP
Tel./fax: (11) 3875-7250 / 3872-6869
editor@boitempoeditorial.com.br | boitempoeditorial.com.br
blogdaboitempo.com.br | youtube.com/imprensaboitempo

Cada uno se va como puede,
unos con el pecho entreabierto,
otros con una sola mano,
unos con la cédula de identidad
en el bolsillo,
otros en el alma,
unos con la luna atornillada
en la sangre y otros sin sangre,
ni luna, ni recuerdos.
[...]
Pero todos se van con los pies atados,
unos por el camino que hicieron,
otros por el que no hicieron
y todos por el que nunca harán.

Roberto Juarroz, *Segunda poesia vertical*

Eu, americano das terras pobres,
Das metálicas pesetas,
Onde o golpe do homem contra o homem
Se reúne ao da terra sobre o homem.
Eu, americano errante,
Órfão dos rios e dos
Vulcões que me procriaram [...]

Pablo Neruda, *Palavras à Europa*

O homem nas Américas, inclinado em seu sulco,
Rodeado pelo metal de sua máquina ardente,
O pobre dos trópicos, o valente
Mineiro da Bolívia, o largo operário
Do profundo Brasil, o pastor
Da Patagônia infinita...

Pablo Neruda, *Para ti as espigas*

Eu gosto dos que têm fome
Dos que morrem de vontade
Dos que secam de desejo
Dos que ardem...

Adriana Calcanhotto, "Senhas"

Para Claudia

SUMÁRIO

Prefácio – *Alberto L. Bialakowsky* 9

Apresentação – As vias abertas na América Latina 11

Parte I – O trabalho na América Latina

I – O continente do labor 17

II – Por um novo modo de vida na América Latina 53

III – Capitalismo e dependência 61

IV – As lutas sociais e o socialismo
na América Latina no século XXI 67

Parte II – O Brasil no continente do labor

V – Passado, presente e alguns desafios
das lutas sociais no Brasil 81

VI – O Partido Comunista Brasileiro (PCB), os trabalhadores
e o sindicalismo na história recente do Brasil 89

VII – 1968 no Brasil 111

VIII – Dimensões do desemprego no Brasil 119

IX – As formas diferenciadas da reestruturação produtiva
e o mundo do trabalho no Brasil 125

X – Sindicatos, lutas sociais e esquerda no Brasil
recente: entre a ruptura e a conciliação 135

Parte III – Panorama do sindicalismo na América Latina

XI – As principais centrais sindicais latino-americanas 153

Fonte dos textos 169

Bibliografia 171

PREFÁCIO*

Alberto L. Bialakowsky

O continente do labor é a nova obra de um trabalho contínuo de Ricardo Antunes, um dos grandes intelectuais críticos da América Latina. Nesta oportunidade, o autor analisa nosso continente a partir das bases de sua força de trabalho, suas coletividades e seus contextos. Agora, como nunca, apresenta o dilema contemporâneo sobre a disjuntiva histórica *barbárie* ou *socialismo* como teoria e práxis necessárias para uma mudança social radical.

Em sua análise giroscópica do entorno histórico e cartográfico continental, faz mover-se constantemente nossa observação, de sociedade em sociedade, para assinalar no presente a existência de extremos abismais nas contradições acumuladas entre a força de trabalho e as forças produtivas, entre o sistema produtivo e o financeiro, entre o proletariado e o subproletariado.

Nesse horizonte territorial de "desertificação neoliberal", assinala a destrutividade e superfluidade do capitalismo aplicadas à dominação daqueles que só podem subsistir da venda do seu próprio trabalho em meio às crises capitalistas que se repetem. Coloca-nos assim a necessidade de repensar o socialismo a partir de uma perspectiva realista, de repensá-lo diante do desequilíbrio planetário, pois de outro modo a cegueira torna-se, ao mesmo tempo, sintoma e padecimento.

Só é possível avançar ao compreender que o capital, o trabalho e o Estado – e seus estreitos vínculos – contêm a base do *metabolismo* do sistema, e que, portanto, dissolver só um ou dois desses componentes é inútil, pois com isso permanecem ilesos a reprodução, o poder e a máscara do "mercado", que se reimpõem na esfera do capital.

Assim, para reverter a *superexploração* do trabalho, torna-se necessária a reconstrução de um pensamento social que, ao se encarnar em uma força social, não pode deixar de incorporar à totalidade do trabalho coletivo.

Historicamente, essa força tem sido disposta de forma fragmentada, em infinitas divisões; trata-se agora de reterritorializá-las, tanto em suas formações moleculares como em seus espaços regionais e globais. Por isso, trata-se de Brasil, mas trata-se

---

* Tradução de Mouzar Benedito. (N. E.)

10   *O continente do labor*

também de toda América Latina, pois o continente é o conteúdo como realidade e como invenção sociopolítica.

Assim, Ricardo Antunes, precedendo o epílogo da multiplicidade de vozes de sua equipe, responsável pelo fecho policromático de sua obra, afirma:

> *Compreender o desenho composto, heterogêneo, polissêmico e multifacetado que caracteriza a nova morfologia da classe trabalhadora torna-se imprescindível, visando eliminar as clivagens que separam os trabalhadores/as estáveis e precários, homens e mulheres, jovens e idosos, nacionais e imigrantes, brancos, negros e índios, qualificados e não qualificados, empregados e desempregados, dentre tantas outras diferenciações... Isso, em nosso entendimento, só é possível partindo das* **questões vitais** *que emergem no espaço da vida cotidiana.*
> *Trabalho, tempo de trabalho e de vida; degradação ambiental, produção destrutiva, propriedade (incluindo intelectual), a mercadorização dos bens (água, alimentos), são alguns temas certamente vitais que os sindicatos (e atores coletivos) não podem mais desconsiderar.*

Se, como pensamos, Ricardo Antunes é um autor imprescindível, sua nova obra na constelação de suas criações constitui, diante do continente latino-americano, um marco necessário.

Buenos Aires, 8 de agosto de 2011

Apresentação

AS VIAS ABERTAS NA AMÉRICA LATINA

O continente do labor oferece um olhar ante aos dilemas do mundo do trabalho, mas um olhar *latino-americano*, ainda que contemple também o que vem ocorrendo no mundo dos chamados "países avançados", com suas mazelas. Se o universo do trabalho e das lutas sociais é por certo global, histórico-mundial, nossa leitura não abdica do olhar latino-americano; em verdade, ela recusa a postura de curvar-se perante o centro avançado, desprezando de modo elitista o que se passa no nosso continente.

Três partes compreendem este livro.

A primeira reúne textos escritos sobre a América Latina acerca da temática do *trabalho*, da *dependência*, das *lutas populares* e de alguns dos tantos desafios presentes no nosso continente. Nela, estão compreendidos textos que contemplam o tema do socialismo hoje e a necessidade imperiosa e vital de criação de um *novo modo de vida*, alheio aos constrangimentos do capital e de sua lógica destrutiva, nos marcos de uma sociedade que se desenvolveu sob o signo da subordinação.

Seu texto inicial, que dá o título ao presente volume, foi escrito originalmente como parte da enciclopédia *Latinoamericana**. Porém, como foi reduzido e alterado de forma significativa para adequar-se à referida publicação, encontra agora sua divulgação integral. Seu sentido informativo foi preservado, procurando oferecer um cenário panorâmico sobre o mundo do trabalho, suas principais lutas e embates presentes na América Latina. Além disso, visa introduzir a questão do *trabalho* para o leitor interessado neste continente, e possui, por isso, um caráter introdutório, escrito para não especialistas.

A segunda parte oferece um balanço sintético das lutas sociais e sindicais no Brasil do século XX e início do XXI. Seus textos condensam reflexões e pesquisas recentes sobre o caso brasileiro, país que teima em dar as costas para a América Latina, muitas vezes sem se dar conta de que é parte viva dela. O passado e o presente do sindicalismo, o Partido Comunista Brasileiro (PCB) e o Partido dos Trabalhadores (PT), o significado de 1968 para nossa história, a precarização do trabalho e o desemprego e o significado do governo Lula são apresentados em seis textos.

---

* São Paulo, Boitempo, 2006. (N. E.)

12   *O continente do labor*

Já a terceira parte oferece um breve panorama descritivo do *sindicalismo latino-americano* por meio de suas principais *centrais sindicais*. Esta parte também foi originalmente escrita em forma de verbetes para a citada *Latinoamericana*, e sua republicação agrupada e integral deve-se especialmente ao conjunto de informações que consolida. Seus autores são todos membros do nosso Grupo de Pesquisa Estudos sobre o Mundo do Trabalho e suas Metamorfoses, do Instituto de Filosofia e Ciências Humanas (IFCH) da Unicamp.

Portanto, ao longo deste livro mesclam-se *laboração* individual e pesquisa coletiva, escrita *una* e *múltipla*, uma vez que vários dos textos foram escritos em coautoria – é prudente recordar, sem que nenhum coautor seja responsável pelo *conjunto* de ideias e teses aqui apresentado.

• • •

Este livro começou a surgir depois de uma série de viagens que realizei pela América Latina, quando pude caminhar pelos Andes e conhecer um pouco do modo de vida de seus povos indígenas, participar de majestosas manifestações populares no início de 2001 na Argentina (e visitar várias de suas fábricas ocupadas e recuperadas, em distintas cidades) e acompanhar os avanços populares em Cuba e nos bairros populares da Venezuela.

Surgiu ainda da percepção das lutas no Uruguai, na Colômbia, no Peru e na Guatemala. Resultou do diálogo com universidades, sindicatos, partidos, assembleias populares e movimentos sociais de diversos países; do mergulho na magistral experiência pré-hispânica do México, com seus muralistas, seus camponeses, seus operários, suas línguas. Floresceu com os lançamentos de meus livros *Adios al trabajo?* e *Los sentidos del trabajo** na Argentina, na Venezuela, na Colômbia e no México. Sem que me desse conta, nascia um projeto espontâneo, cujo primeiro resultado está condensado neste pequeno livro.

Depois de dedicar duas décadas ao estudo do mundo operário no Brasil e outras duas décadas refletindo sobre o que ocorre no mundo do trabalho nos países capitalistas do Norte, *era hora de focar os estudos no continente do labor*. Era hora de procurar compreender o que se passa neste continente que nasceu para *servir* e *trabalhar*, mas que sabe também conjugar *felicidade* com *rebelião*, *sofrimento* com *liberação*, *espoliação* com *revolução*.

Foi durante esses anos que, ao escrever um pequeno artigo – com clara e conhecida inspiração –, dei-lhe o título "As vias abertas na América Latina". Nele, dizia que ao menos alguns dos países do nosso continente começavam a superar a tragédia neoliberal, responsável pelo desastre social das últimas décadas, caracterizado pelos enormes índices de pauperização, expulsão, despossessão, desemprego, empobrecimento e exploração, tanto no campo como nas cidades. Continente que presenciava, em contrapartida,

---

*   Traduções para o espanhol de *Adeus ao trabalho?* (São Paulo/Campinas, Cortez/Unicamp, 1995) e *Os sentidos do trabalho* (São Paulo, Boitempo, 1999). (N. E.)

um aumento desmesurado da concentração da riqueza, a ampliação da propriedade da terra, o crescimento dos agronegócios e o avanço dos lucros e ganhos do capital.

Foi ainda um período de grande expansão das empresas transnacionais e do capital financeiro, que alcançaram altas taxas de lucro, seguindo à risca a cartilha do Fundo Monetário Internacional. Isso sem falar na existência de parlamentos e judiciários bastante degradados, em grande medida coniventes com as classes dominantes e seus polos ativos de corrupção.

Mas, se assim foi e tem sido em muitas regiões, é possível perceber também que o receituário neoliberal e sua pragmática destrutiva vêm dando mostras de exaustão, e os povos da América Latina estão à frente desses novos embates.

Os países andinos, por exemplo, experimentam e exercitam novas formas de poder popular. São vários os exemplos de avanço das lutas desta natureza em *nuestra América*.

Contra a arquitetura institucional-eleitoral das classes dominantes, os povos indígenas, os campesinos, os sem terra, os operários despossuídos, as camadas médias assalariadas e empobrecidas, os trabalhadores precarizados, os desempregados, homens e mulheres, esboçam novas formas de ação e de luta social e política, obstando e opondo-se aos governos e grupos que têm sido dominantes há muito tempo.

A história está sendo redescoberta de outros modos e por outras formas. Nos Andes, onde se desenvolveu uma cultura indígena milenar, cujos valores, ideários, sentimentos e espírito comunitário são muito distintos daqueles estruturados sob o controle e o tempo do capital, renascem e ampliam-se as rebeliões, florescem novos ciclos de lutas, em um claro sinal de contraposição à ordem que se estruturou desde o início do domínio e da espoliação coloniais que, desde então, não param de drenar as riquezas do Sul para o Norte do mundo.

Começa a ser esboçada uma nova forma de poder popular, autoconstituinte, moldada pela base, que recusa a representação distanciada dos povos e recupera práticas de assembleias populares multitudinárias.

Na Bolívia, por exemplo, as comunidades indígenas e camponesas vêm procurando de algum modo romper com o conservadorismo e a sujeição. Herdeiro de uma tradição revolucionária, o povo boliviano tem dado provas de muita força e rebeldia, sinalizando que o avanço popular é cada vez mais efetivo, o que aguça e assusta as classes dominantes, em suas várias tentativas de golpe e contrarrevolução.

Na Venezuela, os assalariados pobres dos morros e dos bairros populares de Caracas também avançam na organização popular. Buscam formas alternativas de organização do trabalho nas empresas, ampliando sua ação, e seguem em frente com a mobilização popular, por meio dos *conselhos comunais*, no esboço de outro desenho de poder e na busca de novos caminhos para o socialismo no século XXI.

Na Argentina, quando da eclosão dos levantes em dezembro de 2001, vimos a luta dos trabalhadores e trabalhadoras desempregados, denominados *piqueteros*, que depuseram, junto às classes médias empobrecidas, vários governos nos "dias que abalaram a Argentina". Ou ainda as *fábricas recuperadas*, que demonstram a inutilidade, superfluidade e destrutividade dos capitais privados.

14 *O continente do labor*

As rebeliões no México, de Chiapas até a experiência da Comuna de Oaxaca, em 2005 (desencadeada por uma greve de professores da rede pública local), acrescidas das lutas dos trabalhadores eletricitários desempregados que acamparam aos milhares na Cidade do México em 2010, são todas ações que moldam o cotidiano do mundo do trabalho.

No Brasil, a luta do Movimento dos Trabalhadores Rurais Sem Terra (MST) contra os latifúndios e a propriedade concentrada da terra, contra o agronegócio e seus transgênicos e agrotóxicos, contra a mercadorização dos bens e produtos, como a água e os recursos energéticos, é outro importante exemplo das lutas sociais e políticas que florescem na América Latina, onde também se destaca a resistência prometeica dos cubanos contra um bloqueio venal dos Estados Unidos.

No Peru, os indígenas e camponeses estão desencadeando levantes cotidianos, como fizeram, em junho de 2009, contra o governo conservador e de direita de Alan García, que acumulou índices de crescente oposição popular. Junto a tantos outros povos andinos, os latino-americanos aumentam os espaços de resistência e rebelião.

Isto para não falarmos das lutas operárias urbanas dos assalariados da indústria e dos serviços, dos trabalhadores imigrantes – que agora lançam-se não só no fluxo Sul-Norte, mas também no fluxo Sul-Sul, vivenciando as agruras e penúrias da exploração que atinge os povos latino-americanos em seu próprio território.

Não estarão os povos andinos, amazônicos, indígenas, negros, brancos, homens e mulheres trabalhadores dos campos e das cidades, operários e operárias, a proclamarem que a América Latina não está mais disposta a suportar a barbárie, a subserviência, a iniquidade que, em nome da "democracia das elites", assumem de fato a postura do império, da autocracia, da truculência, da miséria e da indignidade?

Não estaremos presenciando o afloramento de um novo desenho de poder popular, construído pela base, pelos camponeses, indígenas, operários, assalariados urbanos e rurais, que começam novamente a sonhar com uma sociedade livre, verdadeiramente latino-americana e emancipada?

Não estaremos começando a tecer, redesenhar e mesmo presenciar as *novas vias abertas na América Latina*?

Parte I

O TRABALHO NA AMÉRICA LATINA

I
O CONTINENTE DO LABOR[1]

Um pouco da nossa história do trabalho

O continente latino-americano nasceu sob a égide do trabalho. Antes mesmo do início da colonização europeia, especialmente espanhola e portuguesa, a América Latina era habitada por indígenas nativos que trabalhavam em uma economia baseada na subsistência, produzindo alimentos agrícolas e utilizando a caça, a pesca, o extrativismo agrícola e a mineração de ouro e prata, entre outras atividades, para garantir sua sobrevivência.

Nessa fase pré-colonial, o trabalho coletivo era o pilar da produção. Foi somente no fim do século XV que se iniciou um enorme processo de colonização que marcou a história do trabalho de nosso continente. Impulsionada pela expansão comercial que caracterizava a acumulação primitiva em curso na Europa, a América Latina passou a ser cobiçada pela nascente burguesia mercantil e pelos Estados nacionais recém--constituídos no velho continente. Foi assim que se iniciou o processo de colonização europeia na América Latina.

A presença inglesa na colonização da América do Norte teve um caráter predominantemente voltado para a criação de *colônias de povoamento*, isto é, receptoras da população europeia excedente, enredada em disputas éticas e religiosas. Muito distinta foi a colonização ibérica (espanhola e portuguesa) na América Latina que, desde o início, se caracterizou pela organização de *colônias de exploração*, voltadas para incrementar o processo de *acumulação primitiva do capital* em curso nos países centrais, conforme a precisa leitura feita pelo historiador marxista brasileiro Caio Prado Jr.

---

[1] A elaboração deste texto contou com o apoio dos seguintes pesquisadores: Bruno Durães, Claudia Nogueira, Daniel Romero, Filipe Raslan, Geraldo Augusto Pinto, Henrique Amorim, Isabella Jinkings, Jair Batista da Silva e Sávio Cavalcante. Por se tratar de texto escrito originalmente para a enciclopédia *Latinoamericana*, cit., o uso de notas de rodapé foi reduzido ao mínimo, de modo que suas fontes bibliográficas estão oportunamente citadas na bibliografia geral deste livro. De grande valia foi a excelente coletânea de Pablo Gonzalez Casanova (org.), *Historia del movimento obrero em América Latina* (México D. F., Siglo Veintiuno, Instituto de Ivestigaciones Sociales – Unam, 1984, 4. v.). Escrito em 2005, este capítulo não trata dos eventos posteriores – o que, entretanto, ocorre nos capítulos seguintes.

18 O *continente do labor*

As principais formas do trabalho existentes em nossa sociedade colonial desenvolveram-se entre os séculos XVI e XIX. Inicialmente, foi utilizado o trabalho indígena por meio do sistema conhecido como *encomiendas*, uma espécie de concessão pessoal na qual o colono se comprometia a garantir a subsistência dos indígenas, apropriando-se do seu trabalho. Em especial nas colônias sob domínio espanhol, era comum a exploração do trabalho indígena, um modo de escravidão voltado à extração de metais preciosos (ouro e prata). Além disso, também no mundo colonial difundiu--se o *trabalho escravo africano*, resultado de um intenso tráfico humano da África para a América Latina, sob o controle das burguesias comerciais europeias em constituição que viviam de vários tipos de comércio, inclusive o humano.

Foi desse intercâmbio mercantil que surgiu o *escravismo colonial*, modalidade de trabalho que se desenvolveu tanto nos territórios dominados pelos colonizadores portugueses quanto nas áreas controladas pelos espanhóis – como o Caribe –, voltadas prioritariamente para a produção agrícola (a *plantation*) e o engenho produtor de açúcar, comercializado no mercado europeu.

A diversificação das atividades produtivas e a constituição do mercado interno criaram as condições para a implantação do trabalho assalariado na América Latina. Tal modalidade de trabalho foi estabelecida apenas ao longo do século XIX, em um momento caracterizado pela expansão do capitalismo industrial (especialmente o inglês), que passou a exigir a ampliação do mercado consumidor e a introdução do trabalho assalariado no mundo colonial.

Durante grande parte da sua história, o mundo colonial latino-americano foi também cenário da constante rebeldia dos escravos negros que, na luta pela sua emancipação, refugiavam-se nos quilombos, recusando-se a trabalhar sob a modalidade abjeta da escravidão. Lembremos a majestosa revolução dos negros do Haiti, em 1791, primeiro dos muitos levantes em nossa América Latina a abolir o trabalho escravo; ou ainda o Quilombo dos Palmares, revolta dos escravos no Brasil que levou à constituição de uma comunidade negra livre e coletiva durante os anos 1630-1685. A predominância agrária nos séculos de colonização permitiu que se desenvolvesse em vários países da América Latina um campesinato forte e numeroso, posteriormente responsável por inúmeras lutas sociais, como a Revolução Mexicana de 1910, marcadamente popular e camponesa.

Como resultado do surto urbano-industrial do século XIX – que substituiu o latifúndio pastoril, subordinado ao capital estrangeiro, que até então predominava na América Latina – e o consequente trânsito das sociedades rurais para essa nova realidade, começaram a surgir em diversos países latino-americanos os primeiros contingentes de trabalhadores assalariados, vinculados tanto às atividades agrário-exportadoras (caso da produção cafeeira no Brasil) como às atividades manufatureiras e industriais. Na Argentina e no Uruguai, países exportadores de carnes e derivados, os trabalhadores encontravam ocupação nos frigoríficos, a principal fonte de atividade produtiva.

Quanto mais as economias agrário-exportadoras, próprias do mundo mercantil, desenvolviam atividades relacionadas ao universo capitalista, mais necessidades sentiam de incrementar seus empreendimentos industriais. Inicialmente, portanto, a diversificação dos negócios surgiu das demandas da própria economia agro-exportadora, que carecia das indústrias têxtil, alimentícia, metalúrgica etc. Pouco a pouco, especialmente na primeira metade do século XX, estas foram se tornando autônomas, suplantando as próprias atividades rurais que lhe deram origem. Além disso, ao mesmo tempo que a indústria foi impulsionada pela demanda interna e pelas necessidades de acumulação das burguesias em desenvolvimento, a Primeira Guerra Mundial possibilitou um avanço significativo no processo de industrialização, o que fez com que um forte fluxo migratório de trabalhadores europeus viesse para este continente (principalmente para o Brasil, a Argentina e o Uruguai) em busca de trabalho.

A CONSTITUIÇÃO DO TRABALHO ASSALARIADO E A GÊNESE DO SINDICALISMO: ENTRE O OFICIALISMO, A RESISTÊNCIA E A REVOLUÇÃO

Foi nesse marco histórico e estrutural, constituído especialmente a partir da segunda metade do século XIX, que começou a se formar a classe trabalhadora latino-americana, centrada principalmente nos centros exploradores de salitre, cobre, prata, carvão, gás e petróleo, na indústria têxtil, nos serviços portuários e ferroviários, na construção civil e em pequenos estabelecimentos fabris.

Marcados desde o início por uma intensa exploração de sua força de trabalho, os trabalhadores se reuniam em torno das primeiras associações operárias, como as sociedades de socorro e auxílio mútuo, as uniões operárias e, posteriormente, os sindicatos, organizados por categorias profissionais – alfaiates, padeiros, carpinteiros, tecelões, gráficos, metalúrgicos, ferroviários, portuários, entre outras.

É importante destacar, entretanto, um traço particular na constituição da classe trabalhadora em nosso continente, muito diferente dos países de capitalismo central e hegemônico. Tais países vivenciaram uma transição que levou séculos, um longo processo que principiou com o artesanato, avançou para a manufatura e, posteriormente, para a grande indústria. Na América Latina, este trânsito foi muito mais rápido, pois em vários países saltou-se quase que diretamente do *trabalho rural, da escravidão africana ou indígena, para novas formas de trabalho assalariado industrial.* Ou seja, as experiências de trabalho artesanal e mesmo manufatureiro foram muito distintas daquelas vivenciadas na Europa porque nosso continente não conheceu a vigência do sistema feudal.

Foi neste cenário que germinaram as influências anarquistas (ou anarcossindicalistas), socialistas e comunistas, ocorrendo também as primeiras manifestações operárias e a deflagração das primeiras greves que paralisaram distintos ramos profissionais. As organizações sindicais argentinas, por exemplo, surgiram das sociedades de resistência que reuniam trabalhadores por ofícios. Naquele país, as disputas entre socialistas e anarquistas já estavam presentes na comemoração do Primeiro de Maio de 1890, quando os socialistas buscavam a regulamentação das condições do trabalho por meio da ação do Estado e os anarquistas propunham o rompimento com o sistema, contrários que eram às reformas estatais.

20 *O continente do labor*

A atuação do anarcossindicalismo foi forte também no Brasil e no Uruguai, e marcou presença, com maior ou menor intensidade, no Chile, no Peru e na Bolívia, pelo menos até 1920. No Brasil, a classe trabalhadora industrial foi em grande medida composta pelos imigrantes oriundos, desde as primeiras décadas do século XX, da Itália e da Espanha, onde era marcante a presença libertária.

Pouco a pouco, nosso continente viu florescer, especialmente no seio dos movimentos socialistas, uma nova forma de organização política alternativa dos trabalhadores, apresentada pelos partidos comunistas. No Chile, em 1920, o Partido Operário Socialista (POS) iniciou sua conversão em Partido Comunista, incorporado à Terceira Internacional (Internacional Comunista), em 1928. Em 1921, também sob influência da Revolução Russa, foi fundado o Partido Comunista Argentino. Em alguns casos, como no brasileiro, o Partido Comunista, conhecido como PCB, foi criado em 1922, tendo em sua origem forte influência do movimento anarquista, uma vez que a quase totalidade de suas principais lideranças havia sido forjada nas batalhas anarcossindicalistas. No Peru, sob a liderança de José Carlos Mariátegui – o mais expressivo e original marxista latino--americano de sua geração –, deu-se a criação do Partido Socialista, em 1928. Com a morte de Mariátegui, este estreitou laços com a Terceira Internacional e, desde 1930, passou a ser chamado de Partido Comunista Peruano (PCP). O mundo do trabalho começava a se estruturar enquanto força política de perfil partidário.

A ilegalidade marcou a vida da maioria dos Partidos Comunistas, que não eram aceitos na arena política, ainda predominantemente oligárquica, excludente, autocrática e, em muitos casos, ditatorial. Do cubano José Martí ao peruano Mariátegui, passando pelo brasileiro Astrojildo Pereira, o pensamento revolucionário latino-americano, com todos os limites da época, buscava, em sua prática e reflexão, compreender a especificidade do continente e transformar, pela via revolucionária, a nossa formação social.

Depois de um ciclo importante de lutas sob a influência anarcossindicalista (especialmente do fim do século XIX ao início do século XX), pouco a pouco a presença comunista foi se ampliando. Enquanto os anarquistas privilegiavam a *ação direta*, sem a mediação político-partidária, utilizando-se, em maior ou menor grau, da presença dos sindicatos – praticamente a única forma de organização aceita pela maioria dos libertários –, os comunistas, além da atuação nos sindicatos, passaram a valorizar a construção do partido operário e sua atuação política, origem dos principais partidos comunistas latino-americanos.

Em síntese, pode-se afirmar que, com o forte processo de imigração em nosso continente, houve inicialmente uma significativa presença do movimento operário de inspiração anarcossindicalista, como foram os exemplos da Argentina, do Brasil e do Uruguai, fortemente enraizados nas fábricas. Esse processo foi simultâneo à industrialização latino-americana, que já nos anos de 1920-1930 sofria os primeiros influxos oriundos do taylorismo e do fordismo.

Assim, se o socialismo reformista, sob influência da Segunda Internacional, não teve presença marcante na América Latina (salvo poucas exceções), o mesmo não pode ser dito da corrente formada pelos comunistas. Ora desenvolvendo-se a partir do próprio anarcossindicalismo – como foi o caso do Brasil –, ora diferenciando-se do socialismo reformista em fase embrionária – como na Argentina e na maioria dos países latino-americanos –, os partidos comunistas, especialmente a partir da vitória da Revolução Russa, experimentaram uma significativa expansão em nosso continente, o que marcou sua presença no interior do movimento operário. Ao contrário dos anarcossindicalistas, o maior empenho dos comunistas visava a fusão das lutas social e política por meio da criação de partidos operários que pudessem se constituir enquanto alternativa de poder e participar ativamente do embate político, inclusive em sua esfera eleitoral. Aqui, a disjuntiva era completa entre anarquistas e comunistas.

Em meados do século XIX, nosso continente já era um campo tomado por lutas oriundas das forças sociais do trabalho. Desde aquele período, o movimento operário latino-americano briga pela conquista de uma legislação social que garanta seus direitos; é o que se pode constatar a partir das inúmeras greves desencadeadas, como a greve geral de 1917, no Brasil, e de 1918, no Uruguai. Ou ainda das greves contra a Tropical Oil (1924 e 1927) e a United Fruit Company (1928), ambas na Colômbia, sendo que esta última converteu-se em maciça greve geral, com a adesão de cerca de 30 mil trabalhadores.

Também no início do século XX, o continente latino-americano presenciou o florescimento de algumas de suas lutas sociais mais importantes. A eclosão da Revolução Mexicana em 1910 constitui um dos episódios mais marcantes da história revolucionária de extração popular e camponesa. Essa mesma revolução levou à conquista, na Constituição de 1917, da regulamentação de direitos trabalhistas, fixando desde jornadas e salários até a prestação de serviços sociais, passando pela liberdade de organização, mobilização sindical e deflagração de greve até a formulação de uma expressiva reforma agrária. A legislação, portanto, antecipava direitos que muito mais tarde se generalizariam pelo continente, além do fato óbvio de que se opunha frontalmente tanto ao domínio das oligarquias quanto ao liberalismo excludente que marcava o domínio burguês na América Latina.

O TAYLORISMO E O FORDISMO CHEGAM À AMÉRICA LATINA

É nesse contexto de transição do mundo capitalista agrário-exportador para o urbano-industrial que percebemos a intensificação da ação do Estado, que procurava criar organismos sindicais oficialistas a fim de barrar as lutas sociais autônomas desencadeadas pelas correntes revolucionárias do movimento operário. O nascente Estado burguês latino-americano desejava, assim, abrir seus canais de controle junto aos trabalhadores, tendência que se intensificou a partir dos anos 1930 por meio de uma política que pretendia "integrar" os trabalhadores à ordem burguesa. O peronismo na Argentina, o getulismo no Brasil e o cardenismo no México, dentre outros exemplos marcantes, foram fenômenos políticos inseridos na expansão industrial que começava a se desenvolver na América Latina.

Com o desenvolvimento do capitalismo industrial, experimentado especialmente pela indústria automobilística norte-americana do início do século XX, ocorre o florescimento e a expansão do taylorismo e do fordismo, que acabaram por conformar

O continente do labor

o desenho da indústria e do processo de trabalho em escala planetária. Seus elementos centrais podem ser assim resumidos:

1. vigência da produção em massa, realizada por meio da linha de montagem e produção mais homogênea;
2. controle dos tempos e movimentos por meio do cronômetro taylorista e da produção em série fordista;
3. existência do trabalho parcelar e da fragmentação das funções;
4. separação entre a *elaboração*, cuja responsabilidade era atribuída à gerência científica, e a *execução* do processo de trabalho, efetivada pelo operariado no chão da fábrica;
5. existência de unidades fabris concentradas e verticalizadas.

Tal padrão produtivo se espalhou, em maior ou menor escala, pelos mais variados ramos industriais e de serviços dos países latino-americanos, que até então ensaiavam um ciclo industrial. Esse foi um dos fatores responsáveis pela constituição, expansão e consolidação da classe operária nos mais distintos setores produtivos, como o têxtil, o metalúrgico, o alimentício etc., obtendo em sua história um papel de enorme relevância nas lutas sociais da América Latina. Ao longo do século XX, muitas greves deflagradas no México, na Argentina, no Brasil e no Uruguai, por exemplo, tiveram a marca desse proletariado industrial que foi se constituindo ao largo das atividades agrícolas ou manufatureiras. O *Cordobazo* de 1969, na Argentina, bem como as greves operárias do ABC paulista em 1978-1980, são expressões bastante avançadas das lutas sociais desencadeadas pelo proletariado constituído sob a égide do taylorismo e do fordismo na América Latina.

Portanto, foi por meio desse padrão produtivo que a "grande indústria" capitalista (cuja produção já é marcada pela presença da maquinaria e pela *subordinação real* do trabalho assalariado ao capital, segundo Marx) pôde se desenvolver. Mas é bom enfatizar que, dada a particularidade da subordinação e dependência estrutural do capitalismo latino-americano em relação aos países centrais, o binômio taylorismo/fordismo teve – e ainda tem – um caráter periférico em relação àquele que se desenvolveu nos Estados Unidos e na Europa Ocidental. Na América Latina, esse caminho para o mundo industrial sempre se realizou de modo tardio (ou mesmo hipertardio) quando comparado aos processos vivenciados pelos países de capitalismo hegemônico. E o fez sustentado em um enorme processo de *superexploração do trabalho*, que combinava, de modo intensificado, a extração absoluta e relativa do trabalho excedente, oferecendo altos níveis de *mais-valia* para o capital.

ALGUMAS EXPERIÊNCIAS DO TRABALHISMO LATINO-AMERICANO

Em grande parte da América Latina, paralelamente à origem e expansão da indústria de base taylorista e fordista, estruturou-se uma complexa processualidade sociopolítica marcada por contradições. Por um lado, tínhamos o confronto direto entre *capital* e *trabalho*. Por outro, simultâneo a este antagonismo, vimos aflorar outra contradição, dada pela existência de dois projetos claramente distintos e alternativos: um *nacionalista*, que seguia sob comando de setores das burguesias nativas em aliança com setores das classes populares e/ou seus representantes políticos, e outro favorável à *internacionalização* da economia, liderado pelos diversos setores burgueses ligados ao imperialismo, que buscavam ampliar seus interesses nesse novo ciclo de expansão capitalista que se desenvolvia em nosso continente.

Essa dupla processualidade esteve fortemente presente no interior do movimento operário latino-americano. Perón, Vargas e Cárdenas foram algumas dessas expressões que estabeleceram relação com o mundo operário, especialmente em sua vertente trabalhista. Vamos, então, resgatar alguns de seus traços mais importantes.

A longevidade do peronismo

Na Argentina, o peronismo foi responsável pelo nascimento de uma concepção trabalhista que teve enorme influência junto ao sindicalismo e ao movimento operário naquele país. Esse processo teve início em 1943, com um golpe de Estado que nomeou o coronel Juan Domingo Perón para a Secretaria de Trabalho. A data marcou uma linha divisória na relação entre o Estado e o movimento operário, por meio de um complexo processo de apoio e cooptação que tinha como contrapartida a melhoria das condições de vida da classe trabalhadora, bem como a institucionalização dos direitos sociais do trabalho.

Desde logo, Perón tornou-se líder de intensa densidade popular, a ponto de, dois anos depois, assumir a presidência da República. Consolidou-se, então, uma forte aliança entre os interesses burgueses nacionalistas e trabalhistas, por meio de um projeto ideológico e político que contava com o apoio da Confederação Geral do Trabalho (CGT), central sindical fundada em 1930, parte viva do peronismo sindical.

Em 1945, pouco depois de Perón ser preso, a CGT organizou uma importante manifestação popular na Praça de Maio, símbolo de grandes mobilizações políticas em Buenos Aires. Dada a forte pressão popular, a CGT conseguiu libertar Perón e exigiu eleições diretas que acabaram por declará-lo o novo líder da República da Argentina, consolidando a liderança e a base popular do peronismo, que se organizava politicamente por meio do Partido Justicialista. Desde então, a CGT tornou-se o principal canal de sustentação sindical do peronismo e o justicialismo, o seu canal político-partidário. Com base nessa estrutura dual, o peronismo tornou-se o mais importante movimento trabalhista argentino, com sólidos vínculos junto aos movimentos sindical e operário.

Perón ficou no poder por mais de uma década, até que em 1955 um violento golpe militar o depôs da liderança do país, desencadeando um forte processo de repressão ao peronismo. Sua deposição foi consequência da ampliação do descontentamento dos setores oligárquicos e burgueses mais conservadores e tradicionais, além da Igreja católica e dos militares, todos insatisfeitos com o caminho sindical e trabalhista seguido pelo peronismo.

A CGT, porém, organizou clandestinamente a resistência peronista, preparando o retorno de Perón, que só veio a ocorrer mais tarde e em outro contexto político e social. É importante lembrar que, além da divisão na CGT, a fragmentação do peronismo também

24   *O continente do labor*

se estendia às tendências políticas que atuavam dentro do movimento, dentre as quais se destacam os *montoneros*, de perfil anti-imperialista e situados mais à esquerda.

A volta do peronismo ocorreu em 1973, mas, pouco tempo depois, devido à morte de Perón, a liderança foi ocupada por Isabel Perón, sua terceira esposa (personagem completamente distinta de Evita Perón, sua segunda esposa, esta sim dotada de enorme carisma popular). O fato deu origem a um completo desastre para a história política recente da Argentina: a extrema direita, dentro do ciclo de golpes que se abateu sobre a América Latina, desencadeou em 1976 um brutal regime militar, responsável por enorme repressão aos distintos movimentos estudantis, sindicais, operários e de esquerda – então divididos em correntes que compreendiam desde o peronismo, passando pelo Partido Comunista Argentino até as distintas organizações de influência trotskista, dentre as várias ramificações que caracterizavam a esquerda argentina daquele período.

Tal como havia ocorrido com os golpes militares no Brasil em 1964 e no Chile em 1973, além da violenta repressão à esquerda em geral, os sindicatos argentinos sofreram forte intervenção, e a CGT acabou declarada ilegal. Disso resultou uma segunda fratura no interior da central argentina, criando-se duas vertentes: uma corrente sindical mais crítica (CGT-Brasil) e outra mais conciliadora (CGT-Azopardo). O peronismo, entretanto, ainda se manteve presente no movimento sindical e junto aos trabalhadores argentinos por longo período, responsabilizando-se pela eclosão de muitas greves gerais contra a ditadura militar, no início dos anos 1980. Como o getulismo no Brasil, conforme veremos a seguir, o peronismo também se caracterizou pela prática da conciliação de classes, cimentada no nacionalismo e no atrelamento dos sindicatos ao Estado, além da repressão às ações sindicais mais autônomas que procuravam manter-se à margem do oficialismo justicialista.

Em outras palavras, essa institucionalização e a subordinação dos sindicatos ao Estado colocaram o movimento sindical sob tutela tanto no campo político e ideológico quanto no espaço das ações trabalhistas, promovendo um sindicalismo hierarquicamente submetido aos ditames oficiais e uma prática negadora da democracia operária e das ações autônomas de classe. Erigiu-se, então, uma prática política marcada por forte concepção *estatista*, por meio da qual as relações entre o movimento operário e o Estado eram mediadas pela figura do líder. Foi tão marcante essa vinculação que ainda hoje, mais de sessenta anos depois de seu surgimento, o peronismo encontra respaldo junto ao movimento sindical argentino, que dele continua a se reivindicar herdeiro.

Desde o começo da década de 1960 ocorreu uma mudança na estrutura da classe trabalhadora argentina, marcada sobretudo por uma maior heterogeneidade interna, consequência da expansão e da diversificação da indústria de bens de consumo duráveis[2]. Por esse motivo, o peronismo começou a experimentar uma perda relativa de sua força mobilizadora, ao mesmo tempo que preservou sua influência no aparato sindical, cada

---

[2]   Marcelo Cavarozzi, "Peronismo, sindicatos y política en la Argentina (1943-1981)", em Pablo González Casanova (org.), *Historia del movimiento obrero en América Latina*, cit. v. 4, p. 200-50.

vez mais burocratizado e verticalizado, recorrendo com frequência às práticas típicas de uma autêntica máfia sindical.

Foi nos anos 1960 que o sindicalismo argentino voltou a vivenciar grandes mobilizações operárias, organizadas pelo operariado e pelo sindicalismo mais combativo e classista, além da presença do próprio movimento estudantil. Em maio de 1969, o chamado *Cordobazo* marcou um forte momento das lutas operárias, com a eclosão de uma greve geral (de intenso caráter de classe e expressiva confrontação) justamente em Córdoba, a segunda maior cidade industrial do país. Dentro do espírito das rebeliões populares e estudantis que se ampliavam na Argentina, o movimento significou importante luta operária contra o regime militar que governava o país, além de confrontar diretamente as forças patronais.

Esse expressivo movimento grevista teve forte impacto no desgaste do regime, abrindo caminho para o retorno do peronismo por meio da vitória eleitoral em 1973. Contudo, o fracasso econômico dessa nova etapa do governo de Perón levou à deflagração de outro golpe militar em março de 1976, responsável por uma ditadura com traços nitidamente fascistas, dada a intensa repressão que assassinou milhares de jovens militantes, operários, sindicalistas e estudantes, com uma virulência que seguia a inspiração do golpe no Chile, comandado por Pinochet. Nosso continente entrava, então, no ciclo das horrendas ditaduras militares, tuteladas pelo imperialismo norte-americano. Brasil, Chile, Argentina, Uruguai, Paraguai, Bolívia e Peru figuraram durante longo tempo na trágica lista de países atingidos por esse tipo de governo, que teve desde logo um duplo significado: por um lado, reprimiu fortemente os distintos movimentos operários dos respectivos países e, por outro, abriu caminho para a estrada da internacionalização e da ampliação do imperialismo norte-americano no continente.

Mas, antes de tratar do ciclo dos golpes militares e da contrarrevolução na América Latina, vamos recordar o getulismo, no Brasil, e o cardenismo, no México.

Os encantos do getulismo

O longo período do governo Getúlio Vargas (conhecido por getulismo ou varguismo) teve momentos bastante distintos. A "revolução de 1930" deu ensejo a um movimento político-militar que foi mais que um *golpe* e menos que uma *revolução*, sendo responsável pelo desenvolvimento de um projeto industrial ancorado em um Estado forte e em uma política de feição nacionalista. No que concerne à esfera política, particularmente após o golpe do Estado Novo em 1937, o getulismo assumiu claro aspecto ditatorial, tendência que, de forma embrionária, já se apresentava desde 1930.

O primeiro ciclo do getulismo vigorou até 1945, quando Vargas foi deposto por um golpe de Estado. O ex-presidente retornou em 1950, dessa vez por meio do voto popular, e seu novo governo assumiu uma feição mais reformista e menos ditatorial. Em 1954, sob a forte disputa entre os setores nacionalistas – que lhe apoiavam – e os interesses imperialistas – que lhe faziam vigorosa oposição –, Vargas preferiu suicidar-se a ceder à pressão dos militares e dos setores dominantes que queriam sua renúncia.

Tal experiência foi marcante, pois o getulismo erigiu uma legislação trabalhista que foi essencial para a viabilização do projeto de industrialização do país. Há décadas

26   *O continente do labor*

os trabalhadores brasileiros vinham lutando pelo direito a férias, pela redução da jornada de trabalho, pelo descanso semanal remunerado, dentre outras reivindicações que pautavam a luta desse importante segmento social. Vargas, entretanto, ao atender tais bandeiras, procurou apresentá-las como uma *dádiva* aos trabalhadores.

Com isso, o sindicato da era Vargas tornou-se essencialmente um órgão assistencialista, com centros de saúde, serviços, assistência de advogados, espaços de lazer etc. Por meio da criação do imposto sindical, eram garantidos os recursos necessários para a manutenção dessas associações. A lei de enquadramento sindical permitia que o Estado controlasse a criação de novos sindicatos. Desse modo, consolidou-se uma forma de estatismo sobre os órgãos operários, fortemente controlados pelo Ministério do Trabalho, que procurava de todas as formas impedir sua atuação autônoma. Foi assim que se desenvolveu o trabalhismo getulista, combinando dádiva, manipulação e repressão. Porém, isso não impediu que lutas operárias autônomas, pouco a pouco, fossem desencadeadas no Brasil, nos anos 1935, 1945-1947 e 1953, períodos marcados por significativo ciclo grevista no país, particularmente intensificado no início dos anos 1960.

Em meados dos anos 1950, com o fortalecimento da tendência favorável à internacionalização da economia brasileira, o getulismo viveu sua crise mais profunda, que, como vimos, culminou com o suicídio de seu líder, em agosto de 1954. Morria Vargas e, paradoxalmente, aumentava a força do getulismo. A resolução dessa crise foi, então, adiada para a década seguinte.

Os anos que antecederam o golpe militar de 1964 foram marcados por muita resistência e pela eclosão de inúmeras greves gerais, com perfil acentuadamente político, desencadeadas sobretudo durante o governo João Goulart (1961-1964), o principal herdeiro e seguidor de Getúlio Vargas. Mas é preciso lembrar que o movimento operário e sindical no pré-1964, sob a condução principal do PCB, pautou-se por uma concepção reformista que aceitava a política de alianças entre o movimento operário e os setores considerados nacionalistas da burguesia brasileira. Cabe apontar também que, de maneira frequente, as bases operárias vinculadas ao PCB transbordavam o espaço dado pelo projeto nacional-desenvolvimentista. E foram essas bases, estruturadas prioritariamente nas empresas estatais, como ferroviárias e portuárias, que protagonizaram a forte atuação sindical e política do período anterior ao golpe.

Guardadas as diferenças decorrentes das singularidades de seus respectivos países, podemos dizer que, em sua significação mais geral, o getulismo e o peronismo (assim como o cardenismo, no México) pretendiam atrair as classes trabalhadoras para o âmbito estatal, politizando a *questão social*, ainda que para tanto se utilizassem largamente da repressão e da prática de divisão no interior do movimento operário. Para viabilizar seus respectivos projetos industriais nacionalistas, Perón e Vargas consolidaram suas lideranças, particularmente junto ao operariado urbano-industrial, apresentando-se como condutores de um governo capaz de oferecer concessões à classe trabalhadora – um verdadeiro *Estado benefactor*.

Da mesma forma como ocorreu na Argentina, o golpe militar de 1964 no Brasil selou o fim do getulismo e das lutas populares em curso. Iniciava-se, então, um longo ciclo contrarrevolucionário no país e na América Latina.

Cárdenas e o desmonte da Revolução Mexicana

O México é um dos países mais emblemáticos de toda nossa América Latina. Viveu e permanece vivendo a força de uma cultura pré-hispânica, no interior da qual a asteca é a mais simbólica. Experimentou a dominação da cultura espanhola, que, entretanto, não conseguiu eliminar a pujança daquela herança tradicional do país. Exemplos magistrais do prolongamento dessas raízes estão na arte de muralistas como Diego Rivera, David Alfaro Siqueiros, Rufino Tamayo e Frida Kahlo.

O mesmo México que viveu também uma verdadeira revolução popular e camponesa, que marcou profundamente sua história, viu a autenticidade da revolução de 1910 ser pouco a pouco eliminada pela prática da institucionalização, por meio de um movimento que culminou no marcante processo de tutela sindical por parte do Estado. Ainda assim, a Constituição revolucionária de 1917 teve um forte sentido garantidor de direitos trabalhistas – como a regulamentação das jornadas de trabalho, padrões salariais mais favoráveis aos trabalhadores, liberdade de organização sindical e direito a greve –, abrindo novos caminhos à emergência de sindicatos que, cada vez mais numerosos ao longo das décadas seguintes, promoveram diversas lutas pelo país[3].

A revolução impulsionou a formação de grandes entidades sindicais, como a Confederação Regional Operária Mexicana (CROM), da qual surgiu posteriormente o Partido Trabalhista Mexicano (PLM, sigla em espanhol para Partido Laborista Mexicano), em 1919. Opondo-se a essas correntes, dissidentes formaram a Confederação Geral de Trabalhadores (CGT), que mais tarde também se inseriu na política estatal, por meio do Partido Comunista Mexicano (PCM)[4].

Se, inicialmente, o objetivo era ampliar a organização e o espaço das lutas dos trabalhadores, pouco a pouco o sindicalismo autônomo aceitou a institucionalização da revolução, subordinando-se ao cupulismo e ao estatismo que substituíram o autêntico sindicalismo de classe. Como parte desse movimento, entrou em vigor em 1931 a Lei Federal do Trabalho, incorporando aos itens constitucionais de 1917 aspectos importantes, como a contratação coletiva[5]. Mas a organização dos trabalhadores prosseguiu nos anos seguintes e em 1933 foi formada a Confederação Geral de Operários e Camponeses do México (CGCOM), que reunia, além da CROM e da CGT, diversas outras entidades. Embora não representasse a totalidade dos trabalhadores mexicanos, a central congregou os setores mais combativos, que exigiam do Estado a regulamentação do salário mínimo e do pagamento de dias de descanso[6].

Tal era a conjuntura do país em 1934, quando Lázaro Cárdenas assumiu a presidência pelo Partido Nacional Revolucionário (PNR). Denominando-se um continuador da Revolução Mexicana, formulou o projeto de institucionalização das conquistas revolucionárias, evitando enfrentamentos definitivos com a burguesia. Definia-se,

---

[3] Raúl Trejo Delarbre, "Historia del movimiento obrero en México, 1860-1982", em Pablo González Casanova (org.), *Historia del movimiento obrero en América Latina*, cit., v. 1.

[4] Idem.

[5] Idem.

[6] Idem.

28   *O continente do labor*

então, um projeto nacionalista que fazia um chamamento aos trabalhadores para que se unissem em torno dele[7].

Apesar disso, o número de mobilizações saltou consideravelmente nos anos seguintes. Em 1936, foi criada a Confederação de Trabalhadores do México (CTM). Procurando integrar, a princípio, uma frente ampla capaz de unir os trabalhadores na defesa das reformas cardenistas, ao longo dos anos seguintes a CTM consolidou-se como a mais importante central do país, congregando, em nível federal, trabalhadores da indústria (com destaque para os metalúrgicos, petroleiros e mineiros), dos transportes (ferroviários) e de outros setores[8].

Em 1938, o PNR dissolveu-se para formar o Partido da Revolução Mexicana (PRM), que pretendia representar politicamente esses setores em torno de um projeto nacional. Iniciavam-se a burocratização e o controle estatal sobre o sindicalismo e o movimento operário. Isso ficou expresso no apoio dado pela CTM à sucessão presidencial de Cárdenas por Manuel Ávila Camacho em 1940, cujo programa e tarefas posteriores insistiam na "conciliação de classes" em detrimento da ação de base dos trabalhadores[9].

Seguindo esta trajetória, em 1946, o PRM dissolveu-se e cedeu lugar ao Partido Revolucionário Institucional (PRI), que, eliminando de seu ideário as referências socialistas e submetendo-se de vez aos interesses governistas, passou a assegurar um mecanismo quase "natural" para a passagem de dirigentes sindicais a cargos políticos[10]. Consolidou-se, assim, um compromisso entre as centrais sindicais e o aparelho estatal, amplamente utilizado pelos interesses do capital nacional e estrangeiro na industrialização do país, levando à dissidência das categorias mais combativas da CTM, como os ferroviários, os mineiros, os metalúrgicos e os petroleiros, que em 1948 formaram a Confederação Unitária do Trabalho (CUT)[11].

Poucos meses depois, todavia, o sindicato dos ferroviários sofreu um golpe de seu secretário-geral, Jesus Díaz de Léon, apoiado pela polícia, dando origem ao *charrismo*. Trata-se de um modelo de controle estatal sobre a classe trabalhadora que, via a burocracia sindical, se impõe pela força contra a vontade dos filiados, muito embora lhes outorgue benefícios sociais, efetue negociações coletivas etc. Por meio desse "jogo duplo", mantém-se até hoje a representação da maior parte dos trabalhadores do México[12]. Entre experiências de luta e conciliação, a criação de um organismo que centralizasse o movimento operário no México permaneceu entre os propósitos de setores à esquerda e à direita da burocracia sindical, motivo pelo qual foi fundado em 1966 o Congresso do Trabalho (CT), aglutinando desde centrais e federações nacionais até milhares de pequenas empresas locais. Entretanto, essa entidade se

---

[7]   Idem.

[8]   Idem.

[9]   Idem.

[10]   Idem.

[11]   Idem.

[12]   Idem.

limitou a confluir com os interesses dos dirigentes e do Estado, sem nenhum vínculo com a base operária[13]. Em um transformismo profundo, pouco a pouco, a luta de origem revolucionária foi fortemente canalizada para o âmbito e controle do Estado. A passagem dessa fase para a conversão do PRI em um partido tradicional, corrupto e centralizador foi apenas questão de tempo. Em 1968 as tensões se acentuaram e se agravaram devido às metas do "desenvolvimento estabilizador". Assim, em um quadro de descontentamento geral, eletricitários, ferroviários, bancários, professores e mesmo profissionais liberais, como médicos, uniram-se para manifestar seus protestos. Isso não impediu, entretanto, a continuidade do processo de controle efetivo pelo Estado, eliminando completamente qualquer vestígio revolucionário efetivo. Quando José López Portillo elegeu-se presidente em 1976, o caminho já estava consolidado em direção à "modernização capitalista", completando a ruptura do país com seu passado de luta. Estava selado o processo contrarrevolucionário.

DUAS REVOLUÇÕES SACUDIRAM A AMÉRICA LATINA: BOLÍVIA E CUBA

A explosão dos mineiros na Bolívia

A Bolívia é um dos países mais pobres do continente latino-americano e sua economia depende completamente da produção mineira e da exploração do gás e do petróleo. Mesmo sendo esta a espinha dorsal econômica do país, o número de trabalhadores ocupados diretamente nessas atividades até os anos 1950 não chegava a 10% da população, uma vez que a maioria estava ligada às atividades rurais. Diferentemente de vários países latino-americanos, como Brasil, Argentina e Uruguai, o proletariado boliviano não foi formado pela migração de trabalhadores europeus. Com um baixo desenvolvimento econômico, além de uma demanda relativamente pequena de força de trabalho para as minas, as necessidades de trabalho assalariado foram prontamente atendidas com a proletarização dos pequenos produtores rurais. A Bolívia é, na verdade, um país de emigrantes que, desde princípios do século XX, afluem sobretudo ao Chile e à Argentina e, mais recentemente, ao Brasil. Esse processo contribuiu para o contato com ideias anarquistas e socialistas no exterior. O único momento em que o fluxo migratório se inverteu foi durante a Guerra do Chaco, que resultou na contratação de trabalhadores chilenos para as minas bolivianas.

A disputa entre Bolívia e Paraguai pela região do Chaco, que durou de 1932 a 1935, representou um processo de ruptura no movimento operário e na vida política do país. Durante esses anos, alguns líderes de sindicatos operários e de partidos socialistas foram perseguidos, presos e exilados da Bolívia, em função de terem organizado importantes manifestações contra a guerra e contra a Lei de Defesa Social do governo Salamanca, que previa a suspensão das liberdades e direitos elementares.

Com o fim da Guerra do Chaco e o retorno desses ativistas, o movimento social entrou em uma nova fase, por meio da formação de organizações sindicais e da criação

---

[13] Idem.

30   *O continente do labor*

de partidos marxistas e nacionalistas com influência entre a população. O avanço da luta popular e de esquerda foi fundamental para a eclosão da revolução de 1952.

Naquele momento, vários partidos de esquerda marcaram presença, como o Partido Operário Revolucionário (POR), de inspiração trotskista, fundado em 1934, e o Partido da Esquerda Revolucionária (PIR, sigla em espanhol para Partido de la Izquierda Revolucionaria), fundado em 1940, que, dez anos depois, por meio da ação de uma forte dissidência, criou o Partido Comunista Boliviano (PCB), vinculado à URSS. Também resultante desse processo foi o Movimento Nacionalista Revolucionário (MNR), um partido popular mais próximo à pequena burguesia, fundado em 1941 e que teve papel importante na eclosão da revolução de 1952. Outro suporte fundamental à revolução veio da atuação da Central Operária Boliviana (COB), a mais importante organização sindical do país, criada em 1952 como resultado da marcante ascensão do movimento operário e sindical, principalmente mineiro. A instituição já surgiu com o reconhecimento do conjunto dos trabalhadores e sua atuação foi decisiva para o desenlace do levante. Com uma importante base operária, a COB estruturou-se em torno de reivindicações políticas, como a nacionalização das minas e a reforma agrária sem indenização e sob controle dos trabalhadores.

Foi nessa contextualidade social e política que eclodiu a primeira revolução operária do continente latino-americano (a Revolução Mexicana de 1910, como vimos, tinha forte predominância camponesa), pondo fim ao longo domínio da aristocracia do estanho sobre o país. Com milícias armadas, vinculadas ao MNR, ampliaram-se as lutas pela derrubada do governo ditatorial, e em pouco tempo a insurreição se expandiu pelo país. As milícias populares partiam das principais cidades mineiras em direção à capital, ocupando postos policiais e exigindo o fim da Junta Militar. Rapidamente, o país inteiro estava tomado pelas tropas operárias.

Os sindicatos tiveram um papel importante no levante, pois, em geral, foram quem organizaram tais milícias. Nas cidades mineiras, sua ação foi ainda mais proeminente, uma vez que chegaram a assumir postos administrativos e judiciários. Em algumas delas, tornaram-se responsáveis pelo abastecimento, pela administração e pelo policiamento, instaurando uma dualidade de poderes, sob condução da COB. No entanto, o desenlace dos acontecimentos se efetivou na paulatina consolidação de um governo que realizou reformas aquém da força organizativa e da capacidade de mobilização demonstrada pela COB.

Com a consolidação do governo do MNR, após o término da etapa revolucionária, deu-se um recrudescimento da repressão sobre o movimento sindical e operário. Em fins de 1964, com o aumento do descontentamento popular, o governo enfrentou uma grande greve geral dos mineiros, fato que contribuiu para seu crescente enfraquecimento. Então, acompanhando a onda contrarrevolucionária que se espalhava pela América Latina, acontece um golpe militar, dando ensejo a outro período de forte repressão sobre as organizações sindicais. Foi nessa fase ditatorial que ocorreu em 1967 a prisão e o assassinato de Che Guevara, líder revolucionário que se encontrava na Bolívia desde o ano anterior. Assim, mergulhada em um ciclo quase interminável de golpes, a Bolívia deixava para trás sua importante experiência revolucionária.

Na pequena ilha rebelde eclode a revolução popular

No imenso continente latino-americano, a rebeldia de uma pequena ilha do Caribe ofereceu contraste ao cenário desolador para a classe trabalhadora, que amargava as derrotas das revoluções no México e na Bolívia.

Em 1955, com o país sob domínio da ditadura de Fulgencio Batista, que converteu a pequena Cuba em apêndice dos Estados Unidos, um grupo de insurgentes deu início às ações do Movimento Revolucionário 26 de Julho, que, a partir da Sierra Maestra, chegou à tomada do poder, pelas armas, em 1º de janeiro de 1959.

Enquanto a maioria dos países da América Latina submergia de modo avassalador em uma tenebrosa fase de ditaduras militares, Cuba experimentava uma majestosa, ousada e vitoriosa revolução social liderada por Fidel Castro, Ernesto Che Guevara e Camilo Cienfuegos, trazendo, pela primeira vez na história daquele país, os interesses populares para o centro das atenções do poder. Diante do fato revolucionário consumado, o ditador Fulgencio Batista exilou-se nos Estados Unidos.

Desde logo o governo revolucionário iniciou um processo de desmantelamento do sistema político e social neocolonial, eliminando o latifúndio, nacionalizando todas as grandes propriedades, entregando terras aos camponeses. No ano seguinte, foram nacionalizadas as propriedades norte-americanas no país e os serviços de telecomunicações, água, energia, transportes etc.

Contando com a sustentação da Confederação dos Trabalhadores de Cuba (CTC) – criada em 1939 e que em 1961 passou a se chamar Central dos Trabalhadores Cubanos – e com a condução política do Partido Comunista Cubano (revigorado pelo ingresso dos jovens que lideraram a revolução), a experiência cubana passou a inspirar a maioria dos movimentos revolucionários latino-americanos, que encontrou em seu exemplo o incentivo para novas lutas revolucionárias.

Seu encanto decorreu do fato de se tratar de uma revolução diferente: surgiu à margem do Partido Comunista Cubano, que seguia uma política mais moderada, enquanto os jovens dirigentes revolucionários, com Fidel, Che e Camilo à frente, traziam consigo a percepção profunda do descontentamento e da revolta popular contra o brutal domínio imperialista, traduzindo-a em uma vigorosa vontade de transformação. A combinação desses ingredientes foi explosiva, tornando vitoriosa a revolução de um pequeno país situado a poucas milhas do gigante imperial e imperialista do Norte.

A VITÓRIA DA CONTRARREVOLUÇÃO, OS GOLPES MILITARES E A LONGA NOITE DO SINDICALISMO NA AMÉRICA LATINA

Temendo o risco de expansão das revoluções armadas, a direita respondeu com os golpes militares que avançaram pela América Latina. Desencadeava-se, assim, o ciclo das contrarrevoluções – conforme caracterização do sociólogo marxista brasileiro Florestan Fernandes –, iniciando uma era de derrotas para as lutas sociais oriundas do trabalho.

Tal afirmação significa que o ciclo de golpes militares na América Latina foi a solução encontrada pelas forças do capital para desestruturar os avanços sociais e

32   O continente do labor

políticos da classe trabalhadora. O aniquilamento do movimento operário, dos seus sindicatos e das esquerdas facilitou a inserção do continente latino-americano no processo de internacionalização do capital. A abertura do parque produtivo aos capitais externos, com destaque para o norte-americano, foi elemento central na deflagração do ciclo dos golpes militares.

No Brasil, o golpe foi desencadeado em 1964, momento em que se desenvolveu um projeto capitalista dependente e subordinado, controlado por um Estado autocrático--burguês fortemente repressivo e ditatorial que reprimiu de maneira dura o movimento operário, desenvolvido durante os anos anteriores. O rebaixamento crescente dos salários dos trabalhadores possibilitou níveis de acumulação que atraíram o capital monopolista. Desse modo, a expansão capitalista industrial no Brasil intensificou sua tendência – presente, aliás, em toda a América Latina – de estruturar-se com base em um processo de superexploração do trabalho, articulando salários degradados, jornadas de trabalho extenuantes e extrema intensidade nos ritmos e tempos do trabalho, dentro de um padrão industrial significativo para um país subordinado.

No plano político, a ditadura desde logo mostrou seu claro caráter repressivo contra o movimento sindical, operário e popular, permitindo o funcionamento de apenas dois partidos criados oficialmente pelo regime e decretando a ilegalidade de todos os outros. Interveio em diversos sindicatos, decretou a ilegalidade do Comando Geral dos Trabalhadores (CGT), da União Nacional dos Estudantes (UNE) e do PCB, além de cassar os mandatos de vários parlamentares vinculados à esquerda. Iniciava-se no Brasil um período difícil para o movimento operário e popular que se prolongou por mais de duas décadas.

No Chile, a tragédia ocorreu em 1973, depois do curto e expressivo governo de Salvador Allende, eleito pelo Partido Socialista Chileno, em 1970. Sua eleição foi um dos momentos mais significativos da história política da esquerda latino-americana, pois, representando a Unidade Popular, aglutinou desde socialistas e comunistas até setores mais progressistas da Democracia Cristã.

Durante aquele breve período, o governo Allende iniciou um amplo processo de transformação das estruturas econômicas chilenas. Nacionalizou indústrias, bancos e reservas naturais, como o cobre e o salitre, promoveu uma maior distribuição da riqueza produzida, estreitou os laços com Cuba e criou comitês de participação de trabalhadores na gestão da economia e da produção. Grandes investimentos nos setores de saúde e educação e um acelerado processo de reforma agrária, sistematicamente combatido pelas forças conservadoras, foram outras significativas medidas tomadas.

Criada em 1953, a Central Única dos Trabalhadores (CUT) deu total apoio ao governo da Unidade Popular, realizando convênios que possibilitavam aos trabalhadores participarem da gestão econômica de empresas sociais ou mistas (ou seja, empresas que eram total ou parcialmente controladas pelo Estado). No entanto, a oposição de direita permanecia forte e articulada. A Democracia Cristã (centro) aliou--se ao Partido Nacional (direita), e, juntos, cooptaram organizações sociais, federações e sindicatos de direita, promovendo boicotes ao governo. Exemplos disso foram as paralisações de caminhoneiros em 1972 e 1973, que debilitaram enormemente a infraestrutura do país e intensificaram o descontentamento de parcela das camadas médias com o governo popular.

Em 11 de setembro de 1973, as Forças Armadas golpistas, com o apoio do imperialismo estadunidense, por meio da ação da CIA, depuseram o governo da Unidade Popular e provocaram a morte de Allende. O militar fascista Augusto Pinochet foi então designado para encabeçar uma das mais sangrentas ditaduras da América Latina. A violência militar ocasionou a morte e o desaparecimento de milhares de pessoas, fez incontáveis prisioneiros em campos de concentração e provocou o exílio de cerca de um décimo da população do país[14].

A perseguição ao movimento sindical foi também gigantesca. Já em setembro de 1973, a CUT foi posta na ilegalidade e, em dezembro do mesmo ano, foi dissolvida jurídica e fisicamente (em 1988, em meio à derrocada do regime, uma nova CUT – dessa feita, Central Unitária de Trabalhadores – foi criada). Em 1976, as greves foram proibidas por "incitarem a luta de classes". Criaram-se instrumentos legais que passaram a moldar os "estatutos sociais" das empresas, isto é, os mecanismos de "integração" do trabalhador à empresa[15]. Forças sindicais tolhidas, lideranças exterminadas, repressão brutal aos trabalhadores e aos militantes da esquerda e do movimento operário. Não poderia haver melhor panorama para a primeira experiência mais profunda de implementação das políticas neoliberais no mundo. A partir de trabalhos produzidos por economistas formados na Universidade de Chicago, sob influência de Milton Friedman, o Chile adotou as premissas do neoliberalismo e desencadeou um amplo processo de privatização dos bens estatais, de abertura comercial e de flexibilização das leis trabalhistas e sociais.

A ditadura militar no Brasil, sob orientação e apoio do imperialismo norte--americano, começava então a fazer escola. Mas a ditadura chilena foi além e conseguiu ser ainda mais brutal. O ciclo se completou com o golpe militar no Uruguai, no mesmo ano de 1973, e na Argentina, em 1976.

Desde o início de 1970, o Uruguai desenhava um panorama político protagonizado pela recém-criada Frente Ampla, que congregava comunistas, socialistas e nacionalistas. O objetivo era representar os setores populares e as camadas médias e, desse modo, contrapor-se à hegemonia dos partidos Nacional e Colorado, que sempre representaram os setores mais conservadores da sociedade.

A vitória do Partido Colorado em 1973 facilitou a eclosão do golpe militar no país, realizado com a conivência do então presidente Juan María Bordaberry, que entregou seu posto ao militares. Em meio ao golpe, mais de quinhentas fábricas foram ocupadas por trabalhadores, e nesse clima a Convenção Nacional dos Trabalhadores (CNT), criada em 1966, deflagrou uma greve que não obteve o êxito esperado, dado que inaugurou um forte período repressivo.

Apesar disso, a resistência se manteve. No início dos anos 1980, várias organizações foram criadas para mantê-la viva, como o Plenario Intersindical de Trabajadores

---

[14] Alejandro Witker, "El movimiento obrero chileno", em Pablo González Casanova (org.), *Historia del movimiento obrero en América Latina*, cit., v. 3.

[15] Idem.

34 *O continente do labor*

(PIT), criado em 1983, que, juntamente a outros movimentos populares, formou a Intersocial. O Uruguai vivenciou então um rico momento de sua história, quando os movimentos populares tornaram-se protagonistas em um cenário de transformação política, pressionando para a realização, em 1984, das eleições gerais que marcaram a retomada democrática no país.

O golpe militar na Argentina assumiu uma feição muito similar à experiência chilena, conforme mencionamos anteriormente. Destruiu as diversas organizações de esquerda, reprimiu os sindicatos de forma violenta, desorganizou o movimento peronista e aniquilou o movimento estudantil, assassinando milhares de militantes. Desde logo a ditadura militar assumiu seu servilismo aos capitais externos. Por isso mesmo é que, tanto quanto a ditadura chilena, essa infeliz experiência argentina foi uma antecipação das políticas neoliberais na América Latina.

Entre as consequências mais nefastas daquele período, pode-se destacar o enorme processo de desindustrialização que se abateu sobre a Argentina e afetou, quantitativa e qualitativamente, a classe operária e seu sindicalismo. Com o aniquilamento das esquerdas revolucionárias, que vivenciaram forte expansão no período imediatamente anterior ao golpe, o objetivo era derrotar também a herança peronista no sindicalismo, vista como um entrave para a internacionalização da economia argentina.

Já no Peru, o golpe militar deu-se em 1968, embora seu contexto e significado tenham sido bem diferentes dos demais correlatos latino-americanos. Desde o fim da década de 1950, o país andino experimentava uma relativa diversificação de sua classe trabalhadora, ao mesmo tempo que se consolidavam importantes núcleos operários, principalmente na mineração e na metalurgia. No campo, prevalecia ainda o poder do latifúndio, aumentando a pauperização das massas camponesas. O Peru também vivia as consequências nefastas de outra ditadura, provocada pela direita militar liderada pelo general Manuel Odría, que implantou uma ofensiva lei de segurança interna, perseguiu fortemente as organizações sindicais e buscou cooptar os trabalhadores.

O país vivenciava uma significativa expansão de suas bases produtivas, tendo em vista o crescimento das multinacionais em diversos ramos da indústria e a instalação de várias linhas de montagem, como as verificadas nos setores automotivo e de produtos elétricos e farmacêuticos, além da criação das indústrias metal-mecânica e química e do *boom* da indústria pesqueira. Contudo, o país ainda permanecia muito dependente do setor agroexportador e dos investimentos externos.

Nesse mesmo período, também a esquerda peruana vivia uma relativa diversificação. Do Partido Comunista (PC) saíam tendências pró-China e os agrupamentos trotskistas, que formavam suas próprias organizações. As polêmicas giravam em torno da criação de uma nova esquerda marxista ligada aos movimentos operário e camponês e mais afinada com o ideal de Mariátegui.

Desde 1964, o PC, liderado pela linha pró-soviética, transformara-se em PC-Unidade. No intuito de organizar as forças de esquerda no meio sindical, tentou retomar o poder da Confederação dos Trabalhadores do Peru (CTP), fundada em 1944 e dominada pela Aliança Popular Revolucionária Americana (APRA), de centro-direita, mas desistiu dessa tática e, em 1968, fundou a nova Confederação Geral de Trabalhadores do Peru (CGTP), aludindo simbolicamente à central criada por Mariátegui em 1929. Não obstante a existência de oposição por parte de grupos mais à esquerda, a CGTP transformou-se rapidamente na principal central sindical do país.

Em 1968, uma contextualidade de crise política aliou-se à crise econômica. O resultado foi mais um golpe militar, tendo à frente o general Velasco Alvarado. Mas esse golpe, originado dentro de correntes militares mais reformistas, tinha características diferenciadas e bem particulares. Alvarado partia de uma ideologia nacionalista, "nem capitalista nem comunista", e buscava quebrar a estrutura do poder oligárquico tradicional. Promoveu, para tanto, uma extensa reforma agrária, aumentou o poder estatal, diminuiu a força dos latifúndios, planejou a economia e nacionalizou indústrias e a exploração de recursos naturais[16].

Nesse contexto, propagava-se uma "ideologia de participação", um apelo para a união entre capital e trabalho sob ideário nacionalista – um fiasco, já que a própria classe capitalista se recusava a fazer concessões aos trabalhadores. Com um crescimento econômico altamente concentrador e excludente, tão comum à ordem capitalista, o movimento operário intensificou as críticas ao regime, promovendo greves e grandes paralisações. Expressivas federações, como a dos mineiros e metalúrgicos e dos trabalhadores da área de educação, desvincularam-se da CGTP, que propunha uma linha colaboracionista, e intensificaram suas manifestações contrárias ao governo. Isolado politicamente, Alvarado deixou o poder em 1975. Fracassava o projeto militar de feição mais nacionalista e progressista, que se destacava da série de golpes militares pró-imperialistas.

Na Colômbia, as décadas de 1930-1940 foram marcadas pelas muitas manifestações populares sob a impulsão do chamado "movimento gaitanista", inspirado em seu principal líder, Jorge Gaitán, do Partido Liberal, antigo ministro do Trabalho do governo López. Em 1936, durante a realização de seu II Congresso, o Partido Comunista fundou a Confederação Sindical dos Trabalhadores (CSN), que em 1938 passou a chamar-se Confederação de Trabalhadores da Colômbia (CTC). Posteriormente, em 1945, surgiu uma nova organização sindical denominada Confederação Nacional de Trabalhadores (CNT), e no ano seguinte, para embaralhar ainda mais o cenário sindical dividido e fragmentado, ocorreu a fundação da União de Trabalhadores da Colômbia (UTC), de orientação apolítica e negociadora, apoiada financeiramente pela Igreja.

O fim desse período foi marcado pelo assassinato de Gaitán, em abril de 1948. O fato gerou uma intensa revolta popular, conhecida por *Bogotazo*, cujo caráter insurrecional provocou séria repressão pelo governo, que o conteve brutalmente. A época foi marcada por forte violência institucional, social, ideológica e cultural.

É nessa etapa que se observa uma polarização crescente entre a UTC, em expansão, e a CTC, em refluxo. Posteriormente, em 1964, foi criada a Confederação Sindical de Trabalhadores da Colômbia (CSTC), de inspiração comunista, e, mais tarde, a

---

[16] Denis Sulmont, "Historia del movimiento obrero peruano (1890-1978)", em Pablo González Casanova (org.), *Historia del movimiento obrero en América Latina*, cit., v. 3.

36   O *continente do labor*

Confederação Geral do Trabalho (CGT), ligada à Democracia Cristã. Na década seguinte, as quatro principais centrais sindicais do país – CTC, UTC, CSTC e CGT – uniram-se em torno de uma pauta de reivindicações comum: aumento de 50% nos salários, congelamento de preços de serviços e tarifas públicas, extinção do estado de sítio, plena vigência das liberdades democráticas e definição de uma política favorável ao sindicato das indústrias por setor de atividade. O resultado dessa confluência foi a constituição do Conselho Nacional Sindical, aglutinando as forças sindicais do país.

Atualmente há três grandes centrais sindicais na Colômbia: a Central de Trabalhadores da Colômbia (CTC), a Confederação Geral do Trabalho (CGT) e a Central Unitária de Trabalhadores (CUT). A CTC, fundada em 1936, mostrou-se, ao longo de sua história, ligada ao governo federal e ao Estado colombiano. Por sua vez, a CUT foi fundada em 1986 com o objetivo de unificar o movimento sindical, com o apoio da CSTC e de setores independentes e progressistas do movimento sindical. Já a CGT chegou a ser rebatizada de Confederação Geral de Trabalhadores Democráticos (CGTD), mas em seu VIII Congresso, realizado em 2004, voltou a chamar-se CGT.

No entanto, a partir do início da década de 1950, a Colômbia viu surgirem movimentos baseados na guerrilha, que têm intensa atividade até hoje. As Forças Armadas Revolucionárias da Colômbia (Farc) optaram pela guerrilha em 1952, assim como o Exército de Libertação Nacional (ELN) em 1965. Explodia a militarização da sociedade colombiana, que ingressava em uma fase de guerra civil que se prolonga até os dias atuais e cuja complexidade é agravada pela enorme força e presença da economia política oriunda do narcotráfico.

Tal quadro configura uma situação relativamente singular para o movimento sindical colombiano, cujos desafios são ainda maiores que os normalmente enfrentados por seus vizinhos latino-americanos. A situação é tão assustadora que instituições como a Organização Internacional do Trabalho (OIT) elegeram a Colômbia o país mais perigoso do mundo para a atividade sindical. Os homicídios de sindicalistas chegaram a 184 em 2002, a 91 em 2003, e a 94 em 2004. Contudo, o total de registros das violações chegou a 688 em 2004, incluindo ameaças de morte, detenção arbitrária, desaparecimentos e sequestros[17].

A Venezuela é outro país marcado por um longevo domínio das oligarquias conservadoras. Rico em recursos naturais, como o petróleo, o país é cobiçado pelo imperialismo desde o princípio do século XX. Se no início de sua história a Venezuela encontrava sua força motriz na produção de café e de outros produtos primários, os benefícios oriundos do petróleo é que foram os verdadeiros responsáveis pelo nascimento de uma burguesia nacional dependente do Estado e submissa às grandes empresas estrangeiras de prospecção e refinamento do óleo. Em alguns momentos, essa burguesia ensaiou projetos de desenvolvimento nacional, de que foram exemplo a nacionalização do petróleo e a criação da Petróleo da Venezuela S.A. (PDVSA), uma das mais importantes empresas do setor, que se tornou o carro-chefe da economia venezuelana.

---

[17]   Escuela Nacional Sindical (ENS), *Informe sobre la violación a los derechos humanos de los sindicalistas colombianos*, 2004. Disponível em <http://www.ens.org.co/>. Acesso em setembro de 2005.

Um elemento que caracteriza o movimento sindical do país é a ausência, em sua história recente, da hegemonia de um sindicalismo autônomo em relação ao Estado. Isto quer dizer que desde a sua formação as organizações que têm liderado o movimento, entre as quais se destaca a Ação Democrática (AD), sempre imprimiram uma política de conciliação de classes e muitas vezes apoiaram as medidas de ajuste neoliberal. A principal organização sindical no país, a Confederação de Trabalhadores da Venezuela (CTV), foi constituída por meio de estreitos vínculos com o sindicalismo norte-americano e desde cedo esteve ligada à Confederação Internacional das Organizações Sindicais Livres (CIOLS), sendo controlada pela AD, um partido que sempre atuou no sentido de isolar e excluir os setores considerados revolucionários.

Durante certo período, as classes dominantes, devidamente abastecidas com o dinheiro do petróleo, imaginaram que poderiam fazer algumas concessões aos trabalhadores, elevando as condições de vida dessa parcela da população (quando comparado com a realidade latino-americana). O fato gerou, inclusive, o mito de que a Venezuela seria o país mais caracteristicamente social-democrata da América Latina, desmoronado pouco tempo depois.

Isso ocorreu na segunda metade dos anos 1970, quando a crise do petróleo levou às alturas o preço do barril, sustentando, desse modo, a política desenvolvimentista do então presidente Carlos Andrés Pérez, em seu primeiro mandato, que se estendeu de 1974 a 1979. Também foi durante seu governo – mais precisamente, em 1976 – que o petróleo foi nacionalizado e criou-se a PDVSA. Em seu segundo mandato, porém, o governo Pérez contrariou o que havia prometido durante a campanha, adotando medidas econômicas impopulares, baseadas em acordos definidos com o Fundo Monetário Internacional (FMI), como aumento da gasolina, corte nos gastos públicos, congelamento dos salários, liberação dos preços e aumento do preço dos gêneros de primeira necessidade. A reposta popular foi quase imediata e, por meio dela, assistiu-se à maior insurreição já registrada no país, que ficou conhecida como *Caracazo*, em 1989. Tratava-se de uma manifestação espontânea, com milhares de pessoas tomando as ruas de Caracas, construindo barricadas e bloqueando as vias de acesso à cidade. Em vários bairros da capital, houve saques a lojas e a caminhões que carregavam alimentos. A repressão foi violenta e estima-se, extraoficialmente, que tenha resultado na morte de cerca de mil pessoas.

O governo Pérez sobreviveu ao *Caracazo*, mas saiu completamente debilitado. Finalmente, Pérez foi destituído do cargo em 1993, acusado de corrupção. Essa importante manifestação popular tornou-se um momento de ruptura na história do país, deflagrando um amplo processo de reorganização dos movimentos sociais. Com o descrédito e o declínio dos partidos tradicionais, principalmente AD e Copei (Comitê de Organização Política Eleitoral Independente), de direita, abriram o caminho para o surgimento de novas agremiações, em sua maioria dissidências do Partido Comunista Venezuelano. Estavam sendo gestadas as condições para o afloramento, pouco tempo depois, do movimento bolivariano liderado por Hugo Chávez.

Assim, pouco a pouco, a América Latina mergulhava no neoliberalismo, dando os passos iniciais no processo da reestruturação produtiva, uma imposição dos capitais em escala global. Enfim, essa avalanche neoliberal trouxe consigo a desconstrução dos direitos sociais do trabalho, por meio das distintas formas de precarização.

A DESERTIFICAÇÃO NEOLIBERAL, A REESTRUTURAÇÃO PRODUTIVA E A DESORGANIZAÇÃO DO TRABALHO

Se as ditaduras militares e os governos civis e conservadores dos anos 1970 foram fortemente privatistas e voltados para a expansão capitalista, alguns casos, como o Chile e a Argentina, foram antecipadamente neoliberais em suas políticas econômicas. Em outros casos, como no Brasil, esse processo teve acentuado sentido industrializante, o que acarretou uma significativa ampliação da classe trabalhadora, responsável pelo ressurgimento do que, na época, foi denominado de *novo sindicalismo*, que teve como principal liderança o então metalúrgico Luiz Inácio Lula da Silva.

Ainda nesse período que antecedeu a vigência do neoliberalismo no Brasil, ocorreu um acentuado ciclo de greves desencadeado pelos mais variados segmentos de trabalhadores, desde os operários da indústria (especialmente os metalúrgicos) até os assalariados rurais, os funcionários públicos e diversos setores assalariados médios. O movimento foi caracterizado pela deflagração de várias greves *gerais por categoria*, greves *com ocupação de fábricas*, incontáveis greves *por empresas* e *greves gerais nacionais*. Foi um período em que se assistiu ainda a uma ampla e expressiva expansão do sindicalismo de assalariados médios e do setor de serviços, como bancários, professores, médicos e funcionários públicos. O mesmo aconteceu com a organização e o fortalecimento de outros importantes sindicatos e centrais sindicais, caso da Central Única dos Trabalhadores (CUT), fundada em 1983 e inspirada, em sua origem, em um sindicalismo de classe, autônomo e independente do Estado.

O surgimento da CUT foi uma experiência de forte impacto em toda a América Latina. Herdeira das lutas sociais e operárias das décadas anteriores, resultou da confluência entre o *novo sindicalismo* criado no *interior* da estrutura sindical daquele período e o movimento das *oposições sindicais* que atuavam *fora* da estrutura sindical oficial e combatiam seu sentido subordinado, atrelado e verticalizado.

Algo relativamente similar ocorreu no México, onde também foram intensas as mobilizações dos professores, mineiros, metalúrgicos, eletricitários, trabalhadores da indústria automotiva, entre várias outras categorias. Mas outros países, como Uruguai, Argentina, Chile, Peru e Colômbia, também contribuíram para a retomada das lutas sindicais e operárias em nosso continente.

Porém, é especialmente a partir da década de 1980 que o sindicalismo latino--americano começa a sentir os efeitos negativos do neoliberalismo e das tendências essencialmente regressivas da reestruturação produtiva imposta pelo capital, com todo seu corolário ideológico e político. Esse duplo processo, desenvolvido em escala mundial a partir dos anos 1970, forçou uma redefinição da América Latina frente à nova divisão internacional do trabalho, em uma fase em que o capital financeiro começava a ampliar sua hegemonia no mundo do capital.

Foi nessa contextualidade que se desenvolveu a reestruturação produtiva na América Latina, com profundas consequências para o mundo do trabalho dos países que compõem o continente. A aplicação do receituário neoliberal, baseado no Consenso de Washington, simultaneamente à reorganização da produção, trouxe uma significativa redução do parque produtivo industrial, como foi o caso exemplar da Argentina. O quadro se definiu com a agressiva política de privatização do setor produtivo estatal, como siderurgia, telecomunicações, energia elétrica, setor bancário, entre outros, aprofundando ainda mais a subordinação do continente latino-americano aos interesses financeiros hegemônicos, especialmente àqueles sediados nos Estados Unidos.

Privatização, desregulamentação, fluxo livre de capitais, financeirização, terceirização e precarização do trabalho, desemprego estrutural, trabalho temporário, parcial, aumento da miserabilidade, todas essas prerrogativas da barbárie neoliberal e de sua reestruturação produtiva passaram a caracterizar o cotidiano do mundo do trabalho. Com um processo de tal intensidade, não foram poucas as consequências nefastas para a classe trabalhadora, que sofreu inúmeras mutações e metamorfoses.

Praticamente todos os países latino-americanos dotados de áreas industrializadas implementaram em suas empresas os processos de *downsizing*, por meio de uma enorme redução do número de trabalhadores e do aumento das formas de exploração da força de trabalho, o que significa que o processo tecnológico e informacional também passou por sérias mutações. A flexibilização, a desregulamentação e as novas formas de gestão produtiva foram introduzidas com grande intensidade, mesclando-se aos novos processos produtivos baseados na acumulação flexível, ou ainda no chamado toyotismo (ou "modelo japonês"), que se expandiu para o capitalismo ocidental de modo muito vigoroso e ampliado desde os anos 1970 – para a América Latina, especialmente a partir dos anos 1980.

Dado o enorme contingente de força de trabalho sobrante, o processo de reestruturação em nosso continente apresenta um traço particular, proveniente da *superexploração da força de trabalho* e dos reduzidos níveis salariais, articulados, em alguns ramos produtivos, a um razoável padrão tecnológico. Isso acontece porque os capitais produtivos que atuam na América Latina buscam mesclar a existência de uma força de trabalho "qualificada" para operar com os equipamentos microeletrônicos com padrões de remuneração muito inferiores aos dos países centrais – onde as empresas têm suas sedes –, tudo isso acrescido das formas de desregulamentação, flexibilização e precarização da força de trabalho. A fórmula favorece enormemente a intensificação da característica *superexploração do trabalho*, por meio da extração da mais-valia relativa em combinação com a mais-valia absoluta. Tal combinação vem sendo fortemente ampliada durante as últimas décadas, quando tornam-se ainda mais intensos o ritmo e a duração das jornadas de trabalho. As *maquiladoras* no México e nos países da América Central são exemplares.

AS MARCAS DO GENOCÍDIO E O RESSURGIMENTO DAS LUTAS SOCIAIS

Se a Inglaterra foi o laboratório do neoliberalismo na Europa, a Argentina pode ser considerada seu equivalente latino-americano. Com a vitória de Carlos Menem e o

40   O *continente do labor*

avassalador plano neoliberal adotado por seu governo, a CGT procurou adaptar-se a esse novo regime por meio de um "sindicalismo empresarial" que, em grande medida, deu sustentação à tentativa de destruição social e política do povo argentino. A privatização de seu importante setor estatal, o monumental processo de desindustrialização, a desregulamentação dos direitos trabalhistas, a subserviência completa aos ditames do Consenso de Washington e aos Estados Unidos, o consequente processo de dolarização da economia, a avassaladora corrupção do governo Menem, enfim, toda essa atuante barbárie neoliberal sobre a realidade argentina foi fotografada, sem retoques, pelo olhar contundente do diretor de cinema Pino Solanas, em seu *Memoria del saqueo* [Memórias do saque].

Foi como repúdio ao genocídio provocado pelas políticas neoliberais que, em 1992, surgiu o Congresso dos Trabalhadores Argentinos (CTA), central sindical vinculada aos trabalhadores estatais. Configuravam-se, então, como principais correntes sindicais: a CGT, dirigida pelo Partido Justicialista (peronista) e beneficiada pelas reformas econômicas por meio da administração dos fundos de pensão, e a CTA, que, desde seu início, não aceitava as reformas neoliberais, mostrando-se mais autônoma em relação ao Estado[18].

A luta antineoliberal atingiu um de seus pontos mais altos em dezembro de 2001, quando uma verdadeira explosão social no país depôs o presidente Fernando de la Rúa e toda uma gama de sucessores incapazes de conseguir respaldo para permanecer no poder. Na verdade, desde 1994, passaram a fazer parte do cotidiano argentino as marchas nacionais que, reunindo milhares de trabalhadores – entre os quais se destacam os desempregados, denominados *piqueteros* –, afluíam de vários pontos do país para Buenos Aires, a fim de expressar seu repúdio ao modelo neoliberal.

As greves gerais foram outro instrumento muito importante para manifestar o descontentamento popular. Particularmente marcante foi a generalização pelo país do movimento de ocupação das fábricas (ou empresas recuperadas), oriundo de uma situação na qual os proprietários abandonavam as empresas – como forma de pressão pelos endividamentos etc. – e os trabalhadores passavam a administrá-las por meio de duas principais modalidades de controle social da produção: as *cooperativas* e as empresas *estatizadas*.

São centenas os exemplos que ilustram essa situação, mas os casos da Bruckman (têxtil), da INPA Fábrica Cultural (tubos) e do hotel Bauen, sediados em Buenos Aires, da Zanon (cerâmica), em Neuquen, e da La Toma (supermercado), em Rosario, são particularmente ricos e diferenciados porque são experiências nas quais os trabalhadores vivenciaram seu cotidiano exercitando formas de trabalho sem domínio, sem controle e sem a exploração direta do capital privado.

Os piquetes desencadeados pelos trabalhadores-desempregados consagraram uma forma de protesto social ao impedir o acesso pelas rodovias mais importantes a Buenos Aires. Do mesmo modo, o Movimento de Trabalhadores Desocupados (MTD) e tantos

---

[18]   Martín Armelino, "Algunos aspectos de la acción colectiva y la protesta en la CTA y el MTA", *Revista de Estudios sobre Cambio Social*, Universidade de Buenos Aires, ano IV, n. 15, primavera 2004. Disponível em <http://www.catedras.fsoc.uba.ar/salvia/lavbo/textos/15_4.htm>.

outros passaram a organizar piquetes sistemáticos que praticamente paralisavam a capital argentina. A CTA elaborou novas estratégias de atuação, procurando ampliar suas bases por meio da criação da Federação de Terras, Habitação e Habitat (FTV, sigla em espanhol para *Federación de Tierra, Vivienda y Hábitat*), com o objetivo de organizar setores populares de desempregados ou subempregados. Surgida em 1994, na província de Jujuy, a Corrente Classista Combativa (CCC), minoritária no sindicalismo autônomo, também marcou presença nesse ciclo de lutas sociais na Argentina antineoliberal e anticapitalista.

O movimento de fábricas ou empresas recuperadas, os *piqueteros*, as greves e as ações de confrontação sindical refletem as novas dinâmicas do movimento dos trabalhadores e as novas modalidades do enfrentamento entre capital e trabalho. A confluência desses múltiplos movimentos, acrescidos do descontentamento das camadas médias com a política econômica e financeira do governo, que no ápice da crise impediu-lhes de retirar seu próprio dinheiro dos bancos (o chamado *curralito*), levou à eclosão do levante social e político de dezembro de 2001. Sua bandeira central estava traduzida no lema *"Que se vayan todos!"* ["Que se vão todos!"], espalhado como pólvora por todo o país, *que viveu dias que abalaram seu poder e suas estruturas*.

No México, o neoliberalismo foi, como vimos, resultado do *transformismo* ocorrido no PRI mexicano, há décadas no poder do país asteca – e que, pouco a pouco, foi se convertendo em um partido burguês burocratizado, vertical, institucionalizado, emaranhado com as maiores formas de corrupção, até constituir um agrupamento político neoliberal da pior espécie e de frontal oposição ao sindicalismo autônomo e de classe.

Após as eleições federais de 1988, Salinas de Gortari assumiu a presidência do país; coube a ele intensificar a implantação do neoliberalismo no México, política já em curso desde o início de 1980. As medidas implementadas acarretaram o aumento da internacionalização e da subordinação econômica e política em relação especialmente ao imperialismo norte-americano, do qual o Tratado Norte-Americano de Livre Comércio (Nafta, sigla em inglês para *North American Free Trade Agreement*), o acordo de "livre comércio" com os Estados Unidos e o Canadá, foi expressão. Em seu governo, foi-se acumulando um crescente descontentamento popular com as seguidas crises econômicas e os retrocessos sociais do país, o que culminou em uma rebelião armada em 1994, em Chiapas, sul do México. Eclodiu a revolta organizada pelo Exército Zapatista de Libertação Nacional (referência ao líder da Revolução Mexicana, Emiliano Zapata), movimento que congregou desde seu início os camponeses e os indígenas, além de receber a simpatia e adesão de amplos setores que combatiam o neoliberalismo no país.

Sob pressões dos Estados Unidos e de organismos multilaterais como o FMI e o Banco Mundial, os governos seguintes não apenas assumiram como aprofundaram as ideologias monetaristas de estabilização financeira e de controle das dívidas do país, as quais, mediante severos ajustes fiscais, atraíam investimentos externos, de caráter crescentemente especulativo[19]. O avanço dessas políticas de cunho neoliberal

---

[19] Susanne Soederberg, "Deconstructing the Neoliberal Promise of Prosperity and Stability: Who Gains from the *Maquiladorization* of Mexican Society?", *Cultural Logic*, v. 4, n. 2, primavera 2001. Disponível em <http://eserver.org/clogic/4-2/soederberg.html>. Acesso em 10/09/2005.

também incentivou a desestatização e a desnacionalização do parque industrial, por meio da introdução das *maquiladoras* (montadoras de artigos pré-fabricados em outros países), visando produzir e exportar mercadorias a baixo preço, em comparação àquelas produzidas em seus países de origem, especialmente os Estados Unidos. O efeito mais nefasto dessas medidas foi sentido na imposição de uma precarização ainda maior aos trabalhadores e trabalhadoras[20].

Não foi por outro motivo que, de maneira simbólica, em 1º de janeiro de 1994 – data em que foi inaugurado o Nafta –, eclodiu a rebelião zapatista, recusando frontalmente esse caminho de "integração" destrutiva para os trabalhadores mexicanos. O movimento teve enorme significado para a resistência e a luta dos povos da América Latina contra a mundialização dos capitais e sua lógica destrutiva.

No Brasil, o avanço do neoliberalismo seguiu um caminho distinto. Foi a partir de 1990, com a ascensão de Fernando Collor e, posteriormente, Fernando Henrique Cardoso à presidência, que tanto o processo de reestruturação produtiva quanto o receituário neoliberal foram efetivamente implantados. O mandato de Collor teve curta duração (1990-1992), uma vez que, dado o enorme grau de corrupção que caracterizou seu governo, acabou sendo deposto por um vasto movimento social e político desencadeado ao longo do ano de 1992, que levou ao seu *impeachment*.

Depois desse episódio e do breve governo do vice-presidente Itamar Franco, Fernando Henrique Cardoso assumiu o cargo por dois mandatos consecutivos, período em que o parque produtivo brasileiro foi enormemente alterado e reduzido em função da intensa política de privatização que atingiu as empresas estatais (especialmente de siderurgia, telecomunicações, energia elétrica, sistema bancário, entre outros). Consequentemente, assistiu-se a uma profunda alteração do tripé que sustentava a economia brasileira, formado pelo capital nacional, capital estrangeiro e setor produtivo estatal. Sua política, também sintonizada com o Consenso de Washington, aumentou ainda mais a subordinação do país aos interesses financeiros internacionais, desorganizando o padrão produtivo estruturado durante o período getulista.

A intensidade do processo que combinou neoliberalismo e reestruturação produtiva do capital trouxe repercussões avassaladoras para o universo da classe trabalhadora, para o movimento sindical e para a esquerda brasileira. As propostas de desregulamentação, de flexibilização, de privatização acelerada e de desindustrialização ganharam forte impulso, uma vez que seguiam, no essencial, uma política de corte neoliberal, antiestatista e privatizante. Paralelamente à retração da força de trabalho industrial, ampliou-se também o contingente de *subproletarizados*, de *terceirizados*, de *subempregados*, ou seja, das distintas modalidades de trabalho precarizado.

A reestruturação produtiva, que atingiu a quase totalidade dos ramos de produção e/ou de serviços, acarretou também alterações significativas na estrutura de empregos no Brasil. Em paralelo à retração do emprego industrial, entre as décadas de 1980 e 1990, os serviços aumentaram sua participação relativa na estrutura ocupacional, sendo em boa medida direcionados para o universo da informalidade,

---

[20] Idem.

que incorporou parcelas expressivas de trabalhadores, sobretudo no comércio, nas comunicações e nos transportes.

Ainda que, nas eleições de 2002, a vitória eleitoral e política de Lula e do Partido dos Trabalhadores (PT) tiveram um significado real e simbólico muito expressivo – pois se tratou da vitória, pela primeira vez na história do Brasil, de uma candidatura de origem operária –, seu governo, desde os primeiros atos, pautou-se por uma clara *continuidade* ao neoliberalismo. Sua política econômica, por exemplo, foi de evidente benefício aos capitais financeiros, reiterando a dependência aos ditames das políticas do FMI. A brutal concentração da terra se manteve inalterada e, pior, aumentou o número de assassinatos no campo. O sentido público e social do Estado está sendo, passo a passo, desmantelado.

A mais impopular e virulenta medida praticada pelo governo do PT foi o desmonte da previdência pública e sua privatização por meio da criação e do incentivo dos fundos privados de pensão junto aos servidores públicos. E é importante lembrar que a privatização da previdência pública foi uma imposição do FMI, aceita sem oposição pelo governo Lula, o que significou uma ruptura com parcelas importantes do sindicalismo de trabalhadores públicos, que passaram a fazer forte oposição ao governo.

Essa nova realidade arrefeceu e tornou ainda mais defensivo o *novo sindicalismo*, que se encontrava, de um lado, diante da emergência de um sindicalismo neoliberal, expressão da *nova direita*, sintonizada com a onda mundial conservadora, de que a Força Sindical, central sindical criada em 1991, é o melhor exemplo; e, de outro, diante da inflexão que, desde os anos 1990, instaurou-se no interior da CUT – ou seja, inspirada pela sua tendência majoritária (a central), outrora combativa, aproxima-se cada vez mais dos modelos do sindicalismo social-democrata europeu.

É importante lembrar, entretanto, que esse mesmo período assistiu à expansão do mais importante movimento social e político do Brasil. Criado em 1984, o Movimento dos Trabalhadores Rurais Sem Terra (MST) fez ressurgir a luta dos trabalhadores do campo, ampliando seu sentido e convertendo-a no centro da luta política de classes no país.

O MST, em verdade, tornou-se o principal catalisador e impulsionador das lutas sociais recentes e, pelos laços fortes que mantém com setores sociais urbanos, tem possibilitado a retomada das ações sociais de massa no Brasil. Sua importância e seu peso decorrem do fato de que o MST tem como centro de atuação a organização de base dos trabalhadores por meio de ocupações, acampamentos e assentamentos, sem subordinar-se à ação institucional ou parlamentar.

Ainda que o MST encontre sua origem no movimento de trabalhadores rurais, incorpora crescentemente os trabalhadores da cidade que buscam retornar para o campo depois de expulsos pela "modernização produtiva" das indústrias. Tal processo resulta em uma inversão do fluxo migratório no Brasil e em uma síntese que aglutina e articula experiências e formas de sociabilidade oriundas do mundo do trabalho rural e urbano. Em seu universo político-ideológico, o MST resulta da fusão da experiência da esquerda católica, vinculada à Teologia da Libertação e às comunidades de base da Igreja, com militantes formados no ideário e na práxis de inspiração marxista, retomando as duas vertentes mais importantes das lutas sociais recentes no país.

44 O *continente do labor*

Outro exemplo emblemático da implantação do neoliberalismo na América Latina pode ser encontrado no Peru. Tal processo ocorreu na década de 1990, durante o governo de Alberto Fujimori. Eleito por meio do voto popular em razão do discurso aparentemente crítico adotado durante a campanha, Fujimori, desde o início de seu governo, pautou-se pela implantação das políticas econômicas neoliberais. Com técnicas e artifícios dignos das piores ditaduras, estruturou um mandato subordinado aos interesses imperialistas e à classe dominante nacional. Privatizou a maioria das empresas estatais, fortaleceu a burguesia no comando da economia peruana e extinguiu a estabilidade no trabalho. Os altos índices de desemprego provocaram uma enorme redução no nível de sindicalização, que chegou a menos de 10%[21]. Outro agravante encontrava-se em uma lei do país que impossibilitava a sindicalização em locais com menos de vinte trabalhadores, o que significa que, em 1983, por exemplo, 53% da população economicamente ativa (PEA) não podia sindicalizar-se[22].

A flexibilização das leis trabalhistas foi ponto essencial dessas transformações, acompanhada por processos de alterações na base tecnológica e pela descentralização produtiva. As perdas de emprego foram maciças tanto no setor privado quanto no setor público, dando origem a várias formas de trabalho precário por meio do crescimento das terceirizações e subcontratações[23].

Diante disso, à luta sindical, certamente, colocaram-se grandes desafios, resultados da forte corrosão social de suas bases, atingidas pelos empregos escassos, precários, eventuais etc. Além da CGTP e da CTP, outras duas organizações estavam em atuação: a Central Unitária de Trabalhadores (CUT), fundada em 1993, e a Confederação Autônoma de Trabalhadores do Peru (CATP), reconhecida em 1991. Ainda que possuam tendências políticas díspares, em 14 de julho de 2004, essas centrais uniram esforços para promover uma paralisação geral com o objetivo de protestar contra a política econômica e a corrupção do governo de Alejandro Toledo, além da escalada vergonhosa dos níveis de desemprego e de miséria da população.

Nessa breve radiografia do neoliberalismo na América Latina, a Colômbia não difere significativamente de nenhum outro país que adotou políticas dessa natureza a partir da década de 1990. Ali ocorreu também um forte processo de neoliberalização da economia, que ampliou a desregulamentação financeira e acelerou as privatizações de importantes empresas do setor público e a flexibilização da legislação trabalhista[24]. Tudo isso em um país que, conforme vimos anteriormente, vive há mais de cinquenta

---

[21] Rodrigues Montoya Rojas, "El Perú después de 15 años de violencia (1980-1995)", *Estudos Avançados*, v. 11, n. 29, 1997.

[22] Denis Sulmont, "Historia del movimiento obrero peruano (1890-1978)", cit.

[23] Patricia Jimenez e Carmen Gamarra, "Flexibilización y reconversión productiva en el sector industrial: laboratorios, confecciones, alimentos", em Griselda Vigil (org.), *Globalización y empleo: cambios en el empleo en Perú y América Latina, y en la vida laboral de hombres y mujeres* (Asociación Laboral para el Desarrollo/Universidade Católica de Peru, 1994).

[24] Aureliano Buendía, "Guerra, neoliberalismo y intervención imperialista de Estados Unidos en Colombia", *Herramienta*, n. 13, jul. 2000. Disponível em <http://www.herramienta.com.ar/revista-impresa/revista-herramienta-n-13>. Acesso em setembro de 2005.

anos um processo de guerra civil aberta. Não é de se estranhar que o desemprego na Colômbia tenha alcançado mais de 20% da população em 2000, sendo que, em 1991, esse percentual era de menos de 10%. Há ainda marcadas distinções entre a participação de homens e de mulheres nas estatísticas do desemprego colombiano: as mulheres totalizam 24,5% e os homens, 17%[25].

Além disso, entre a população ocupada, em 2005 havia 59% de trabalhadores no setor informal. Em 1992, esse percentual era de 54%. Em comparação com os trabalhadores formais, os informais têm uma média de horas trabalhadas um pouco menor – enquanto os formais trabalham, em média, 46 horas [semanais], os informais trabalham 44 horas.

É nesse contexto de crescentes precarização e flexibilização do mercado de trabalho que o movimento sindical colombiano de esquerda procura organizar-se e construir alternativas às investidas governamentais de retirada de direitos trabalhistas. A direita do país tem sido capaz de articular, de maneira competente, uma economia fortemente controlada pelo narcotráfico com o receituário do neoliberalismo. Aliado a um país mergulhado em uma guerra civil aberta sob intervenção dos Estados Unidos, configuram-se a barbárie e a destruição neoliberais na Colômbia. Mas, diante desse quadro, é preciso ressaltar que a resistência armada controla parcela importante do território colombiano.

Tal qual a maioria dos países latino-americanos, o Uruguai também vivenciou a era da desertificação neoliberal. E, da mesma forma como ocorreu nos demais, ali também o neoliberalismo foi apresentado como o único caminho possível de desenvolvimento econômico no quadro mundial, e os custos provenientes desse modelo foram particularmente altos para as áreas sociais, como saúde e educação. Com a liberalização econômica, ocorreu um processo acentuado de desindustrialização, sendo que, entre 1988 e 1993, o emprego industrial foi reduzido em 25%. Um em cada quatro operários industriais perdeu seu emprego. Ao mesmo tempo, proliferaram-se as formas de trabalho precário: em 1991, somente metade da população ativa possuía empregos estáveis, enquanto um em cada cinco trabalhadores tinha um emprego precário ou estava subempregado. Em vez de investimentos em ciência e tecnologia, as empresas optaram pela informalização do trabalho, expulsando trabalhadores formais e criando empresas especializadas em vender serviços, o que diminui os custos com impostos e encargos trabalhistas. Esse quadro dificultou em muito a organização sindical e política da classe trabalhadora colombiana, gerando uma ampliação dos interesses das transnacionais, cada vez mais presentes.

Pode-se dizer que a experiência venezuelana recente é singular na nossa América Latina. Chávez liderou um movimento social e político (denominado Movimento V República) fora dos marcos da esquerda tradicional e ganhou as eleições presidenciais de 1998 com 56% dos votos. No dia da posse, o governo popular convocou um plebiscito visando a instauração de uma Assembleia Constituinte e o desmonte dos partidos tradicionais de direita, que sempre garantiram o poder das oligarquias. A

---

[25] Dados do Departamento Administrativo Nacional de Estatística (Dane) do governo colombiano.

nova Constituição foi aprovada no mesmo ano e diversas mudanças estruturais foram realizadas tanto no poder legislativo quanto no judiciário. Trata-se da mais avançada Constituição entre as existentes nos países capitalistas da América Latina, que, entre outros, tem o poder de garantir o plebiscito popular.

A oposição burguesa e oligárquica, capitaneada pela Central dos Trabalhadores da Venezuela (CTV), que conta com apoio do imperialismo norte-americano, tem sido implacável com o governo Chávez. Sua atuação se dá via meios de comunicação privados e a principal federação empresarial do país (a Fedecámaras), além do desempenho ativo e nefasto da própria embaixada norte-americana ali instalada.

Foram três grandes ações para tentar depor o governo. Uma primeira tentativa de golpe, em abril de 2002, foi coordenada pela embaixada estadunidense e pela direita venezuelana, rapidamente frustrada por causa da decisiva mobilização popular, que exigia o retorno do presidente. Em dezembro do mesmo ano, forças da reação desencadearam um *locaute* – mais conhecido como *paro nacional* – na PDVSA que durou cerca de dois meses, tentando desestabilizar o governo bolivariano – que, pela segunda vez consecutiva, contou com forte apoio popular, derrotando os golpistas. Na verdade, o governo Chávez impediu o processo de privatização da PDVSA, exigida pelos Estados Unidos e por setores da burguesia venezuelana. Daí a forte reação desses setores privatistas e pró-imperialistas.

Houve ainda uma terceira tentativa: em fins de novembro de 2003, a oposição recolheu assinaturas para convocar um referendo revogatório do mandato de Chávez. Mesmo com suspeita de fraude, o governo aceitou o pedido e foi realizado o referendo, atendendo à forte pressão externa. Com 59% de votos de apoio, a vitória de Chávez fica ainda mais expressiva se for considerado o fato de que sua luta se deu contra o poder econômico dos grandes capitais, dos meios de comunicação e do imperialismo norte-americano.

O traço distintivo que preservou o governo de Chávez das sucessivas ameaças golpistas é dado pela expansão dos círculos bolivarianos, organizações populares que se estruturam em várias partes do país. O movimento, que inicialmente foi tratado com desdém pela mídia internacional, tornou-se uma alternativa no quadro do poder político na América Latina, encontrando sua força especialmente nas classes populares e que vem procurando estancar as reformas neoliberais por meio de um processo de ampliação dos direitos dos trabalhadores, avançando nas formas de produção social – as cooperativas e as empresas coletivas – e, principalmente, começando a buscar alternativas inspiradas nos valores do socialismo.

Desenhando a nova morfologia do trabalho

Quais foram as principais consequências do neoliberalismo e da reestruturação produtiva para o conjunto da classe trabalhadora latino-americana? Qual o desenho que configura o que denominamos como a nova morfologia do trabalho?

Vamos apresentar, de modo sintético, algumas das principais tendências, sempre lembrando que elas têm particularidades por vezes distintas. Mas, em seus traços mais gerais, podemos dizer que:

1. Com a retração do binômio taylorismo/fordismo, desde o início da reestruturação produtiva do capital em escala global, vem ocorrendo uma redução do proletariado estável, tradicional, manual e especializado, herdeiro da era da indústria verticalizada. O espaço aberto pela redução desse proletariado mais estável vem sendo ocupado por formas desregulamentadas de trabalho.

2. Contrariamente à tendência já apontada, ocorre o aumento significativo de um novo proletariado fabril e de serviços, presente nas diversas modalidades de trabalho precário. São os terceirizados, subcontratados, *part-time* [tempo parcial], entre tantas outras formas assemelhadas que se expandem em escala global. Ou seja, com a desestruturação crescente do Estado de bem-estar social nos países do Norte, o aumento da desregulamentação do trabalho nos países do Sul e a ampliação do desemprego estrutural, os capitais implementam alternativas de trabalho crescentemente "informais", de que são exemplo as distintas formas de terceirização. Em 2005, em um total de 80 milhões de trabalhadores, cerca de 60% encontravam-se em situação de informalidade no Brasil. Em vários países da América Latina a situação é similar, quando não ainda mais grave. O México, a Argentina e o Chile, depois da expansão do proletariado industrial nas décadas passadas, passaram a presenciar significativos processos de desindustrialização, tendo como resultado a expansão do trabalho precarizado, parcial, temporário, terceirizado, informalizado etc., além de enormes níveis de trabalhadores e trabalhadoras desempregados[26].

3. Há outra tendência de enorme significado para o mundo do trabalho contemporâneo: trata-se do aumento significativo do trabalho feminino, que atinge mais de 40% da força de trabalho em diversos países avançados e também na América Latina. O sentido dessa expansão faz um movimento inverso quando se trata da temática salarial, já que os níveis de remuneração das mulheres são, em média, inferiores aos recebidos pelos homens. A mesma desigualdade ocorre em relação aos direitos sociais e trabalhistas. No Brasil, o salário médio das mulheres está em torno de 60% do salário dos homens, e tendência similar ocorre em outros países do continente[27].

4. Presenciamos também uma acentuada expansão do "setor de serviços", que inicialmente incorporou grandes parcelas de trabalhadores expulsos do mundo produtivo industrial. A esse respeito, é necessário lembrar que o mundo dos serviços, em sua complexa interação com o mundo industrial, se submete cada vez mais à racionalidade do capital e à lógica dos mercados. O resultado é o crescimento do desemprego também nesse setor, tal como se pode ver na drástica redução do contingente de trabalhadores bancários na América Latina.

---

[26] Adrian Sotelo, *La reestruturación del mundo del trabajo* (Cidade do México, Itaca, 2003).

[27] Claudia Nogueira, *A feminização no mundo do trabalho* (Campinas, Autores Associados, 2004).

48   O *continente do labor*

Outra consequência da inter-relação cada vez mais estreita entre esses dois mundos até então separados encontra-se no fato de que várias atividades do setor de serviços, tradicionalmente consideradas improdutivas, tornam-se diretamente produtivas e subordinadas à lógica exclusiva da racionalidade econômica e da valorização do capital.

5. Uma tendência presente no mundo do trabalho é a crescente exclusão dos jovens que atingiram a idade de ingresso no mercado de trabalho formal. Assim, em plena vigência da *sociedade do desemprego estrutural,* acabam engrossando as fileiras dos desempregados e trabalhadores precarizados. O mesmo ocorre com os trabalhadores considerados "idosos" pelo capital, que, excluídos do trabalho aos 40 anos, dificilmente conseguem reingressar no mercado de trabalho. Por isso é que acabam por somar-se aos contingentes do chamado trabalho informal, aos desempregados, aos trabalhos voluntários etc.

6. Paradoxalmente, o mundo do trabalho tem se utilizado da inclusão precoce e criminosa de crianças nas mais diversas atividades produtivas, não só na América Latina, mas em escala global.

7. Como desdobramento das tendências anteriormente apontadas, cresce o chamado "terceiro setor", que assume uma forma alternativa de ocupação, por meio de empresas com perfil comunitário. São empresas que atuam com trabalho voluntário, abarcando um amplo leque de atividades, onde predominam aquelas de caráter assistencial, sem fins diretamente mercantis ou lucrativos e que se desenvolvem relativamente à margem do mercado.

    A expansão desse segmento é um desdobramento direto da retração do mercado de trabalho industrial e de serviços, em um quadro de desemprego estrutural. Essa forma de atividade social, movida predominantemente por valores não mercantis, experimenta alguma expansão por meio de trabalhos realizados no interior das organizações não governamentais (ONGs) e de outros organismos ou associações similares. Trata-se, entretanto, de uma alternativa extremamente limitada e funcional ao capital, não constituindo uma alternativa efetiva e duradoura ao mercado de trabalho capitalista.

8. Outra tendência refere-se ao crescimento da modalidade de trabalho à domicílio, permitido pela desconcentração do processo produtivo e pela expansão de pequenas e médias unidades produtivas. A telemática (ou teleinformática), por exemplo, é uma modalidade de trabalho geralmente realizada por mulheres que surgiu da convergência entre os sistemas de telecomunicações por satélite e a cabo, juntamente a novas tecnologias de informação e a microeletrônica, possibilitando às empresas transnacionais uma enorme expansão e agilização de suas atividades. Desse modo, o trabalho produtivo realizado no domicílio mescla-se ao trabalho reprodutivo doméstico, aumentando ainda mais as formas de exploração do contingente feminino, que vivencia realidades marcadas por uma dupla jornada de trabalho.

É esse, portanto, o desenho compósito, heterogêneo, polissêmico e multifacetado que caracteriza a nova morfologia da classe trabalhadora: além das clivagens entre os trabalhadores estáveis e precários, homens e mulheres, jovens e idosos, nativos e imigrantes, brancos, negros e indígenas, qualificados e desqualificados etc., ocorrem também as estratificações e fragmentações que se acentuam em função do processo crescente de internacionalização do capital.

Para compreender a nova forma de ser do trabalho é preciso partir de uma concepção ampliada de trabalho, que necessariamente considere a totalidade da classe trabalhadora, do enorme contingente de homens e mulheres que hoje vive da venda de sua força de trabalho, não se restringindo aos trabalhadores manuais diretos. Essa concepção deve incorporar também a totalidade do trabalho social, do trabalho coletivo que vende sua força de trabalho como mercadoria em troca de salário; nessa totalidade deve ser incluído o enorme contingente sobrante de força de trabalho que não encontra emprego, dada a lógica destrutiva que preside a sociedade capitalista.

Alguns desafios dos sindicatos e dos movimentos sociais

Como vimos ao longo desse texto, foram de grande magnitude as mutações ocorridas no interior do mundo do trabalho na América Latina, mutações que afetaram também os sindicatos e os demais organismos de representação de classe. Se essas mudanças foram marcadas pelas distintas características existentes nos diversos países do continente latino-americano, vamos indicar aqui alguns desafios mais gerais que se manifestam em várias nações.

1. O primeiro deles, fundamental para a própria sobrevivência dos sindicatos, é romper a enorme barreira social que separa os trabalhadores "estáveis", em processo franco de redução, dos trabalhadores em tempo parcial, precarizados, subproletarizados, em significativa expansão no atual cenário mundial. Os sindicatos devem empenhar-se fortemente na organização sindical ampliada dos trabalhadores que hoje se encontram desempregados, como vêm procurando fazer, por exemplo, a CTA na Argentina. Ou os sindicatos organizam o *conjunto* da classe trabalhadora ou estarão cada vez mais limitados e restritos a um contingente minoritário e parcial dos trabalhadores.

2. Os sindicatos devem compreender a nova morfologia do trabalho, o que implica reconhecer três dimensões importantes e fortemente relacionadas entre si: *gênero, geração* e *etnia*. Mencionamos o significativo processo de feminização da classe trabalhadora. O fato impõe que os sindicatos articulem as questões de *classe* com aquelas referentes ao *gênero* a fim de garantir às mulheres trabalhadoras o imperativo direito de auto-organizar-se; os sindicatos devem, assim, reconhecê--las como parte decisiva do mundo do trabalho para reverter um quadro no qual, historicamente, as mulheres estiveram excluídas do espaço sindical, dominado pelos homens trabalhadores que prevaleciam na fábrica fordista.

   Do mesmo modo, os sindicatos devem se abrir para os jovens trabalhadores, que tanto quanto as mulheres não têm encontrado eco às suas aspirações junto aos organismos sindicais. A eles devem juntar-se os trabalhadores das distintas raças e etnias (indígenas, negros, imigrantes), aos quais são, em geral, destinados os trabalhos mais precarizados. Para que isso aconteça de fato é imprescindível e inadiável a eliminação de qualquer resquício de tendências xenófobas, ultranacionalistas, de apelo ao racismo e de conivência com as ações discriminatórias de qualquer ordem.

3. Os sindicatos devem ainda incorporar aqueles amplos contingentes do *novo proletariado* que vendem sua força de trabalho nas empresas de *call center*, *telemarketing*, supermercados e outras áreas por onde se amplia o universo dos assalariados, muitos deles sem qualquer experiência de atuação na organização sindical. Portanto, as *novas categorias de trabalhadores e trabalhadoras* que não têm tradição de organização em sindicatos devem necessariamente ser representadas por um organismo verdadeiramente contemporâneo aos problemas divisados no horizonte do século XXI.

4. Os sindicatos devem romper de maneira radical com todas as formas de neocorporativismo que privilegiam suas respectivas categorias profissionais, diminuindo ou abandonando seus conteúdos mais acentuadamente classistas. Não falamos aqui somente do corporativismo de tipo estatal, tão forte no Brasil, no México e na Argentina, mas também de um neocorporativismo societal cada vez mais assimilado pelo sindicalismo contemporâneo; essa forma de organização sindical é ainda mais excludente, acentuando o caráter fragmentado da classe trabalhadora, em sintonia com os interesses do capital, que procura cultivar o individualismo e a alternativa pessoal contra os interesses solidários, coletivos e sociais.

5. É decisivo para o sindicalismo de classe romper com as tendências crescentes de *institucionalização* e *burocratização*, que tão fortemente têm marcado o movimento sindical latino-americano (vejam-se novamente os casos do México, da Argentina e do Brasil, entre outros). Tais tendências distanciam os organismos de suas bases sociais, aumentando ainda mais o fosso entre as instituições sindicais e os movimentos sociais autônomos. As experiências do sindicalismo de base e de classe contra a moderação, a burocratização e a institucionalização de muitas centrais sindicais dominantes são exemplos importantes dessa imperiosa necessidade de retomar a base social dos sindicatos e romper com o burocratismo e institucionalismo.

6. Também é fundamental reverter a tendência, desenvolvida a partir do toyotismo, que consiste em reduzir o sindicato ao âmbito exclusivamente fabril, ao chamado "sindicalismo de empresa", de perfil patronal, mais vulnerável e vinculado ao capital.

7. A empresa fordista, que se desenvolveu ao longo do século XX, era bastante verticalizada e teve como resultado um sindicalismo igualmente verticalizado. A empresa toyotista, que segue o receituário do "modelo japonês", é mais horizontalizada, na medida em que se estrutura em redes, utilizando-se abundantemente dos mecanismos das terceirizações. Um sindicato verticalizado está impossibilitado de enfrentar os desafios de classe

no capitalismo contemporâneo. Por isso, o sindicalismo deve estruturar-se de modo mais horizontal, o que significa ser mais amplamente organizado pela base, contemporaneamente classista, incorporando o amplo conjunto que compreende a classe trabalhadora hoje – aquilo a que denominei de a classe-que-vive-do-trabalho –, desde os mais "estáveis" até aqueles que estão no universo mais precarizado e "terceirizado", na informalidade, ou mesmo os desempregados[28].

8. Se a classe trabalhadora no mundo contemporâneo é mais complexa e heterogênea do que aquela que vigorou durante o período de expansão do fordismo, o resgate do *sentido de pertencimento de classe* contra as inúmeras fraturas, objetivas e subjetivas, impostas pelo capital é um de seus desafios mais prementes – é, hoje, seu desafio mais decisivo.

9. Com a expansão do capital em escala global e a nova forma assumida pela divisão internacional do trabalho, as respostas do movimento dos trabalhadores latino-americanos assumem cada vez mais um sentido universalizante. A transnacionalização do capital e do seu sistema produtivo obriga ainda mais a classe trabalhadora a pensar nas formas internacionais de ação, solidariedade e confrontação.

10. Mesmo tendo claro que esse elenco deve ser ampliado, há ainda outro desafio fundamental para os sindicatos, sem o qual a classe trabalhadora fica organicamente desarmada no combate ao capital: ela deve romper a barreira, imposta pelo capital, entre ação sindical e ação parlamentar, entre luta econômica e luta política, articulando e fundindo as lutas sociais, extraparlamentares, autônomas, que dão vida às ações de classe. Como o capital exerce um domínio extraparlamentar, é grave equívoco querer derrotá-lo com ações que se restringem ou privilegiam o âmbito da institucionalidade.

Nesse limiar do século XXI, não estaríamos presenciando o esgotamento do neoliberalismo no solo latino-americano e o consequente afloramento de um novo ciclo de lutas e rebeliões populares tecido pela ação das forças sociais do trabalho, que começam novamente a sonhar com uma sociedade livre, verdadeiramente latino-americana, emancipada e socialista?

---

[28] Ricardo Antunes, *Os sentidos do trabalho: ensaio sobre a afirmação e a negação do trabalho* (São Paulo, Boitempo, 1999).

II
POR UM NOVO MODO DE VIDA NA AMÉRICA LATINA

A AMÉRICA LATINA RESSURGE DAS CINZAS...[1]

A América Latina foi o continente que primeiro experimentou elementos da pragmática neoliberal. Já em meados da década de 1970 – muito antes, portanto, dos governos de Ronald Reagan e de Margaret Thatcher –, o regime terrorista de Estado instituído pela ditadura de Augusto Pinochet no Chile contou com consultores econômicos oriundos dos principais centros estadunidenses de formação e desenvolvimento da ideologia neoliberal. Uma onda conservadora varreu o continente durante aproximadamente vinte anos, estendendo-se do México à Patagônia. Governos como os de Carlos Salinas de Gortari, Carlos Saúl Menem, Carlos Andres Pérez, Fernando Collor e tantos outros golpearam sistematicamente os direitos sociais por meio de "reformas" econômicas que promoveram a privatização do capital estatal, a mercadorização da terra, a desregulamentação do mercado de trabalho, a financeirização da economia, a eliminação de postos de trabalho e o aumento das desigualdades sociais[2].

O ciclo de governos neoliberais na América Latina foi perdendo força de maneira progressiva à medida que a crise financeira iniciada em dezembro de 1994 no México intensificou-se, comprometendo a relativa "estabilidade" econômica da região, e novas forças sociais de resistência ao neoliberalismo se fortaleceram no continente. Desde o início, a grande novidade, no tocante à luta antineoliberal na América Latina, esteve associada ao ressurgimento das lutas dos povos indígenas e camponeses.

O levante de Chiapas, em 1º de janeiro de 1994, serviu não apenas para apresentar o Exército Zapatista de Libertação Nacional (EZLN) ao mundo, mas significou uma reentrada espetacular na cena política dos povos e das "comunidades" indígenas do continente.

De fato, a dinâmica antineoliberal ao longo dos anos 1990 e 2000 foi marcada pelo protagonismo dos movimentos sociais indígenas e camponeses. O EZLN, no México, a Aliança Pátria Ativa e Soberana, no Equador, o Movimento para o Socialismo

---

[1] Escrito em parceria com Ruy Braga.

[2] Ruy Braga, *A nostalgia do fordismo* (São Paulo, Xamã, 2003).

54   O *continente do labor*

(MAS, sigla em espanhol para *Movimiento al Socialismo*), na Bolívia, e mesmo o Movimento dos Trabalhadores Rurais Sem Terra (MST), no Brasil, são exemplos, ainda que muito desiguais, desse ressurgimento da luta dos indígenas, dos camponeses e dos trabalhadores rurais. Em alguns casos, tais movimentos e partidos políticos tornaram-se governos e, atualmente, configuram experiências políticas decisivas no tocante às alternativas ao neoliberalismo latino-americano, não sem vivenciar um conjunto de dificuldades e mesmo contradições. Mas sua importância é de tal ordem que a dinâmica das lutas sociais e políticas do continente latino-americano passa, sem sombra de dúvidas, pela trajetória e pelo destino desses movimentos.

AS INDICAÇÕES SEMINAIS DE MARIÁTEGUI

Esse novo protagonismo alcançado pelos povos e pelas comunidades indígenas e camponesas já foi objeto sistemático de reflexão por parte do marxismo latino-americano. Sua representação original e pioneira encontramos na obra de José Carlos Mariátegui, marxista "heterodoxo" peruano que se debruçou profundamente sobre o tema indígena. Vale recordar um artigo publicado no jornal *Mundial*, datado de 17 de dezembro de 1926, intitulado "*Aspectos del problema indigena*", onde o marxista peruano afirmou:

> A solução do problema do índio tem de ser uma solução social. Seus realizadores devem ser os próprios índios. Esse conceito conduz a ver, por exemplo, na reunião dos congressos indígenas um fato histórico. Os congressos indígenas, desvirtuados nos dois últimos anos pelo burocratismo, não representam, contudo, um programa; mas, suas primeiras reuniões assinalaram um caminho ao colocar índios de diversas regiões em contato uns com os outros. Falta unidade nacional aos índios. Seus protestos têm sido sempre regionais. Isto contribuiu em grande medida para sua derrota. Um povo de 4 milhões de homens, consciente de seu número, não descrê de seu futuro. Os mesmos 4 milhões de homens, enquanto permanecerem na condição de massa inorgânica, uma multidão dispersa, serão incapazes de decidir seu futuro.[3]

Ao lado da constatação de que a emancipação do indígena será obra dos próprios povos indígenas, Mariátegui afirma, em outro artigo intitulado "Princípios de política agrária nacional" e publicado no mesmo periódico, em 1º de julho de 1927, que são as origens étnicas e sociais dos povos e das comunidades indígenas as verdadeiras bases para o futuro socialismo peruano:

> Uma nova política agrária deve, acima de tudo, inclinar-se no sentido do fomento e da proteção da "comunidade" indígena. O *ayllu*, célula do Estado incaico, sobrevivente até agora, apesar dos ataques desferidos contra ele pelo feudalismo e pelo "gomalismo",

---

[3]   José Carlos Mariátegui, *Peruanicemos al Peru* (Lima, Amauta, 1972), p. 105.

ainda apresenta vitalidade suficiente para se converter gradualmente na célula de um Estado socialista moderno. A ação do Estado, como acertadamente o propõe Castro Pozo, deve dirigir-se no sentido da transformação das comunidades agrícolas em cooperativas de produção e de consumo. A atribuição de terras às comunidades deve efetuar-se, naturalmente, às custas dos latifúndios, excetuando das expropriações, como no México, as pequenas e médias propriedades, caso exista em seu compromisso a exigência da "presença real" dos proprietários.[4]

No artigo "Conclusões sobre o problema indígena e as tarefas que se impõem", o marxista peruano avança nas formulações:

O problema indígena se identifica com o problema da terra. [...] Existe, portanto, uma instintiva e profunda reivindicação indígena: a reivindicação da terra. Dar um caráter organizado, sistemático, definido, a esta reivindicação é a tarefa que temos o dever de realizar ativamente. As "comunidades" que têm demonstrado, sob condições duríssimas de opressão, resistência e persistência realmente assombrosas, representam no Peru um fator natural de socialização da terra. O índio tem arraigados hábitos de cooperação. Mesmo quando da propriedade comunitária se passa à propriedade privada e não somente na serra como também no litoral, onde uma maior mestiçagem atua contra os costumes indígenas, a cooperação se mantém: os trabalhos pesados são realizados em comum. A "comunidade" pode se transformar em cooperativa com um mínimo esforço. A atribuição às "comunidades" das terras dos latifúndios é, na serra, a solução que reclama o problema agrário.[5]

E acrescenta, mencionando outro ponto central, que articula a questão da comunidade indígena com o assalariamento na produção no campo:

Nas fazendas exploradas diretamente por seus proprietários, por meio da peãozada recrutada em parte na serra e cujo vínculo com o solo é em parte ausente, os termos da luta são distintos. Devemos trabalhar com as seguintes reivindicações: liberdade de organização, supressão do "engate"[6], aumento dos salários, jornada de oito horas, cumprimento das leis de proteção do trabalho. Apenas quando o peão da fazenda tenha conquistado essas coisas, estará no caminho de sua emancipação definitiva.[7]

Tratando da problemática da organização, lembrou que

---

[4] Ibidem, p. 109-10.

[5] Idem, *Ideologia y política* (Lima, Amauta, 1969).

[6] Método de trabalho de natureza servil encontrado predominantemente nas regiões costeiras da agricultura peruana e que consiste em obrigar os trabalhadores rurais a comprarem seus meios de subsistência exclusivamente dos proprietários de terras, fazendo com que eles se tornem dependentes do latifundiário devido ao processo de endividamento.

[7] José Carlos Mariátegui, *Ideologia y política*, cit.

56 O *continente do labor*

É muito difícil fazer com que a propaganda sindical penetre nas fazendas. [...] Nenhuma associação que não aceite o patronato e a tutela dos proprietários e da administração é tolerada; e nesse caso vamos encontrar apenas as associações recreativas. Contudo, com o aumento do trânsito de automóveis, abre-se pouco a pouco uma brecha nas barreiras que fechavam as fazendas a toda propaganda sindical. Daí a importância que a organização e mobilização ativa dos operários do transporte têm no desenvolvimento do movimento classista no Peru. Quando a peãozada das fazendas souber que pode contar com a solidariedade fraternal dos sindicatos e compreender o valor disso, facilmente será despertado nela a vontade de luta que hoje lhe falta e que já deu prova mais de uma vez.[8]

Atento para a necessidade de buscar os laços de identidade entre indígenas e trabalhadores urbanos e rurais – visto que muitos destes são também oriundos do universo indígena –, Mariátegui afirmou que:

No Peru, a organização e a educação do proletariado mineiro, assim como a do proletariado agrícola, é uma das questões que imediatamente se colocam. [...] O trabalho, em todos os seus aspectos, será difícil: contudo, seu progresso dependerá fundamentalmente da capacidade dos elementos que o realizem e de sua apreciação precisa e concreta das condições objetivas da questão indígena. O problema não é racial, mas social e econômico; contudo, a raça tem seu papel nele e nos meios de enfrentá-lo.[9]

E conclui:

Uma consciência revolucionária indígena tardará talvez a se formar; contudo, uma vez que o índio faça sua a ideia socialista, a servirá com uma disciplina, uma tenacidade e uma força raramente igualada por proletários de outros meios. [...] "É necessário garantir às populações indígenas ou negras escravizadas" – disse um companheiro do Brasil – "a certeza de que somente um governo de operários e camponeses de todas as raças que habitam o território, os emancipará verdadeiramente, já que este somente poderá extinguir o regime de latifúndios e o regime industrial capitalista e livrá-los definitivamente da opressão imperialista".[10]

Isto é, contra qualquer visão excludente, seja do protagonismo dos indígenas, seja dos camponeses, dos trabalhadores ou do proletariado, Mariátegui soube olhar o solo latino-americano buscando as claras conexões entre estas dimensões de classe e etnia, além de captar as particularidades e singularidades da nossa formação histórica, fazendo com que o marxismo latino-americano avançasse de forma inédita na direção de temas até então praticamente ignorados pelos países capitalistas centrais.

---

[8] Ibidem, p. 42-4.

[9] Ibidem, p. 45.

[10] Ibidem, p. 46.

Nesse sentido, certamente, alguns valores básicos da produção comunal e no *modo de vida* dos indígenas latino-americanos estão de algum modo presentes, em maior ou menor grau, na luta atual pelo socialismo no século XXI que se desenvolve na América Latina. Quais seriam, então, os contornos mais gerais na montagem de um novo sistema de metabolismo social que seja contrário ao mundo destrutivo do capital? E em que medida esses valores básicos, fundamentais nessa luta, já estavam presentes *in statu nascendi* na produção comunal dos indígenas latino-americanos?

O LEGADO DE MARX

A invenção societal de uma nova vida, autêntica e dotada de sentido, recoloca, no início do século XXI, a necessidade de construção de um novo sistema de metabolismo social, de um novo *modo de vida* fundado na *atividade autodeterminada*, fora das regras e dos constrangimentos do mercado, do dinheiro e do capital. Uma forma de organização societal baseada no *tempo disponível* para a produção de bens socialmente úteis e em valores de uso socialmente necessários, contrária, portanto, à produção heterodeterminada, que é baseada no tempo excedente para a produção exclusiva de valores de troca para o mercado e para a reprodução do capital.

Vamos indicar de maneira mais precisa os elementos fundantes de um novo sistema de metabolismo social.

Seus princípios constitutivos centrais serão encontrados ao se erigir um sistema societal onde:

1) o sentido da sociedade seja voltado exclusivamente para o atendimento das efetivas necessidades humanas e sociais;

2) o exercício do trabalho seja sinônimo de autoatividade, atividade livre, baseada no tempo disponível.

Como o capital é um sistema de metabolismo econômico-social totalmente desprovido de uma orientação humano-societal, ele erigiu um poderoso sistema de controle onde o *valor de uso* dos bens produzidos segundo as autênticas necessidades humanas foi totalmente subordinado ao *valor de troca* das mercadorias, isto é, às necessidades reprodutivas *do próprio capital*.

Para que tal construção se tornasse dominante, efetivou-se uma *subordinação estrutural do trabalho ao capital* e sua consequente divisão social hierarquizada, fundada sobre o trabalho assalariado e fetichizado.

As funções vitais da reprodução individual e societal foram, então, profundamente alteradas, erigindo-se um conjunto de funções reprodutivas – o que Mészáros denominou de "mediações de segunda ordem"[11] –, onde desde as relações de gênero até as manifestações produtivas materiais e também simbólicas, como as obras de arte, foram subordinadas aos imperativos da valorização e da reprodução do sistema de capital.

---

[11] István Mészáros, *Para além do capital*, São Paulo, Boitempo, 2002.

58   O *continente do labor*

As "mediações de primeira ordem", cuja finalidade é a preservação das funções vitais da reprodução individual e societal, têm as seguintes características definidoras:

1. os seres humanos são uma parte da natureza que deve satisfazer suas necessidades elementares por meio de um constante intercâmbio com a natureza;
2. eles são constituídos de tal maneira que não podem sobreviver como indivíduos da espécie a que pertencem [...] num intercâmbio não mediado com a natureza.[12]

Partindo dessas determinações fundamentais, os indivíduos devem reproduzir sua existência por meio de *funções primárias de mediações*, estabelecidas entre si e no intercâmbio e na interação com a natureza, dadas pela *ontologia singularmente humana do trabalho*, por meio da qual a autoprodução e reprodução societais se desenvolvem. Essas funções vitais de *mediação primária* ou de *primeira ordem* incluem:

- a regulação da atividade reprodutora biológica, mais ou menos espontânea e imprescindível, e o tamanho da população sustentável, em conjunto com os recursos disponíveis;
- a regulação do processo de trabalho, pelo qual o indispensável intercâmbio da comunidade com a natureza produz os bens necessários para gratificação do ser humano, além dos instrumentos de trabalho, empresas produtoras e conhecimentos pelos quais se pode manter e aperfeiçoar esse processo de reprodução;
- o estabelecimento de relações adequadas de troca, sob as quais as necessidades historicamente mutáveis dos seres humanos podem ser associadas para otimizar os recursos naturais e produtivos (inclusive os culturalmente produtivos);
- a organização, a coordenação e o controle das múltiplas atividades pelas quais se asseguram e se preservam os requisitos materiais e culturais para a realização de um processo bem-sucedido de reprodução sociometabólica das comunidades humanas cada vez mais complexas;
- a alocação racional dos recursos humanos e materiais disponíveis, combatendo a tirania da escassez pela utilização econômica (no sentido de economizadora) dos meios e formas de reprodução da sociedade, tão viável quanto possível com base no nível de produtividade atingido e dentro dos limites das estruturas socioeconômicas estabelecidas; e
- a promulgação e administração das normas e regulamentos do conjunto da sociedade, aliadas às outras funções e determinações da mediação primária.[13]

Nenhum desses imperativos de mediação primários necessita do estabelecimento de hierarquias estruturais de dominação e subordinação, que configuram o sistema de metabolismo societal do capital e suas mediações de *segunda ordem*.

O advento dessa *segunda ordem de mediações* corresponde a um período específico da história humana, que acabou por afetar profundamente a funcionalidade das

---

[12]   Idem, p. 212.

[13]   Ibidem, p. 213, e Ricardo Antunes, *Os sentidos do trabalho*, cit., p. 22-5.

mediações de *primeira ordem* ao introduzir elementos fetichizadores e alienantes de controle social metabólico. Isso porque o capital

> não passa de um modo e um meio dinâmico de mediação reprodutiva [...] que, na forma adequadamente desenvolvida, subordina rigorosamente todas as funções de reprodução social – das relações de gênero e família até a produção material e a criação das obras de arte – à exigência absoluta de sua própria expansão, ou seja: de sua própria expansão constante e de sua reprodução expandida como sistema de mediação sociometabólico.[14]

A explicação disto está na sua finalidade essencial, que não é outra senão

> imperativo do valor de troca em permanente expansão a que tudo o mais – desde as necessidades mais básicas e mais íntimas dos indivíduos até as variadas atividades produtivas materiais e culturais em que eles se envolvem – deve estar rigorosamente subordinado.[15]

O valor de uso dos bens socialmente necessários subordinou-se ao seu valor de troca, que passou a comandar a lógica do sistema de metabolismo social do capital. As funções produtivas básicas, bem como o *controle* de seu processo, foram radicalmente separadas entre aqueles que *produzem* e aqueles que *controlam*.

Como diz Marx, o capital operou a separação entre trabalhadores e meio de produção, entre "o caracol e a sua concha", aprofundando a separação entre a produção voltada para o atendimento das necessidades humano-sociais e das necessidades de autorreprodução do capital[16].

Tendo sido o primeiro *modo de produção* a criar uma lógica que não leva em conta prioritariamente as reais necessidades societais – e que também, por isso, diferenciou-se de forma radical de todos os sistemas de controle do metabolismo social anteriormente existentes, que prioritariamente produziam visando suprir as necessidades de autorreprodução *humana* –, o capital instaurou um sistema voltado para sua autovalorização, *que independe das reais necessidades autorreprodutivas da humanidade.*

O segundo princípio societal imprescindível é conceber o trabalho como atividade livre, autoatividade, com base *no tempo disponível*. O que significa dizer que a nova estruturação societal deve recusar o funcionamento com base na separação dicotômica entre *tempo de trabalho necessário* para a reprodução social e *tempo de trabalho excedente* para a reprodução do capital.

Uma sociedade somente será dotada de sentido e efetivamente emancipada quando suas funções vitais, controladoras de seu sistema de metabolismo social, forem efetivamente exercidas de maneira autônoma pelos produtores livremente associados[17]

---

[14] István Mészáros, *Para além do capital*, cit., p. 189.

[15] Ibidem, p. 67.

[16] Karl Marx, *O capital: crítica da economia política* (Rio de Janeiro, Civilização Brasileira, 1971), p. 411.

[17] Idem.

60   O *continente do labor*

e não por um corpo exterior e controlador dessas funções. O único modo concebível, a partir da perspectiva do trabalho, é por meio da adoção generalizada e criativa do *tempo disponível*.

Do ponto de vista do trabalho, é possível conceber o *tempo disponível* como capaz de recuperar a unidade perdida entre produção e necessidade humano-sociais, vital para a reprodução da existência humana[18]. Isso porque o *tempo disponível* significa dispender atividade de modo autodeterminado, princípio totalmente contrário à heterodeterminacão.

O exercício do trabalho autônomo, eliminado o dispêndio de tempo excedente para a produção de mercadorias, eliminado também o tempo de produção *destrutivo* e *supérfluo*, que são esferas controladas pelo capital, possibilitará o resgate verdadeiro do *sentido estruturante do trabalho vivo*, contra o *sentido (des)estruturante do trabalho abstrato para o capital*.

Será que as *vias abertas na América Latina* permitirão o (re)encontro entre a luta dos povos do Sul no leito de Marx?

---

[18]   István Mészáros, *Para além do capital*, cit., p. 668.

III

CAPITALISMO E DEPENDÊNCIA

Para (e sobre) Florestan Fernandes

O pensamento crítico no Brasil, que se desenvolveu especialmente na segunda metade do século XX, viu florescer as figuras exponenciais de Caio Prado Jr. e Florestan Fernandes. O primeiro, ao descortinar o *sentido da colonização*, ao apreender a nossa formação colonial como expressão de uma dada forma de *exploração* atada ao processo de *acumulação primitiva* que se gestava nas metrópoles, mergulhou na *particularidade* da nossa formação histórico-social. Sua contribuição foi seminal e configurou-se como uma viragem na compreensão do caso brasileiro.

Coube a Florestan Fernandes realizar empreendimento símile, em importância e densidade, ao desvendar os dilemas da *revolução burguesa* no Brasil, ao discorrer sobre os tortuosos caminhos e engrenagens da dominação burguesa aqui gestada.

Enciclopédico, conhecedor em profundidade dos clássicos do pensamento social (de Marx a Weber, de Durkheim a Mannheim), dotado de vastíssimo domínio sobre o pensamento social contemporâneo, Florestan Fernandes escreveu também sobre os tupinambás, a questão racial no Brasil, o folclore, entre tantos outros temas, sempre com uma originalidade marcante.

Aberto em seu referencial teórico, tendo um fio condutor cada vez mais ancorado na analítica de Marx, respaldado na formulação de Weber, sem nunca desprezar o contributo dos demais pensadores clássicos e contemporâneos a quem recorrentemente visitava em seu percurso reflexivo, Florestan Fernandes apresentou uma densa e sólida explicação para o processo de modernização e constituição do capitalismo no Brasil, suas peculiaridades, seu caráter *retardatário*. Apontou, como nenhum outro, a força e a fragilidade da burguesia cuja ontogênese era encontrada na aristocracia rural, desvendando as formas (prevalentemente autocráticas) da dominação burguesa no Brasil.

País maneiroso, cuja história desenrola-se lentamente, sem rupturas nem mudanças profundas, sempre equacionando seus dilemas pela via da conciliação *pelo alto*, excludente em relação à classe trabalhadora e sempre de prontidão para o exercício da *contrarrevolução*, o Brasil encontrou na *dependência* e no *subdesenvolvimento* a sua forma de *integração para fora* e *desintegração para dentro*.

Esse traço é marcante em quase toda a América Latina de origem senhorial e colonial, que conformou a especificidade da nossa (do Brasil e de outros países do continente, à exceção dos Estados Unidos) *revolução burguesa* sem revolução. Países que vivenciaram uma via *não clássica* de constituição do capitalismo, cujos traços peculiares nos distinguiram das revoluções ocorridas na Inglaterra, na França e nos Estados Unidos, além dos casos tardios, como a Alemanha, a Itália, o Japão etc.

Florestan Fernandes enfatizou sempre a ocorrência retardatária da trajetória da modernização burguesa (dado o caráter não democrático das classes proprietárias) na América Latina (e no Brasil, em particular), aflorando a fragilidade estrutural das burguesias de origem colonial e senhorial, herdeiras da aristocracia rural, e das parcelas de imigrantes que acabaram ingressando no mundo do comércio, da indústria e dos serviços.

Classes proprietárias simultaneamente fragilizadas na sua inserção econômica, dependentes dos centros de controle do capital forâneo e fortes na recorrência frequente às formas autocráticas e ditatoriais de dominação.

As mudanças marcadas pela processualidade gradual são constantes, em oposição às vias pautadas pela confrontação e pelas rupturas. Quando estas emergem, são reprimidas exemplarmente pela simbiose que se estabelece entre as classes dominantes nos países dependentes e as classes proprietárias metropolitanas. Por isso, as nossas *revoluções burguesas* pagaram sempre altos tributos ao passado, originando uma dialética do arcaico e do moderno que se arrasta até hoje na maioria dos países latino-americanos, com o Brasil sempre à frente.

De modo que o *labor* reflexivo de Florestan Fernandes – nesse sentido, aparece mais uma vez a similitude com Caio Prado Jr. – compreendeu os intrincados caminhos *não clássicos* das *revoluções burguesas* na América Latina.

As indicações de Marx sobre a *miséria alemã,* as formulações de Gramsci acerca da *revolução passiva* e da *revolução/restauração,* as pistas de Lenin sobre a *via prussiana* e a *revolução pelo alto* estavam presentes, em maior ou menor medida, na fértil *imaginação sociológica* de Florestan Fernandes.

Associadas, dependentes e subordinadas às burguesias hegemônicas, nossas congêneres de origem senhorial e colonial exprimiam, então, certa *incompletude de classe,* aqui entendida pela incapacidade em gestar uma alternativa autônoma, democrática, que fosse capaz de implementar um projeto nacional autossustentado e fora dos constrangimentos e liames da dependência e da subordinação.

Aqui reside o ponto central do livro *Capitalismo dependente e classes sociais na América Latina**. Esforço de síntese que agrupa três ensaios, escritos entre fins de 1969 e meados de 1971 ("Padrões de dominação externa na América Latina", "Classes sociais na América Latina" e "Sociologia, modernização autônoma e revolução social"), tem como fio condutor o desvendamento da subordinação estrutural da América Latina ao imperialismo, os elementos causais da travagem da modernização burguesa e o papel das classes sociais nas possibilidades e alternativas vislumbradas, além da análise do desafio da sociologia crítica.

Sua formulação ataca, desde logo, os seguintes pontos vitais: a *nova forma de imperialismo,* a *hegemonia* norte-americana e os caminhos possíveis para o seu

---

*   4. ed., São Paulo, Global, 2009. (N. E.)

enfrentamento, na era marcada pelas grandes corporações. Para Florestan Fernandes, a compreensão desse complexo problemático deve partir do significado do sistema de colonização latino-americano – o *antigo sistema colonial* – e sua subordinação ao mundo metropolitano, apresentando as diferentes fases e distintas formas da dominação, desde a gênese colonial até o período mais recente de sujeição das nações ao imperialismo. Concebida sob a forma da "exploração ilimitada, em todos os níveis da existência humana e da produção para o benefício das coroas e dos colonizadores", esse sistema dependia de uma articulação entre o sistema de classes existente na colônia e os interesses dominantes na metrópole.

Sua crise, desencadeada pelos movimentos de emancipação e pela disputa intrametropolitana, gerou o *segundo tipo de dominação externa*, caracterizado pela *desagregação do antigo sistema colonial,* sendo que várias nações europeias assumiram o controle dos negócios de exportação e de importação na América Latina (a Inglaterra, em particular), mais interessadas no comércio do que na montagem de uma estrutura produtiva local.

Segundo o autor, ao longo desse período, em que

> os países dominantes possuíam apenas o controle de mercado dos processos econômicos, seria possível falar-se, *stricto senso*, de neocolonismo. [...] De fato, os "produtores" de bens primários podiam absorver pelo menos parte do *quantum* que antes lhes era tirado através do antigo padrão de exploração colonial, e suas "economias coloniais" recebiam o primeiro impulso para a internalização de um mercado capitalista moderno.[1]

O *terceiro tipo de dominação externa*, posterior à Revolução Industrial, tornou-se realidade a partir das últimas décadas do século XIX, assumindo sua feição propriamente *imperialista* e fazendo emergir também o *capitalismo dependente como uma realidade histórica na América Latina*. Suas consequências negativas foram evidentes:

> Primeiro, no condicionamento e reforço externo das estruturas econômicas arcaicas, necessárias à preservação do esquema da exportação-importação [...] Segundo, no malogro do "modelo" de desenvolvimento absorvido pela burguesia emergente das nações europeias hegemônicas.[2]

O *quarto tipo de dominação externa* originou-se com o processo de expansão das grandes empresas corporativas atuando nas esferas industriais, comerciais, de serviços e financeiras. Trata-se, segundo Florestan Fernandes, do advento de um *imperialismo total*, sob hegemonia dos Estados Unidos, mas com a participação de países europeus e do Japão. Sua constatação é forte e atualíssima: "O novo padrão de imperialismo é, em si mesmo, destrutivo para o desenvolvimento dos países latino-americanos". Vale aqui o registro de que, para caracterizar o mesmo processo hoje, István Mészáros

---

[1] Idem, p. 24-5.

[2] Ibidem, p. 26.

64   O *continente do labor*

fala de *imperialismo hegemônico global*, em nítida confluência com a formulação de Florestan Fernandes.

O que coloca o dilema crucial para a América Latina: ou realizar a *revolução dentro da ordem*, a *reforma capitalista do capitalismo*, visando a implantação de um conjunto de transformações capazes de superar a dependência e a subordinação estrutural; ou, ante a impossibilidade desta, abre-se o espaço para a *revolução contra a ordem*, que já contém em sua própria origem um *caráter socialista*, de que foi exemplo a Revolução Cubana. Menos que reformas, nessa variante, as mutações seriam dotadas de significado marcadamente revolucionário e anticapitalista.

Aqui, nesta formulação, como já indicamos anteriormente, emerge com maior nitidez o acento marxiano de Florestan Fernandes, além da clara inflexão leniniana que estava em curso no seu recolhimento no Canadá. A dialética dada pela *revolução dentro da ordem* e pela *revolução contra a ordem* parece-nos bastante inspirada na discussão de Lenin sobre os caminhos da social-democracia russa.

No primeiro caso, a *revolução dentro da ordem*, dada a dependência estrutural das burguesias nos países de origem colonial, a montagem de um projeto nacional e democrático poderia ser transferida para as classes trabalhadoras. No segundo caso, a *revolução contra a ordem*, trata-se de superar a ordem capitalista dependente. Essa última alternativa abriria o caminho para a realização dos valores humano-societais mais elevados, *a liberação real das sociedades latino-americanas*. Mas, ainda segundo o autor, os dois caminhos poderiam dar início à construção da América Latina fora dos liames da dependência e do subdesenvolvimento.

No segundo ensaio, que trata das classes sociais na América Latina, o autor faz duas indagações centrais: há classes sociais na América Latina? Qual a morfologia das classes nos países dependentes, de origem colonial? Dialogando criticamente com parte importante da literatura sociológica, Florestan Fernandes oferece a pista analítica decisiva: *as classes sociais não "são diferentes" na América Latina, pois o que é diferente é o modo particular de constituição do modo de ser do capitalismo, a forma pela qual ele se objetiva.*

Do que se depreende que

> o tipo de capitalismo constituído na América Latina, que floresceu graças à modernização do arcaico, atinge a era da industrialização em grande escala e da exportação de produtos industrializados explorando com intensidade a arcaização do moderno.
>
> [...] a degradação material e moral do trabalho persiste e com ela o despotismo nas relações humanas, o privilegiamento das classes possuidoras, a superconcentração da renda, do prestígio social e do poder, a modernização controlada de fora, o crescimento econômico dependente etc.[3]

O que leva à conclusão cáustica, de enorme atualidade, quando presenciamos os confrontos sociais na Bolívia, no Equador, na Colômbia, na Venezuela: *as classes sociais falham porque operam unilateralmente, no sentido de preservar e intensificar os privilégios*

---

[3]   Ibidem, p. 48-9.

de poucos e de excluir os demais. A *revolução dentro da ordem,* acrescenta Florestan Fernandes, é travada pela classe dominante, temerosa de que as "massas despossuídas" possam tornar viável a *revolução contra a ordem.* Como

> a economia capitalista dependente está sujeita, como um todo, a uma depleção permanente de suas riquezas (existentes ou potencialmente acumuláveis), [essa depleção] se processa à custa dos setores assalariados e destituídos da população, submetidos a mecanismos permanentes de sobreapropriação e sobre-expropriação capitalistas.[4]

O enigma fica então desvendado:

> A revolução burguesa, na América Latina, prende-se a condições estruturais e a ritmos históricos que fazem dela o pivô da associação dependente e das sucessivas transições que rearticularam a organização e funcionamentos das economias nacionais latino-americanas às evoluções externas do capitalismo.[5]

Nossas burguesias são, então, *artífices do capitalismo dependente.* Florestan Fernandes não tergiversa em sua aposta:

> Se esta análise é correta, o superprivilegiamento de classe vem a ser o calcanhar de Aquiles da "revolução burguesa" sob o capitalismo dependente. Ao se afirmarem como classes, negando às demais classes até as condições de existência como classes "dentro da ordem" e impondo à coletividade a persistência de iniquidades intoleráveis, as classes privilegiadas atingem o clímax do poder.[6]

E acrescenta:

> Essa reflexão se aplica à presente situação da América Latina, na qual a sociedade de classes está, na realidade, repetindo o ciclo explosivo, que leva às revoluções inevitáveis, de origens estruturais. Negadas como e enquanto classes e na contingência de continuar arcando com iniquidades odiosas, não resta às classes "baixas" senão o caminho mais difícil, mas mais eficaz, da libertação pela contraviolência.[7]

O último texto do livro, "Sociologia, modernização autônoma e revolução social", retoma os dilemas do pensamento (crítico e conservador) latino-americano e elabora sua crítica forte à sociologia "descomprometida" e "neutral", que olha o centro e dá às costas para a América originária. É mais um convite à reflexão.

---

[4] Ibidem, p. 52.

[5] Ibidem, p. 64.

[6] Ibidem, p. 111.

[7] Idem.

66   *O continente do labor*

Na linhagem de Caio Prado Jr. e também de Mariátegui, Florestan Fernandes nos ajuda a desvendar os dilemas de *nuestra América*, que oscila entre a modernização e a barbárie, avançando e recuando, dando um passo à frente e outro para trás, avançando o atraso e retrocedendo o avanço.

Se atentarmos para o aumento da temperatura social e política da América Latina, neste tenso e turbulento início de século, fica difícil desconsiderar a obra vigorosa, densa, crítica e engajada de Florestan Fernandes. Seu pequeno livro citado é uma bela síntese do que se passa no continente, dependente, mas rebelde; espoliado, mas insubmisso; destroçado, mas insurgente. E o pensamento vivo de Florestan Fernandes é parte desta América Latina.

IV

AS LUTAS SOCIAIS E O SOCIALISMO NA AMÉRICA LATINA NO SÉCULO XXI

UMA BREVE NOTA SOBRE O SOCIALISMO NO SÉCULO XX

No limiar do século XXI, a busca por um novo projeto socialista encontra-se novamente na ordem do dia. Hoje estamos em condições de fazer um balanço mais conclusivo da experiência vivida no século XX: derrotadas as suas mais importantes experiências, com a URSS à frente, é possível constatar que esses projetos não foram capazes de derrotar o *sistema de metabolismo social* do capital. Tal *sistema,* constituído pelo tripé *capital, trabalho* e *Estado,* não pode ser superado sem a eliminação do conjunto dos elementos que o compreende. Como diz István Mészáros[1], não basta eliminar *um* ou mesmo *dois* de seus polos. O desafio é superar o tripé, no qual está incluída a divisão social hierárquica do trabalho que subordina o *trabalho* ao *capital.*

Por não ter avançado nessa direção, os países pós-capitalistas, liderados pela URSS, foram incapazes de romper a lógica do capital. Fenômeno assemelhado ocorre hoje com a China, que oscila entre uma abertura ampla para o mercado mundial sob o comando do capital e o fortalecimento do controle político rígido exercido pelo Estado e pelo Partido Comunista Chinês. Penso que a reflexão desse ponto é um primeiro e decisivo desafio.

Vamos para um segundo ponto: a experiência do "socialismo em um só país" ou mesmo em um conjunto limitado de países foi um empreendimento também derrotado no século que se foi. Como diz Marx, o socialismo deve ser concebido como uma processualidade *histórico-mundial*; as *revoluções políticas* podem inicialmente assumir uma conformação *nacional,* mais limitada e parcial. Mas as *revoluções sociais* têm um intrínseco significado universalizante.

Na fase do capital mundializado, marcada por um sistema global do capital *desigualmente combinado* – conforme caracterização de François Chesnais em *A mundialização do capital** –, o socialismo somente poderá ser concebido enquanto

---

[1]   István Mészáros, *Para além do capital,* cit.

*   São Paulo, Xamã, 1996. (N. E.)

um empreendimento global/universal. Sua efetividade no espaço nacional dependerá, de maneira decisiva, de seu desenvolvimento em outros espaços nacionais, o que lhe confere tendencialmente uma processualidade histórico-mundial. Nesse movimento, quanto mais ele puder atingir o *coração do capital* (Estados Unidos, Europa Unificada e Japão, em primeiro plano), maiores serão suas efetivas possibilidades.

Do mesmo modo, a preservação dos elementos de *mercado* durante a transição socialista do século XX mostrou-se um *caminho certeiro para que o sistema de capital pudesse ser reinstaurado.* Assim, a constituição de uma *associação livre dos trabalhadores,* gestando um novo sistema de metabolismo social fundado no trabalho autônomo e autodeterminado, é *incompatível* com as engrenagens do mercado. Os "conceitos" apologéticos e justificadores do tipo "economia socialista de mercado" ou "mercado socialista" são eufemismos usados para encobrir o retorno e o comando do sistema do capital, em seu processo de restauração.

Os casos da China e da antiga URSS são fortes demais. Muitos acreditaram que a abertura econômica soviética, junto à sua abertura política, fosse condição para a preservação do que ali se denominava, também de modo equívoco, de "socialismo real". O desmoronamento do sistema soviético já é parte da nossa história recente e só muita ingenuidade imagina que o "socialismo chinês" pode controlar o *sistema de capital*[2] que se esparrama de modo intenso pela China, cuja degradação do trabalho passou a ser o patamar utilizado pelo sistema global do capital para dilapidar ainda mais a força de trabalho em escala global.

A diferença maior, quando se compara o caso chinês com o soviético, é que o primeiro realizou uma monumental abertura econômica para o capital, hipertrofiando o aparato político do Estado e seu controle sobre a sociedade de classes que hoje existe na China. Ou seja, realizou a abertura econômica, mantendo ultracentralizado o controle do Estado por meio do Partido Comunista e do Exército. Exemplo dessas mutações e do avanço do sistema de capital está no fato de que o Partido Comunista Chinês já permite, entre seus membros, a filiação dos empresários. Não é difícil imaginar o que resultará desse quadro nos próximos anos e décadas.

Desconsiderar essa processualidade, quando se pensa no socialismo do século XXI, seria o mesmo que desconsiderar a história. E a história crítica do experimento socialista do século XX é fundamental para o exercício efetivo do socialismo no século XXI.

Nesse contexto, as possibilidades do socialismo na América Latina devem ser pensadas como parte de uma processualidade *que não se esgota em seu espaço nacional.* Como vimos anteriormente, ao longo do século XX, a tese do "socialismo em um só país" teve um resultado trágico. O desafio maior, portanto, é buscar a *ruptura com a lógica do capital em escala simultaneamente nacional, continental e mundial.* Países como Brasil, México, Argentina, Venezuela, Bolívia e Colômbia podem ter papel de relevo nesse cenário, visto que, por um lado, se constituem em polos importantes da estruturação mundial do capital e, por outro, têm um contingente significativo de forças sociais e políticas do trabalho e lutas e movimentos sociais de extrema importância.

---

[2] Idem.

Economicamente, vários desses países são dotados de significativo parque produtivo, como o Brasil e o México; outros têm importância política estratégica, como é o caso da Venezuela, que, conjuntamente com a Bolívia e, em menor dimensão, o Equador, busca alternativas contrárias à lógica neoliberal dominante.

Junto à eclosão de lutas e levantes populares na Índia, na Rússia, na Coreia e na Indonésia, entre outros países que não estão diretamente no centro do mundo capitalista, os países latino-americanos constituem uma gama de forças sociais populares e do trabalho capazes de impulsionar um projeto que tenha como horizonte uma organização societal socialista de novo tipo, renovada e radical, bastante diferente dos empreendimentos revolucionários intentados no século XX.

Nessa quadra da história, o desenvolvimento de movimentos sociais e políticos de esquerda e de massas, capazes de enfrentar alguns dos mais agudos desafios deste fim de século, mostra-se também presente. Desde o movimento social e político dos zapatistas no México em 1994 contra o domínio imperial norte-americano, passando pela comuna de Oaxaca, que recentemente abalou o poder oligárquico mexicano, ou ainda pelo advento do Movimento dos Trabalhadores Rurais Sem Terra (MST) no Brasil, pela retomada das lutas operárias e sindicais na América Latina e pelas explosões sociais dos trabalhadores desempregados em tantas outras partes do mundo. Sem falar nas batalhas em Seattle, Nice, Praga e Gênova contra a globalização econômica, nos encontros do Fórum Social Mundial, na luta dos *piqueteros* na Argentina e nas lutas sociais pelas questões vitais, como as batalhas contra a privatização e a "mercadorização" da água, do gás e do petróleo, como vem ocorrendo na Bolívia, na Venezuela, no Uruguai e em outros países do nosso continente.

Tais fatos são resultado de ações e movimentos populares, dos mais episódicos aos mais abrangentes, que de certo modo exemplificam novas formas de organização dos trabalhadores e dos precarizados, dos novos trabalhadores e povos do mundo, da *nova morfologia do trabalho* e das lutas sociais que se rebelam contra o sentido destrutivo do capital e sua forma mundializada, que atinge, neste início do século XXI, sua forma mais agressiva e brutal contra a humanidade que trabalha.

Essas lutas cada vez mais assumem a forma de movimentos contra a completa mercantilização do mundo, contra a totalizante (e totalitária) *"mercadorização"* de tudo que se produz, procurando atingir de modo cada vez mais persistente o capital em sua própria materialidade. Sua força maior está em indicar a centralidade de suas lutas no próprio espaço do capital e de seu sistema, sendo, por isso, lutas centralmente *extraparlamentares e extrainstitucionais*.

Como nos ensina Mészáros[3], sendo o capital um sistema de metabolismo social essencialmente *extraparlamentar*, qualquer tentativa de superá-lo que se atenha à esfera *institucional e parlamentar* estará impossibilitada de realizar a difícil empreitada de destruir o sistema de capital e seus pilares de sustentação. O maior mérito desses novos movimentos sociais e políticos aqui indicados aflora na centralidade que conferem às lutas sociais de perfil essencialmente (ou predominantemente) extraparlamentar. O

---

[3] Idem.

70   O *continente do labor*

desafio maior do mundo do trabalho e dos movimentos sociais de esquerda é criar e inventar novas formas de atuação *autônomas*, capazes de articular e dar centralidade às ações de classe contra o capital e sua lógica destrutiva. Isso em uma fase em que nunca o capital foi tão destrutivo em relação ao trabalho, à natureza e ao meio ambiente – em suma, à humanidade.

A recusa da separação, introduzida pelo capital, entre *ação econômica*, realizada pelos sindicatos, e *ação político-parlamentar*, realizada pelos partidos – ou seja, entre luta social e política concebidas separadamente –, *é absolutamente imperiosa* e mesmo *imprescindível* quando se pretende derrotar de fato o poderoso sistema de metabolismo social do capital, estruturado a partir do tripé Estado, capital e trabalho assalariado[4]. A ação contra o domínio do capital em busca do socialismo deve articular *luta social* e *luta política* em um complexo indissociável.

O mundo do trabalho e as lutas sociais de classe, em suas complexas relações com a luta ecológica, de gênero, étnica e geracional pela *igualdade substancial*, têm cada vez mais uma conformação mundializada. Com a expansão do capital em escala global e a nova forma assumida pela divisão internacional do trabalho, as respostas do movimento dos trabalhadores assumem um sentido universalizante crescente. Cada vez mais as lutas de recorte nacional devem estar articuladas com uma luta de amplitude internacional.

A transnacionalização do capital e do seu sistema produtivo obriga ainda mais a classe trabalhadora e as lutas populares a combaterem as privatizações da água, do petróleo e do gás e a lutarem pelo direto ao trabalho, pela redução de seu tempo e sua jornada de trabalho, pela ampliação dos direitos sociais, pelo controle da propriedade (incluída a intelectual), pela preservação ambiental e da natureza, enfim, pelas *questões vitais*. Para tanto é imperioso uma forte articulação internacional nas ações e lutas, tanto pela solidariedade como para fortalecer as formas de confrontação. *À mundialização dos capitais corresponde, portanto, cada vez mais e de modo intransferível, uma mundialização das lutas sociais e do trabalho.*

Isso porque a classe trabalhadora no mundo contemporâneo, em sua *nova morfologia*, é mais complexa e heterogênea do que aquela existente durante o período de expansão do fordismo[5]. O resgate do que Alain Bihr chamou de *sentido de pertencimento de classe*, contra as inúmeras fraturas objetivas e subjetivas impostas pelo capital, é um dos seus desafios mais prementes[6]. E devemos ter ainda uma concepção *ampliada* de trabalho, que não nos leve à tese equívoca e eurocêntrica do mito do fim do trabalho[7].

Impedir que os trabalhadores precarizados fiquem à margem das formas de organização social e política de classe é um desafio imperioso no mundo contemporâneo.

---

[4] Idem.

[5] Essa questão foi desenvolvida em Ricardo Antunes, *Adeus ao trabalho?*, cit., e *Os sentidos do trabalho*, cit.

[6] Ed. bras.: *Da grande noite à alternativa: o movimento operário europeu em crise*, São Paulo, Boitempo, 1998.

[7] Ricardo Antunes, *Adeus ao trabalho?*, cit., e *Os sentidos do trabalho*, cit.

O entendimento das complexas conexões entre classe e gênero, entre trabalhadores "estáveis" e precarizados, entre nacionais e imigrantes, entre trabalhadores de diferentes etnias, entre qualificados e sem qualificação, entre jovens e velhos, entre empregados e desempregados, enfim, entre tantas fraturas que o capital impõe para a classe trabalhadora, torna-se fundamental responder por meio de um movimento social e político dos trabalhadores e das trabalhadoras, na busca e realização efetiva de um novo projeto societal socialista neste século XXI.

Uma vez mais o resgate do sentido de pertencimento de classe (o que implica em entender as conformações da classe trabalhadora hoje e sua *nova morfologia*) é questão crucial nesta viragem de século.

A AMÉRICA LATINA ENTRE A BARBÁRIE E A BUSCA DA FELICIDADE SOCIAL

Nas últimas décadas, a América Latina vivenciou um verdadeiro genocídio neoliberal que se abateu sobre a quase totalidade de seus países – com exceção de Cuba, que, entretanto, herdou consequências muito destrutivas, decorrentes da propositura ideopolítica regressiva presente no neoliberalismo. Genocídio este caracterizado pelos enormes índices de miserabilidade social, pelo aumento da riqueza, pela hegemonia do capital financeiro e pela expansão da propriedade concentrada da terra e do agronegócio, *desertificando* (quase de modo irreversível) o rico e potente continente latino-americano e caribenho.

Período que se caracterizou ainda pela expansão do grande capital transnacional, sob a hegemonia financeira; pelo papel servil dos governos e suas burguesias locais associadas e cada vez mais transnacionalizadas; pela adoção dos modelos econômicos e de políticas de governo que seguem a cartilha do Fundo Monetário Internacional (FMI), que *"integra" para fora* (para os capitais globais) e se *desintegra socialmente para dentro*; e pela vigência de parlamentos degradados e de poderes judiciários coniventes com as classes dominantes e responsáveis pela ampliação dos cânceres da corrupção.

Se tudo isso não bastasse, o neoliberalismo nos ofereceu ainda uma *mídia* cúmplice, com seus *reality shows* que se "dedicam ao que há de mais vulgar, embotando o espírito e os sentidos para as impressões do belo e do perfeito", oscilando entre o "frívolo e o insulto", para lembrar Goethe em seu clássico *Os anos de aprendizado de Wilhelm Meister**.

Mas o neoliberalismo vem dando mostras de encolhimento, ao menos em alguns países, desde o fim da década de 1990. Não é por outro motivo que a "grande imprensa" tem dito, com alguma frequência, que vários países latino-americanos estão vivenciando uma fase de "instabilidade democrática": Venezuela, Bolívia, Equador, Peru, Colômbia, vários são os exemplos capazes de inquietar e tirar o sono dos senhores da América.

É como se, uma vez desenhada a arquitetura institucional dos dominantes, os povos latino-americanos devessem cumprir o ritual eleitoral e, como consequência,

---

*   São Paulo, Ensaio, 1994. (N. E.)

72   O *continente do labor*

aceitar todas as mazelas, os embustes e os estelionatos nos anos seguintes, esperando as próximas eleições, quatro ou cinco anos depois, para legitimar os processos eleitorais preservadores das novas e velhas oligarquias, dos novos e velhos interesses dominantes, cuja "democracia institucional" é cada vez mais geradora da conservação, mais acomodada aos mercados globais, mais conivente com a miséria e o vilipêndio, a brutalidade e a barbárie, o desemprego e o flagelo.

No Peru, por exemplo, há alguns anos saiu pela porta dos fundos o pequeno bonaparte Fujimori, corrupto até a alma, e subiu Toledo, aparência de índio e cabeça de ianque, para manter o receituário da barbárie. Acumulou índices de completa e cabal rejeição popular.

No Equador, Gutiérrez, um ex-líder militar que encabeçou um levante popular e indígena, em 2000, tornou-se presidente pelo voto e metamorfoseou-se em um vil gendarme, responsável por um governo corrupto e abjeto. De representante eleito pelo povo, tornou-se representante das "elites" e foi posto para fora do país. E o movimento indígena e popular, que o apoiou nas eleições presidenciais, pediu desculpas ao povo pelo erro. Manteve-se na oposição e teve papel central no levante que depôs o governo Gutiérrez e levou à eleição de Rafael Correa.

Renascem, então, embriões de democracia popular, de base e de massa, que começam a recuperar o *espírito comunal* – esta genial arquitetura do verdadeiro poder popular que nasceu na belíssima comuna de Paris (1871), que, vale lembrar, tinha como consigna o generoso lema "*Estamos aqui pela Humanidade*". Esses efetivos experimentos vêm aumentando a consciência e a repulsa populares em relação às formas burguesas da velha dominação.

Na Revolução Bolivariana, contra as várias tentativas de golpe sofridas pelo governo Chávez, os trabalhadores pobres dos morros de Caracas desceram às ruas para recolocá-lo na presidência da República, depois de um ignóbil golpe civil-militar, pró-imperialista, ao qual se seguiu um locaute da empresa petrolífera ávida pela privatização da empresa estatal. Na Venezuela, em todas as partes populares do país, percebe-se um processo de organização popular que lá está se gestando, o que é suficiente para exasperar as "elites", que querem a preservação da barbárie e do poder das oligarquias na América Latina.

Ampliando a base popular, acentuando seu traço anti-imperialista, buscando aproximar-se, ao seu modo, das alternativas com contornos ou traços socialistas, a Revolução Bolivariana é exemplo da busca de algo novo e em construção em *nuestra América*. Ancorado em forte impulsão popular, vem se tornando uma pedra na política de dominação e terror dos Estados Unidos. Por isso, independentemente de suas dificuldades e limitações – das quais a dependência de um líder personalizado talvez seja ainda a mais emblemática –, sofre enorme oposição da direita, interna e externamente, e só a força popular poderá avançar e impedir retrocessos. E sabe que precisa articular laços de solidariedade com os povos latino-americanos para impedir o isolamento por meio do qual, por décadas, o domínio imperial procura derrotar a Revolução Cubana de 1959.

Na Bolívia, os povos indígenas derrotaram a "institucionalidade" e "governabilidade" da conservação e da submissão. Um presidente foi deposto há alguns anos (Gonzalo

Lozada) e o vice que lhe sucedeu, Carlos Mesa, herdou a mesma política da privatização que traz mais privação.

Essas mobilizações populares sinalizam, de alguma forma, que os rearranjos para preservar a "governabilidade" de governos antipopulares parecem fadados ao fracasso. Lá também está presente outro traço dos descontentamentos: além da revolta popular dos indígenas, camponeses e operários, vários setores das classes médias assalariadas e proletarizadas aproximam-se das lutas populares e participam dos levantes. Foi essa contextualidade rebelde e insurgente que permitiu, inclusive, a vitória eleitoral de Evo Morales.

Na Colômbia, apesar da ingerência política e militar direta do imperialismo dos Estados Unidos, a guerra civil se mantém e a presença norte-americana evidencia que – embora tendo como *aparente* bandeira o combate ao narcotráfico – procura-se de fato impedir o avanço de um novo ciclo de rebeliões e revoluções em nosso continente.

Na Argentina, presenciamos já há alguns anos a organização dos trabalhadores desempregados, denominados *piqueteros*, que depuseram, junto às classes médias, no levante de dezembro de 2001, tanto o governo De La Rúa quanto os vários pretensos usurpadores-presidentes.

Vimos também a ampliação de um importante processo de ocupação de fábricas pelos trabalhadores (as "fábricas recuperadas"), lutando para preservar seus empregos e salários, em um país cujos governos neoliberais chegaram ao máximo do servilismo em relação ao FMI e sua política destrutiva. Foi este o caso de Menem, que desmontou os direitos públicos e sociais, privatizou tudo o que funcionava na *res publica* argentina, arrebentando as condições de trabalho cuja informalidade e desemprego atingiram amplos contingentes da população trabalhadora, e financeirizou ao limite sua economia, tornando-a ainda mais dependente do FMI.

Podemos recordar ainda a expressiva resistência zapatista no México, que teve papel decisivo particularmente nas lutas sociais e políticas antineoliberais no início dos anos 1990, quando muitos acreditavam que a história tinha encerrado seu ciclo; e também a recente comuna de Oaxaca de 2005, que desnudou a destruição da *res publica* levada a cabo no México.

A resistência heroica do povo de Cuba, que resiste de modo prometeico ao bloqueio tenaz do gigante imperial (e imperialista) do Norte e que há mais de cinquenta anos desafia o domínio norte-americano no continente, e o MST e sua luta persistente contra o Brasil do latifúndio, da concentração fundiária e da propriedade privada no campo, são outros vivos exemplos dos impulsos que brotam das lutas sociais e políticas da América Latina.

Alguns, no espectro mais à direita, insistem em perguntar: não serão "antidemocráticos" esses movimentos e essas manifestações populares? Não seria melhor a volta das horripilantes ditaduras militares na América Latina?

De nossa parte, a indagação é outra: será que as chamadas "institucionalidade" e "governabilidade" vigentes não são frequentemente antípodas da efetiva democracia popular, do real poder da classe trabalhadora?

Em verdade, estamos começando a presenciar o esgotamento dos rearranjos "pelo alto", arquitetado pelas classes dominantes, e, desse modo, começando a visualizar o

74 O *continente do labor*

florescimento, no solo latino-americano, de um novo projeto societal de feição mais comunal, construído pela base em assembleias multitudinárias.

Projeto este que começa a ser desenhado pela *nova morfologia do trabalho* em seu significado ampliado, tecido pelos operários, camponeses, indígenas, assalariados médios urbanos, trabalhadores empregados e desempregados, homens e mulheres que são parte da classe-que-vive-de-seu-trabalho e que constróem cotidianamente uma sociedade livre, socialista e emancipada.

A NOVA MORFOLOGIA DO TRABALHO, AS LUTAS SOCIAIS E AS FORÇAS SOCIAIS DA EMANCIPAÇÃO HUMANO-SOCIAL

Apesar da heterogeneização, complexificação e fragmentação da classe trabalhadora latino-americana (e também aquela existente hoje nos países capitalistas centrais), as possibilidades de uma efetiva emancipação humana e social, pela conquista da alternativa socialista, podem encontrar concretude e viabilidade social a partir das revoltas e rebeliões que se originam centralmente (e não exclusivamente) no mundo do trabalho; um processo de emancipação simultaneamente *do* trabalho, *no* trabalho e *pelo* trabalho.

Essa formulação não exclui nem suprime outras formas importantes de rebeldia e contestação. Mas, vivendo em uma sociedade que produz mercadorias, valores de troca, cuja lógica é voltada para a valorização do capital e seu ciclo perverso, as revoltas do trabalho acabam tendo estatuto de centralidade no combate direto ao capital.

Todo o amplo leque de assalariados que compreende o setor de serviços, mais os trabalhadores "terceirizados", os do mercado informal, os desempregados, os subempregados e os desempregados, somam-se decisivamente aos trabalhadores diretamente produtivos, configurando-se no polo social e político dotado de maior potencialidade e radicalidade anticapitalista.

Do mesmo modo, a luta ecológica e os movimentos feministas, étnicos (dos indígenas, dos negros, dos imigrantes) e dos homossexuais, entre outros, encontram maior pujança e vitalidade quando conseguem articular suas reivindicações singulares e autênticas contra as múltiplas opressões do sistema de capital.

No caso dos movimentos ecologistas e ambientalistas, o eixo de seus embates deve ser contra a *lógica destrutiva do capital* (que destrói a natureza em escala global) e, no caso da luta das mulheres, suas ações devem voltar-se contra o caráter fetichizado, estranhado, "desrealizador" e virulento do domínio patriarcal que as subordina em seu duplo espaço, familiar e profissional, impedindo sua luta em busca de uma efetiva *igualdade substantiva*, como aponta Mészáros. O mesmo pode-se dizer em relação à luta dos diversos povos, etnias e culturas pela ruptura das desconstruções realizadas pelo capital para impedir a obtenção de uma *igualdade substancial*.

As recentes greves e as explosões sociais, presenciadas pelos países capitalistas, constituem-se em importantes exemplos das novas formas de confrontação social contra o capital, dada a *nova morfologia do trabalho e seu caráter multifacetado*. Elas mesclam elementos desses polos diferenciados do que venho denominando a classe-que-

-vive-do-trabalho e se constituem em importantes exemplos dessas novas confrontações contra a lógica destrutiva que preside a (des)sociabilidade contemporânea que o século XXI tem presenciado em intensidade e abundância. Essas lutas nos levam, por fim, a debater alguns pontos importantes, quando se pensa no desenho de um projeto societal socialista neste século que se inicia.

A AUTODETERMINAÇÃO DO TRABALHO E A PRODUÇÃO DE BENS SOCIALMENTE ÚTEIS COMO O SENTIDO ESSENCIAL DO PROJETO SOCIALISTA

O empreendimento socialista não poderá efetivar outro *modo de vida* se não conferir ao trabalho algo radicalmente distinto tanto da subordinação estrutural em relação ao capital quanto em relação ao seu sentido heterônomo, subordinado a um sistema de mando e hierarquia, como se deu durante a vigência do sistema soviético e nos países do chamado "bloco socialista" ou do "socialismo real", eufemismo para esconder as mazelas que impediam a autonomia do trabalho fora das engrenagens do capital e seu sistema de comando.

Com isso, entramos em outro ponto crucial, quando se trata de entender o verdadeiro significado do trabalho no socialismo e sua profunda diferença em relação à forma social do trabalho sob o sistema de capital. Conforme desenvolvemos no livro *Os sentidos do trabalho*, uma vida cheia de sentido *fora* do trabalho supõe uma vida dotada de sentido *dentro* do trabalho. Não é possível compatibilizar trabalho *assalariado, fetichizado e estranhado* com *tempo verdadeiramente livre*. Uma vida desprovida de sentido no trabalho é *incompatível* com uma vida cheia de sentido fora do trabalho. Em alguma medida, a esfera fora do trabalho estará *maculada* pela *desefetivação* que se dá no interior da vida laborativa.

Como o sistema global do capital, em nossos dias atuais, abrange intensamente também as esferas da *vida fora do trabalho*, a *desfetichização da sociedade do consumo* tem como corolário imprescindível a *desfetichização no modo de produção* das coisas. O que torna a sua conquista muito mais difícil, se não se inter-relaciona *decisivamente* a ação pelo *tempo livre* com a luta contra a lógica do capital e a vigência do *trabalho abstrato*.

Se o fundamento da ação coletiva for voltada radicalmente contra as formas de (des)sociabilização do mundo das mercadorias, *a luta imediata pela redução da jornada ou do tempo de trabalho* torna-se importante e *inteiramente compatível* com o *direito ao trabalho* (em jornada reduzida e sem redução de salário). Desse modo, a luta contemporânea imediata pela redução da jornada (ou do tempo) de trabalho e a luta pelo emprego, em vez de excludentes, tornam-se necessariamente *complementares*. E o empreendimento societal por um *trabalho cheio de sentido* e pela *vida autêntica fora do trabalho*, por um *tempo disponível* para o trabalho e por um *tempo verdadeiramente livre e autônomo* fora do trabalho – ambos, portanto, fora do *controle* e *comando* opressivos do capital –, converte-se em elementos essenciais na construção de uma sociedade socialista não mais regulada pelo sistema de metabolismo social do capital e seus mecanismos de subordinação.

76 O continente do labor

POR UM NOVO SISTEMA DE METABOLISMO SOCIAL: A BUSCA DE UM NOVO (E ORIGINAL) MODO DE VIDA

A invenção societal de uma nova vida, autêntica e dotada de sentido, recoloca, portanto, neste início do século XXI, a necessidade imperiosa de construção de um novo sistema de metabolismo social, de um novo *modo de produção* fundado na *atividade autodeterminada*. Atividade baseada no *tempo disponível para produzir valores de uso socialmente necessários, na realização do trabalho socialmente necessário e contra a produção heterodeterminada*, que caracterizou o capitalismo, *baseada no tempo excedente para a produção exclusiva de valores de troca para o mercado e para a reprodução do capital.*

Os princípios constitutivos centrais, que devem estar presentes desde o início da construção do socialismo do século XXI, devem pautar-se pelos seguintes fundamentos: 1) *o sentido essencial da produção e da vida societal será voltado exclusivamente para o atendimento das efetivas necessidades humanas e sociais;* 2) *o exercício do trabalho deverá ser sempre sinônimo de autoatividade, atividade livre, baseada no tempo disponível, de modo profundamente articulado com o princípio anterior, fundado nas necessidades humano-sociais.*

Durante a vigência do capitalismo (e, de modo mais amplo, do próprio sistema do capital), o *valor de uso dos bens socialmente necessários subordinou-se ao seu valor de troca*, que passou a comandar a lógica do sistema de produção do capital. As funções produtivas básicas, bem como o *controle* do seu processo, foram radicalmente separadas entre aqueles que *produzem* (os trabalhadores) e aqueles que *controlam* (os capitalistas e seus gestores). Como diz Marx, o capital operou a separação entre trabalhadores e meio de produção, entre "o caracol e a sua concha"[8], aprofundando-se a separação entre a produção voltada para o atendimento das necessidades humano-sociais e para as necessidades de autorreprodução do capital.

Tendo sido o primeiro *modo de produção* a criar uma lógica que não leva em conta prioritariamente as reais necessidades societais, e que também por isso diferenciou-se de maneira radical de todos os sistemas de controle do metabolismo social anteriormente existentes (que produziam visando suprir prioritariamente as necessidades de autorreprodução *humana*), o capital instaurou um sistema voltado para a sua autovalorização, *que independe das reais necessidades autorreprodutivas da humanidade.*

Desse modo, a recuperação societal de uma lógica voltada para o atendimento das necessidades humano-societais é o primeiro desafio mais profundo da humanidade neste novo século. Como diz István Mészáros, "o imperativo de se ir para além do capital como controle sociometabólico, com suas dificuldades quase proibitivas, é a condição compartilhada pela humanidade como um todo"[9].

Ou nas palavras de Alain Bihr:

> É então exatamente o modo de produção capitalista em seu conjunto que, ao submeter a natureza aos imperativos abstratos da reprodução do capital, engendra a crise ecológica. No

---

[8] Karl Marx, *O capital*, cit.

[9] István Mészáros, *Para além do capital*, cit., p. 598.

quadro do capitalismo, o desenvolvimento das forças produtivas torna-se desenvolvimento das forças destrutivas da natureza e dos homens. De fonte de enriquecimento, torna-se fonte de empobrecimento, pois a única riqueza a ser reconhecida não é o valor de uso, mas essa abstração que é o valor. E, nesse mesmo quadro, a potência conquistada pela sociedade sobre a natureza transforma-se em impotência crescente dessa mesma sociedade [...][10]

O segundo princípio societal imprescindível é, como ensina Marx, conceber o trabalho como atividade vital, livre, autoatividade, com base *no tempo disponível*. O que significa dizer que a nova estruturação societal socialista deve recusar o funcionamento com base na separação dicotômica entre *tempo de trabalho necessário* para a reprodução social e *tempo de trabalho excedente* para a reprodução do capital.

Uma sociedade somente será dotada de sentido e efetivamente emancipada quando as suas funções vitais, controladoras de seu sistema de metabolismo social, *forem efetivamente exercidas autonomamente pelos produtores associados e não por um corpo exterior e controlador destas funções. Enquanto o tempo disponível, na perspectiva do capital, é concebido como algo a ser explorado no interesse da sua própria expansão e valorização*[11], do ponto de vista do trabalho vivo mostra-se como condição para que a sociedade possa suprir seus carecimentos e necessidades efetivamente sociais e, desse modo, fazer aflorar uma subjetividade dotada de sentido *dentro* e *fora* do trabalho.

Isso porque o *tempo disponível* será aquele dispêndio de atividade laborativa autodeterminada, voltada "para atividades autônomas, externas à relação dinheiro--mercadoria"[12], negadoras da relação totalizante dada pela *forma-mercadoria* e contrárias, portanto, à *sociedade produtora de mercadorias*.

Como conclusão: uma vida cheia de sentido em todas as esferas do ser social, dada pela felicidade social e pela *omnilateralidade humana,* somente poderá efetivar--se por meio da demolição das barreiras existentes entre *tempo de trabalho* e *tempo de não trabalho*, de modo que, a partir de uma *atividade vital* cheia de sentido, autodeterminada, *para além da divisão hierárquica que subordina o trabalho ao capital hoje vigente*[13] e, portanto, sob bases inteiramente novas, possa se desenvolver uma nova sociabilidade. Tecida por *indivíduos* (homens e mulheres) *sociais* e *livremente associados*, onde ética, arte, filosofia, tempo verdadeiramente livre, em conformidade com as aspirações mais autênticas, suscitadas no interior da vida cotidiana, possibilitem as condições para a efetivação da identidade entre indivíduo e gênero humano, na multilateralidade de suas dimensões. Uma vida com formas inteiramente novas de sociabilidade, onde liberdade e necessidade se realizem mutuamente.

---

[10] Alain Bihr, *Da grande noite à alternativa*, cit., p. 129. Uma análise decisiva sobre as conexões existentes entre a crise ecológica e a lógica destrutiva do capital, empreendimento imprescindível hoje, encontra-se no capítulo V do livro citado de Bihr e em István Mészáros, *Para além do capital*, cit., especialmente capítulos XV e XVI.

[11] Idem.

[12] Robert Kurz, *O colapso da modernização* (São Paulo, Paz e Terra, 1992).

[13] István Mészáros, *Para além do capital*, cit.

O exercício do trabalho autônomo, eliminado o dispêndio de tempo excedente para a produção de mercadorias, eliminado também o tempo de produção *destrutivo* e *supérfluo* (esferas estas controladas pelo capital), possibilitará o resgate verdadeiro do *sentido estruturante do trabalho vivo,* contra o *sentido (des)estruturante do trabalho abstrato para o capital.* Isto porque o trabalho que *estrutura* o capital *desestrutura* o ser social, isto é, o *trabalho assalariado* que dá sentido ao capital gera uma *subjetividade inautêntica,* alienada/estranhada no próprio ato de trabalho. Em uma forma de sociabilidade autenticamente socialista, o trabalho, ao *reestruturar* o sentido humano e social da produção, *desestruturará* o capital e seu sistema de mercado. E esse mesmo *trabalho autodeterminado* que tornará *sem sentido* o capital gerará as condições sociais para o florescimento de uma *subjetividade autêntica* e emancipada, dando um novo *sentido ao trabalho.*

Se o trabalho torna-se dotado de sentido, será também (e *decisivamente*) por meio da arte, da poesia, da pintura, da literatura, da música, do tempo livre, do *otium,* que o ser social poderá humanizar-se e emancipar-se em seu sentido mais profundo. O que será um belo intento do socialismo do século XXI.

Parte II

O BRASIL NO CONTINENTE DO LABOR

V

PASSADO, PRESENTE E ALGUNS DESAFIOS DAS LUTAS SOCIAIS NO BRASIL

NAS ORIGENS DO PROLETARIADO BRASILEIRO

Os primeiros núcleos industriais no Brasil surgiram em meados do século XIX, vinculados às atividades predominantemente manufatureiras, mas foi com a Primeira Guerra Mundial que houve um avanço significativo no processo de industrialização. Foi nesse momento que se intensificou o fluxo migratório, especialmente europeu, em busca de trabalho no país.

Foi nesse contexto de advento dos primeiros núcleos industriais que se desenvolveu inicialmente a influência anarco-sindicalista, bem como a socialista e posteriormente a comunista. Em 1922, sob influência da Revolução Russa, foi fundado o Partido Comunista Brasileiro (PCB), que, em sua origem, foi herdeiro de forte influência anarquista, uma vez que seus principais fundadores eram quase todos egressos do movimento libertário. Vale lembrar que o socialismo reformista, sob influência da Segunda Internacional, não teve presença marcante no Brasil[1].

Em verdade, havia uma forte disputa de hegemonia, inicialmente entre o anarco--sindicalismo e o reformismo oficialista, designado de "sindicalismo amarelo", e, depois da fundação do PCB, com os comunistas.

Foi por meio do surto industrial, no início do século XX, que se deu a expansão da classe operária, especialmente nos ramos têxtil, metalúrgico, alimentício etc. É bom enfatizar, entretanto, que, dada a particularidade da subordinação e dependência estrutural do capitalismo brasileiro aos países centrais e hegemônicos, o padrão de acumulação

---

[1] Ilustra essa assertiva um diálogo entre Engels e Kautsky. Este escreveu, em 5 de janeiro de 1893: "Envio-lhe [a Engels] um periódico que me remeteram do Rio de Janeiro. Ele contém um artigo sobre o Partido Operário Brasileiro e seu programa. Lamentavelmente não sei português, e portanto só posso adivinhar algo aqui e ali do seu conteúdo. Talvez te interesse o artigo. Talvez, se valer a pena, Ede [Eduard Bernstein], que é poliglota, possa fazer uma nota com esse material. Já foi feita menção uma vez ao movimento brasileiro, em informação baseada em um periódico alemão de São Paulo". A resposta de Engels é contundente: "[...] Dei a Ede o periódico brasileiro, mas disse-lhe que a importância desses partidos sul-americanos está sempre na relação inversa ao estardalhaço de seus programas". Carta de Engels a Kautsky, 26 de janeiro de 1893, em "Materiales para la História de América Latina", *Cuadernos Pasado y Presente – PYP* (Buenos Aires), n. 30.

82 O continente do labor

de base taylorista e fordista teve desde sua origem um caráter *periférico, subordinado* e *hipertardio* em relação àquele que se desenvolveu nos Estados Unidos e na Europa Ocidental, sustentando-se sempre na vigência de um enorme processo de *superexploração do trabalho*, que combinava, de modo intensificado, a extração *absoluta* e *relativa* da *mais-valia*, oferecendo forte incentivo para a acumulação industrial nascente.

A EMERGÊNCIA DO GETULISMO: UMA "REVOLUÇÃO" SEM REVOLUÇÃO

Foi sob essa contextualidade que eclodiu a chamada Revolução de 1930 e o advento do getulismo, ou varguismo, e sua política de industrialização do país. Pela primeira vez, estruturava-se um projeto burguês nacionalista, cujo eixo da política social era voltado para a cooptação da classe trabalhadora e sua subordinação aos interesses do capital e do Estado.

Início do longo período getulista, a Revolução de 1930 constituiu um movimento político-militar que foi algo mais do que um *golpe* e menos do que uma *revolução* (burguesa). Economicamente industrializante, estava estruturada por meio de um Estado forte e centralizado e, especialmente após o golpe do Estado Novo, em 1937, assumiu clara feição ditatorial e bonapartista que perdurou até 1945, quando Vargas foi deposto por outro golpe de Estado[2]. Reeleito pelo voto direto em 1950, nessa nova fase o governo Vargas tornou-se mais reformista e menos ditatorial.

Tal experiência foi marcante para o movimento operário brasileiro, pois durante o getulismo erigiu-se uma legislação trabalhista que foi essencial para a viabilização do projeto de industrialização do país. Há décadas os trabalhadores brasileiros vinham lutando pelo direito de férias, pela redução da jornada de trabalho, pelo descanso semanal remunerado, pelo direito à greve e à liberdade de organização, entre outras bandeiras que pautavam a luta operária. Vargas, entretanto, ao atender tais reivindicações, procurou apresentá-las como se fossem uma *dádiva* aos trabalhadores, assemelhando-se a uma forma de *Estado benefactor*.

O apoio que recebia dos assalariados urbanos permitia o equilíbrio necessário para manter o seu projeto burguês respaldado em uma aliança policlassista. Expressando uma espécie de variante bonapartista nos trópicos, Vargas contava com o apoio das massas trabalhadoras para lhe dar sustentação em sua relação com as distintas frações das classes dominantes agrárias, além da nascente e ainda incipiente burguesia industrial. Mas, paralelamente à política de cooptação das massas, o getulismo combateu de maneira intensa as lideranças operárias e sindicais de esquerda, todos alvos de fortíssima repressão, acentuada depois da eclosão da Aliança Nacional Libertadora, de 1935[3].

No âmbito sindical havia uma clara oscilação no movimento sob liderança do PCB entre aceitar, de algum modo, certa presença do Estado na estrutura sindical e lutar pela

---

[2] Ricardo Antunes, *Classe operária, sindicatos e partidos no Brasil: da Revolução de 30 até a ANL* (São Paulo, Cortez, 1982) e Luiz W. Vianna, *Liberalismo e sindicato no Brasil* (São Paulo, Paz e Terra, 1976).

[3] Ricardo Antunes, *Classe operária, sindicatos e partidos no Brasil*, cit.

Passado, presente e alguns desafios das lutas sociais no Brasil

plena autonomia, liberdade e independência sindicais frente ao Estado e à burguesia. Essa oscilação impediu que a oposição à estrutura sindical herdeira do getulismo – uma variante de *sindicalismo de Estado* – fosse efetivamente conquistada.

Isso porque, embora o sindicalismo tivesse uma clara e importante dimensão política, no período pré-1964, ele ficou em parte prisioneiro de um certo *estatismo*, contraditado em alguns importantes momentos, ora pela ação das bases operárias em suas lutas concretas, ora em situações mais especiais – como nos anos 1950-1953, quando ocorreu um influxo mais à esquerda e de base no PCB em sua atuação sindical.

Isso configurou uma clara descontinuidade, nesse ponto, em relação ao movimento operário do pós-1964, que foi menos *político* em suas definições e mais *confrontacionista* em suas práticas e lutas. O que configura certo paradoxo: antes de 1964, *o sindicalismo foi fortemente político e menos autônomo em suas ações*. O movimento operário e sindical estruturava-se prioritariamente nas empresas estatais, como as ferroviárias, portuárias e marítimas, onde era maior a presença do PCB. No período de ressurgimento operário e sindical sob a ditadura militar, ao contrário, *o (novo) sindicalismo foi menos político em sua conformação e definição e mais fortemente autônomo em suas ações*.

É bom lembrar que frequentemente as bases operárias vinculadas ao PCB (ou fora dele) transbordavam o espaço limitado estabelecido pelo projeto nacional--desenvolvimentista, intensificando a luta de classes presente no chão das fábricas e das empresas. Foram particularmente importantes a greve geral de 1953, as inúmeras paralisações desencadeadas durante o governo Goulart por aumentos salariais e melhores condições de trabalho, como a greve geral de 1963, e ainda as distintas paralisações explicitamente políticas, que objetivavam conquistas democráticas e contrárias à tendência militar golpista, descontente com os rumos do governo.

Vivenciou-se naqueles anos um enorme avanço das lutas dos trabalhadores no campo, voltadas tanto para a realização da reforma agrária e do combate ao latifúndio e à concentração da propriedade agrária no Brasil como para a ampliação da legislação do trabalho no campo. Foi importante manifestação dessas lutas a criação, em 1955, da primeira Liga Camponesa, no Engenho Galileia, no Nordeste, liderada por Francisco Julião. A organização tinha como prioridade a defesa dos direitos dos trabalhadores rurais e, posteriormente, espalhou-se pelo nordeste brasileiro.

Esse avanço efetivo da luta dos trabalhadores rurais levou à fundação da Confederação Nacional dos Trabalhadores Agrícolas (Contag), em 1963, sob hegemonia do PCB, que fortaleceu ainda mais a luta dos camponeses e dos trabalhadores rurais pelo fim da concentração fundiária da terra. Foi a única confederação que não teve origem estatal e "pelega", mas que era resultado concreto das lutas sociais no campo.

Foi nessa conjuntura que se deu a criação do Comando Geral dos Trabalhadores (CGT), resultado de várias greves ocorridas no início dos anos 1960 e que, sob a liderança do PCB, teve significativa influência no movimento operário e sindical, chegando inclusive a influenciar os militares de base, soldados e cabos que também ameaçavam sublevar-se. No cenário estudantil, a União Nacional dos Estudantes (UNE) ampliava as mobilizações, lutando pela reforma universitária e participando ativamente das lutas políticas do país.

84   O *continente do labor*

Na esquerda, o quadro também começava a se alterar, ampliando o leque de organizações. No PCB, por exemplo, deu-se a cisão que levou ao PC do Brasil – que naquele período tinha relações com a China e sofria influência do maoismo –, além do advento de vários grupos e movimentos de esquerda, alguns ligados à Quarta Internacional ou à esquerda católica, entre outros.

Ampliavam-se as pressões tanto pelas "reformas de base" (reforma agrária, urbana, universitária etc.) quanto pela conquista do socialismo, contra a moderação do PCB e sua política nacionalista e policlassista[4].

Descontentes com o avanço da luta popular, os mais distintos setores burgueses, com o claro apoio norte-americano, em abril de 1964, desencadearam um golpe militar que marcou a longa noite da ditadura, prolongada até 1985. Os partidos de esquerda foram declarados ilegais, mantendo-se somente dois partidos oficiais. Houve intervenção em centenas de sindicatos, sendo que a CGT e a UNE também foram proibidas.

Temerosas frente ao avanço popular, as classes dominantes responderam com um golpe militar – em verdade, uma *contrarrevolução*, na precisa caracterização feita por Florestan Fernandes[5]. Principiava, então, uma era de derrotas para as forças sociais oriundas do trabalho. A repressão ao movimento operário organizado, aos sindicatos, aos movimentos sociais rurais e às esquerdas abria caminho para a inserção ainda maior do Brasil no processo de internacionalização do capital.

Avança a contrarrevolução: o difícil (e longo) período da ditadura militar

Contrariamente ao teor nacionalista anterior, o golpe militar desenvolveu uma variante de Estado autocrático-burguês[6], fortemente repressivo em relação ao movimento operário e que gerou um projeto capitalista cujo padrão de acumulação industrial tinha uma estrutura produtiva *bifronte*. De um lado, estruturou-se a produção de bens de consumo duráveis, como automóveis, eletrodomésticos etc., para um *mercado interno restrito e seletivo*, composto pelas classes dominantes e por parcela significativa das classes médias, especialmente seus estratos mais altos. De outro, desenvolveu-se um polo voltado para a *exportação*, não só de produtos primários, mas também de produtos industrializados de consumo.

Foi nessa contextualidade que se gestou, em meados dos anos 1970, o chamado *novo sindicalismo*. Depois de vários anos de repressão e controle – intensificados a partir da eclosão das greves de Contagem (Minas Gerais) e Osasco (São Paulo), em 1968 –, pouco a pouco, em uma ação pautada por claros traços de espontaneidade (uma vez que havia razoável distanciamento entre essas ações que emergiram inicialmente no ABC paulista e os partidos de esquerda tradicionais), as greves foram sendo tecidas no solo fabril,

---

[4]   Caio Prado Jr., *A revolução brasileira* (São Paulo, Brasiliense, 1966).

[5]   Florestan Fernandes, *A revolução burguesa no Brasil* (Rio de Janeiro, Jorge Zahar, 1975).

[6]   Idem.

Passado, presente e alguns desafios das lutas sociais no Brasil 85

especialmente na segunda metade dos anos 1970, o que levou, na década seguinte, à eclosão de um movimento operário e sindical de grande envergadura.

Tratava-se, então, do ressurgimento do movimento operário e sindical no Brasil, estruturado em bases relativamente distintas daquelas vigentes no período pré-1964. Se na fase anterior havia a prevalência dos trabalhadores das empresas estatais, nos anos 1970-1980 o principal núcleo das lutas operárias estava mais próximo do operariado metalúrgico, com destaque para o cinturão industrial do ABC paulista, um dos mais expressivos do mundo – uma espécie de Detroit brasileira –, onde originou-se a liderança de Luiz Inácio Lula da Silva.

As três greves operárias do ABC paulista, desencadeadas em 1978, 1979 e 1980, são exemplares desse novo patamar da luta de classes depois de uma dura fase de repressão. Finalmente, ressurgia uma fase de intensas greves, combinando paralisações *dentro* das fábricas, como em 1978, com ações coletivas de massa e confronto nas ruas, como em 1979 e 1980, cabendo ao operariado metalúrgico o papel de centralidade nessas lutas.

O movimento estudantil e a luta pela anistia e pela democratização da sociedade brasileira, em curso há vários anos, ganharam força e densidade por meio da explosão operária. Foi esse majestoso ciclo de greves, no fim da década de 1970, que criou as condições para que se deslanchasse uma fase espetacular das lutas sociais no Brasil, nos anos 1980. Entre elas, podemos destacar a ampliação e mesmo generalização desse ciclo, desencadeado pelos mais variados segmentos de trabalhadores, iniciando-se com os operários metalúrgicos e abarcando químicos, petroleiros, construtores civis, assalariados rurais, funcionários públicos, professores, bancários, médicos etc., em um vasto movimento de massas que se notabilizou ainda pela eclosão de várias greves *gerais por categoria* (como a dos bancários, em 1995), greves *com ocupação de fábricas* (como a da General Motors, em São José dos Campos, em 1985, e a da Companhia Siderúrgica Nacional, em Volta Redonda, em 1988), além de uma gama enorme de greves *por empresas*, que se espalharam por todo o país.

A década de 1980 vivenciou o desenvolvimento de quatro *greves gerais nacionais*, sendo que a mais expressiva ocorreu em março de 1989, paralisando aproximadamente 35 milhões de trabalhadores – a mais abrangente greve geral da história do movimento operário brasileiro[7]. Além desses traços fortes, o avanço da organização sindical dos assalariados rurais se ampliou significativamente, permitindo a reestruturação organizacional dos trabalhadores do campo[8]. O sindicalismo rural, nessa nova fase, desenvolveu-se com forte presença da esquerda católica, que influenciou,

---

[7] No ano de 1987, por exemplo, houve um total de 2.259 greves, sendo que em 1988 aproximadamente 63,5 milhões de jornadas de trabalho foram paralisadas. Para que se tenha um panorama mais preciso, no fim da década de 1980, totalizavam-se 9.833 sindicatos no Brasil, volume que, em meados dos anos 1990, atingiu 15.972 sindicatos, incluindo urbanos e rurais, patronais e de trabalhadores. Somente os sindicatos urbanos somavam 10.779, dos quais 5.621 eram de trabalhadores assalariados. Conforme Ricardo Antunes, "Recent Strikes in Brazil: The Main Tendencies of the Strike Movement of the 1980's", *Latin American Perspectives* (Califórnia), ed. 80, v. 21, n. 1, inverno 1994.

[8] No ano de 1996, existiam 5.193 sindicatos rurais, dos quais 3.098 eram de trabalhadores.

86 O *continente do labor*

posteriormente, o nascimento do Movimento dos Trabalhadores Rurais Sem Terra (MST), em 1984.

Foi nesse mesmo ciclo que presenciamos o surgimento das centrais sindicais, como a Central Única dos Trabalhadores (CUT), fundada em 1983 e inspirada, em sua origem, em um sindicalismo classista, autônomo e independente do Estado. Herdeira das lutas sindicais das décadas anteriores, especialmente dos anos 1970, a CUT resultou especialmente da confluência entre o *novo sindicalismo*, nascido no *interior* da estrutura sindical daquele período (do qual o Sindicato dos Metalúrgicos de São Bernardo era melhor exemplo), e o movimento das *oposições sindicais* (de que foram exemplos o Movimento de Oposição Metalúrgica de São Paulo (MOMSP) e a Oposição Metalúrgica de Campinas), que atuavam *fora* da estrutura sindical oficial e combatiam seu sentido estatal, subordinado, atrelado e verticalizado, além de importantes setores do sindicalismo e das oposições sindicais que atuavam no campo, entre outras vertentes.

Dado o caráter *estatista* da estrutura sindical, procurou-se avançar também na organização operária nos locais de trabalho, por meio da criação das comissões de fábricas de que foram exemplos as comissões *autônomas* de São Paulo (como a da Asama, sob influência do MOMSP) e as comissões *sindicais* de fábricas do ABC (como a da Ford, vinculada ao Sindicato dos Metalúrgicos de São Bernardo)[9].

Mas, se nos anos 1980 o sindicalismo brasileiro caminhou, em boa medida, no *contrafluxo* das tendências críticas presentes no sindicalismo dos países capitalistas avançados, já nos últimos anos daquela década começavam a despontar as tendências econômicas, políticas e ideológicas que foram responsáveis pela inserção de parcela significativa do sindicalismo brasileiro na onda regressiva, resultado tanto da intensidade da reestruturação produtiva do capital – dada a nova divisão internacional do trabalho na fase de mundialização do capital sob clara hegemonia financeira – quanto da emergência do neoliberalismo e sua virulência no universo ideopolítico, acarretando um refluxo no *novo sindicalismo*[10].

Do desmonte neoliberal à nova morfologia do trabalho e seus desafios

A complexa simbiose entre neoliberalismo e reestruturação produtiva trouxe consequências muito profundas para o universo da classe trabalhadora, o movimento sindical e a esquerda brasileira.

---

[9] Arnaldo Nogueira, *A modernização conservadora do sindicalismo brasileiro* (São Paulo, Educ/Fapesp, 1998).

[10] Ricardo Antunes, "Una radiografia dele lotte sindacali e socieli nel Brasile contemporaneo e le principale sfide da afrontare", em M. Casadio e L. Vasapollo (orgs.), *Lotte e Regimi in América Latina* (Milão, Jaca, 2005) e "Global Economic Restructuring and The World of Labor in Brazil: The Challenges to Trade Unions and Social Movements", *Geoforum* (Nottingham), edição especial "Urban Brazil", v. 32, n. 4, 2001.

Passado, presente e alguns desafios das lutas sociais no Brasil 87

Mas esse processo não se deu sem resistência. Ao contrário, foi um período de muitas lutas sociais, iniciada com a histórica greve dos petroleiros de 1995, que procurava impedir o desmonte da Petrobras, bem como a destruição dos direitos sociais da categoria. Esta paralisação geral foi reprimida de maneira violenta pelo governo FHC, por meio do Exército, da polícia, do Judiciário, da mídia etc., todos fortemente articulados para derrotar os petroleiros. Algo similar ocorrera anteriormente na Inglaterra de Margaret Thatcher. Para consolidar o nefasto neoliberalismo britânico recém-iniciado, seu governo vilipendiou a heroica greve dos mineiros de 1983-1984, aprofundando o ideário e a pragmática neoliberais naquele país. O mesmo fez FHC no Brasil, uma década depois, na greve dos petroleiros que durou 31 dias e abalou o país.

Do mesmo modo, ocorreram inúmeras greves de resistência dos funcionários públicos, trabalhadores rurais e professores, entre outras categorias. A greve geral dos bancários de 1985 também teve enorme significado político e de confronto ao governo FHC e foi vitoriosa.

Merece particular destaque a ação de luta e resistência do Movimento dos Trabalhadores Rurais Sem Terra (MST), o mais importante *movimento social e político* do Brasil. Sendo dotado de uma estruturação nacional solidamente organizada pela base, sua ação de confronto à propriedade privada da terra permite aos trabalhadores vislumbrar uma *vida cotidiana dotada de sentido.* Por meio dessa luta *vital* – a posse da terra como resgate do sentido da vida –, o MST tem confrontado fortemente a política econômica dominante no país, tendo inclusive realizado uma maciça campanha popular contra a Área de Livre Comércio das Américas (Alca). Do mesmo modo, seu combate aos transgênicos e sua ação ambiental de preservação da natureza contra a lógica destrutiva do agronegócio também têm sido decisivos.

Sendo o mais importante movimento social e político do país, o MST vem auxiliando na organização de outros movimentos populares, como dos sem teto e sem casa e dos desempregados, além de desempenhar um importante papel nas lutas sociais latino-americanas e participar, por meio da Via Campesina e do Fórum Social Mundial, das lutas antiglobalização.

Mas, se foi possível vivenciar esse significativo avanço do MST, é preciso lembrar que a década de 1990 – que denominei de a *era da desertificação neoliberal no Brasil* [11] – foi pouco a pouco tornando mais defensivo o *novo sindicalismo* que, por um lado, enfrentava o sindicalismo neoliberal, presente na Força Sindical, e, por outro lado, sofria as consequências da influência oriunda do sindicalismo social-democrático europeu, cada vez mais presente no interior da CUT.

Esse sindicalismo contratualista, embora procure apresentar-se como a alternativa possível para o combate ao neoliberalismo, distancia-se de maneira crescente da alternativa socialista que foi decisiva na fundação da CUT e se aproxima da agenda neoliberal, como demonstram vários exemplos da sua prática no Brasil recente.

---

[11] Ricardo Antunes, *A desertificação neoliberal no Brasil: Collor, FHC e Lula* (Campinas, Autores Associados, 2004).

88 O continente do labor

Os setores claramente socialistas e anticapitalistas encontraram-se, em 2007, ou aglutinados na Coordenação Nacional de Lutas (Conlutas), criada em 2005 e aberta não só aos sindicatos, mas também à organização dos movimentos e das lutas sociais, ou na Intersindical, tendência também de esquerda, porém de perfil mais acentuadamente sindical e que, em 2007, discutiu se devia manter-se *dentro* ou buscar novas alternativas *fora* da CUT, tendência esta que parece ser majoritária.

A vitória eleitoral de Lula e do Partido dos Trabalhadores nas eleições de 2002, bem como a política sindical que se desenvolveu, procurou envolver diretamente os sindicatos na gestão dos fundos de pensão e dependentes de recursos estatais, medidas cujas consequências são profundas quando se trata de definir o sentido geral da ação sindical e sua autonomia e independência. De um *sindicalismo de confrontação* transita--se, então, para uma modalidade de *sindicalismo negocial*.

Os desafios sindicais são, então, de grande monta. Há um (novo) desenho compósito, heterogêneo e multifacetado que caracteriza a nova morfologia do trabalho no Brasil. Além das clivagens entre trabalhadores estáveis e precários; de gênero, geracionais e étnicas; entre trabalhadores qualificados e desqualificados; empregados e desempregados; além da necessidade imperiosa de superar o produtivismo por uma concepção ambiental que articule ecologia e socialismo, temos ainda as estratificações e fragmentações que se acentuam em função do processo crescente de internacionalização do capital, entre tantos outros desafios[12].

Essa nova morfologia do trabalho, da qual indicamos aqui apenas alguns pontos centrais, não poderia deixar de ter repercussões junto aos organismos de representação dos trabalhadores. Para concluir, desejamos somente registrar que a *nova morfologia do trabalho* vem significando também um *novo desenho das formas de representação das forças sociais do trabalho.* Se as indústrias taylorista e fordista são parte mais do passado do que do presente (*ao menos enquanto tendência*), como imaginar que um sindicalismo verticalizado possa representar esse novo e compósito mundo do trabalho?

Recuperar, no início deste século XXI, um novo sentido de classe, de base e de autonomia dos sindicatos talvez seja seu desafio mais fundamental.

---

[12] Ricardo Antunes, *O caracol e sua concha: ensaios sobre a nova morfologia do trabalho* (São Paulo, Boitempo, 2005).

VI

O PARTIDO COMUNISTA BRASILEIRO (PCB), OS TRABALHADORES E O SINDICALISMO NA HISTÓRIA RECENTE DO BRASIL[1]

A chegada ao poder do Partido dos Trabalhadores (PT) – fruto direto das lutas operárias –, em aliança tanto com forças de esquerda quanto com setores conservadores, abriu um debate no interior da esquerda brasileira acerca de sua própria identidade. A trajetória eleitoral já indicava modificações no projeto daquele que, nas últimas duas décadas, havia sido o elemento condutor das mais variadas demandas progressistas no seio da sociedade brasileira. O quadro vivenciado a partir da explosiva crise do governo Lula, em meados de 2005, a mais aguda desde a fundação do PT, nos obriga a analisar, com maior profundidade, a história recente da esquerda brasileira (do Partido Comunista Brasileiro – PCB) e suas relações com a classe trabalhadora, o sindicalismo e o PT.

O debate acerca das contradições e dos avanços ocorridos nos partidos de corte socialista em sua chegada ao poder se estende por toda a já longa tradição de esquerda. Porém, nosso objetivo neste artigo é tomar como foco de análise o exato momento em que esse partido surgiu na política de esquerda brasileira. Espaço de esperança, em seu nascedouro, para um projeto diferenciado de militância de esquerda no Brasil, a construção do PT abriu à época uma profunda discussão acerca não só do presente e do futuro dessa militância, mas, acima de tudo, do que teria sido sua própria trajetória, desde sua gênese.

Não há como entender tal disputa, em suas dimensões mais plenas, sem uma análise de como tais partidos se portaram frente ao movimento dos trabalhadores. Assim, este artigo visa analisar as formas pelas quais se desenvolveram as relações entre o movimento sindical brasileiro e a militância de esquerda no pós-1964, indicando como se deu historicamente a disputa entre o PCB e o PT em busca da hegemonia da esquerda brasileira. Dessa forma, poder-se-á perceber não só a visão e as propostas esposadas por tais partidos, mas também como viam seu oponente, bem como de que maneira procuravam aprofundar seus laços com o universo do trabalho. Isso porque

---

[1] Escrito em parceria com Marco Aurélio Santana.

90   O *continente do labor*

compreender essa dimensão relacional nos permitirá também verificar não somente a relação entre tais partidos e os sindicatos, mas de que maneira essa trajetória foi definidora dos destinos seguidos pelos respectivos partidos.

OS COMUNISTAS E A DITADURA MILITAR (1964-1978): LUTANDO PARA SOBREVIVER

O golpe militar de 1964 foi um duro baque em toda a estrutura organizacional comunista[2]. A prisão de nomes importantes e a desestruturação do trabalho nos sindicatos e nas fábricas desbarataram atividades que levariam bastante tempo para serem recompostas. No interior do movimento operário, o que se pôde presenciar, como tradicionalmente ocorre em situações similares, foi o trabalho *pequeno* e *silencioso* no chão de fábrica. Era preciso recompor forças e somar esforços para enfrentar a ditadura. O problema maior foi que a implantação do regime militar abriu, no seio da esquerda em geral e no interior do PCB em particular, um duro e sério debate acerca dos caminhos percorridos pelo partido antes e depois do golpe. Da crítica e autocrítica resultou uma série de outros grupos com concepções diferenciadas acerca dos rumos a serem trilhados a partir de então.

Se ao longo de todo o período 1945-1964 o PCB desfrutou da hegemonia em termos de representação não só dos trabalhadores, mas também no interior da esquerda, esse quadro se alterou bastante a partir de meados dos anos 1960. Não estamos esquecendo aqui a contribuição que outros setores já vinham dando, há anos, para a luta dos trabalhadores, entre eles trotskistas, socialistas, trabalhistas, católicos de esquerda etc. Porém, apesar de sua importância, nenhum desses agrupamentos atingiu o patamar conseguido pelo PCB[3].

Com o golpe militar, a esquerda iniciou uma longa discussão pela busca de responsáveis pela derrota dos chamados "setores progressistas"[4]. Dada sua posição proeminente no período pré-golpe, recaiu sobre o PCB, crítica e autocriticamente, toda a carga de responsabilidade acerca dos erros cometidos. Foi nesse contexto que o partido realizou seu VI Congresso, em 1967. Sua organização já transcorrera em meio à dura luta interna entre um setor mais à esquerda (a chamada Corrente Revolucionária)

---

[2]   "Comunistas", neste texto, é uma referência aos quadros militantes do PCB.

[3]   Seria só mais tarde, com os impactos do "racha" que deu origem ao Partido Comunista do Brasil (PC do B) e de muitas outras defecções, bem como do surgimento e/ou reforço de propostas alternativas externas ao partido, que o PCB começaria a perder o posto como referência na esquerda brasileira. Mesmo sendo um longo trajeto, os primeiros passos começavam a ser dados.

[4]   Segundo Daniel Aarão Reis Filho: "Nos anos 1960 desenvolveu-se toda uma linha de reflexão sobre a 'culpa' dos comunistas, que seriam os grandes responsáveis pelos erros, desacertos e derrotas do movimento popular". "Questões históricas (exposição)", em Marco Aurélio Garcia (org.), *As esquerdas e a democracia* (Rio de Janeiro, Paz e Terra/Cedec, 1986), p. 52. Sobre esse ponto de forte significação, ver também Caio Prado Jr., *A revolução brasileira*, cit.

e aquele organizado em torno do Comitê Central, que acabou por imprimir suas diretivas ao partido.

O centro das resoluções do VI Congresso recaiu sobre a luta antiditatorial, concebida como uma *frente* de forças democráticas contra a ditadura e na qual, em conjunto com o campesinato e a pequena burguesia urbana,

> [...] a classe operária é a principal força motriz [...]. A atividade primordial dos comunistas deve dirigir-se no sentido de organizar e desenvolver a unidade de ação da classe operária em defesa de seus interesses econômicos e políticos imediatos e pela derrota da ditadura.[5]

Entendendo o caráter heterogêneo da frente única, que incluía como aliados inclusive vários setores da burguesia, considerados nacionalistas e progressistas, "os comunistas defenderão sempre [...] a necessidade fundamental de organizar e mobilizar o povo contra o regime ditatorial. Sem prejuízo da sua missão de defesa dos interesses específicos dos trabalhadores e de todos os explorados e oprimidos"[6].

O partido assinalou a incorporação de outros setores à luta antiditatorial, como no caso dos setores progressistas da Igreja católica, e a possibilidade do Movimento Democrático Brasileiro (MDB) – um dos partidos gerados pela extinção dos partidos anteriores a 1964 e pela implantação do bipartidarismo[7] –, apesar de suas vacilações, transformar-se em um polo importante na mobilização popular e no combate à ditadura. Tal resolução indica a importância da luta por eleições livres e diretas, e a relação destas na unificação dos setores oposicionistas e na debilitação do regime.

Mas, se o caráter da *via pacífica* aparece permeando todo o documento, vale ressaltar que, garantindo a ambiguidade de textos partidários de outros períodos e supostamente incorporando a crítica de outros setores, a proposta de uso de meios armados também consta das resoluções[8].

No que diz respeito ao campo sindical, as resoluções do Congresso assinalam que esse seria o meio principal para a ativação do movimento operário: os comunistas deveriam concentrar sua atividade dentro das empresas. Com este propósito, poderiam

---

[5] Celso Frederico, *A esquerda e o movimento operário (1964-1984)* (São Paulo, Novos Rumos, 1987, v. 1), p. 66.

[6] Ibidem, p. 71.

[7] O outro foi a Aliança Renovadora Nacional (Arena).

[8] Ainda segundo o mesmo documento, "deve-se ter em vista que a luta popular poderá assumir formas diferentes e níveis distintos nas várias regiões. O partido deve preparar-se e preparar as massas para a combinação das formas elementares e legais de luta com outras de níveis mais elevados, como a luta armada, de acordo com as condições de cada região. O essencial é que as formas de luta decorram das exigências da situação concreta, em cada momento e em cada local, sejam adequadas ao nível de consciência e à capacidade das massas" (ibidem, p. 73). Como veremos, o partido não esposará essas "formas diferentes e níveis distintos" de luta. Tais elementos discursivos podem ter sido mencionados como ritual. O mesmo se deu, de forma inversa, quando da Declaração de Março de 1958, que, mesmo defendendo o caminho pacífico da revolução, segundo um de seus redatores (Jacob Gorender, *Combate nas trevas*, São Paulo, Ática, 1987), trazia apenas "ritualisticamente" a indicação possível da via armada.

92   O *continente do labor*

utilizar todas as possibilidades de organização legais, como as delegacias sindicais, as Comissões Internas de Prevenção de Acidentes (CIPAs) e outras que reunissem trabalhadores. Para estender o movimento sindical a toda a classe operária, seria também indispensável o fortalecimento dos sindicatos, por meio da elevação do número de sindicalizados. Já aflorava, com mais intensidade, uma propositura discursiva de centralidade operária, mas uma práxis efetiva de subordinação das ações do PCB à frente de uma política policlassista, que incorporava setores da burguesia.

Nesse sentido, na prática sindical a orientação do partido deveria se dar, em conformidade com sua trajetória anterior, utilizando-se prioritariamente dos espaços legais, por dentro da estrutura sindical vigente, embora não se restringindo a eles. Além disso, também como em momentos anteriores, o partido trabalharia em uma lógica de ação que englobava desde as organizações do chão de fábrica, que se reduziram intensamente depois da repressão que se seguiu ao golpe militar, até os mecanismos intersindicais de coordenação geral da luta dos trabalhadores, que passaram a ser cada vez mais priorizados, utilizando-se crescentemente da estrutura sindical oficial. Mas, ao menos na prática discursiva, procurou-se manter a tradição do partido de corte revolucionário.

Nas fábricas, os operários enfrentavam como podiam as políticas de *arrocho* salarial e de controle sindical da ditadura militar, que combinava de modo virulento a política de *superexploração* da força de trabalho com uma intensa repressão dentro das fábricas e dos organismos sindicais, que sofreram forte intervenção a partir do golpe. Além de seu aspecto repressivo, em termos concretos, a ditadura pretendia desestruturar a vida sindical, cerceando suas potencialidades mobilizatórias e incrementando ao máximo sua perspectiva assistencial e de atrelamento ao Estado. Além de intervir diretamente junto às direções sindicais vinculadas à esquerda, que sofreram processo de cassação de seus mandatos, a ditadura atacava duramente também a estrutura de organizações nos locais de trabalho, impedindo que elas servissem de pilar para a recomposição do movimento sindical *combativo*[9].

Os comunistas buscaram não só ocupar os espaços possíveis, como também empurrar, mesmo a partir de limitadas condições, os setores mais conservadores das direções sindicais para uma encruzilhada na qual teriam de se decidir. Com isso, o PCB anunciava sua proposta de buscar a organização dos trabalhadores nas empresas a partir de suas demandas mais sentidas e atuar no âmbito das direções sindicais, sem discriminação, o que incluía a possibilidade de aliança com setores considerados "pelegos". Isso conduziu ao movimento geral contra o arrocho, de que foi exemplo o Movimento Intersindical Antiarrocho (MIA), que trouxe em seu bojo vários segmentos sindicais, desdobrando-

---

9   Antônio Flores de Oliveira, então militante sindical, assinala que, "quando se deu o golpe de 1964, só do sindicato dos metalúrgicos de São Paulo foram levadas 2.800 fichas de delegados sindicais [...]. Eu não era dirigente sindical, eu era da base, e fui um dos responsáveis pela organização dos trabalhadores na indústria de móveis Fiel. Era uma empresa importante porque tinha 1.200 operários. Nós tínhamos uma comissão lá com 72 pessoas. Ela foi organizada de 1962 a 1964 e, quando se deu o golpe, não preciso dizer o que aconteceu com todos", Antônio Flores de Oliveira, "Movimento operário: novas e velhas lutas (debate)", *Revista Escrita/Ensaio*, n. 6, 1980, p. 19.

O *Partido Comunista Brasileiro (PCB), os trabalhadores e o sindicalismo...* 93

-se em uma ação central contra o próprio regime, conforme veremos adiante. No plano interno, as tensões e posições políticas divergentes se acentuavam[10].

Na verdade, as indicações dadas pelo PCB, em relação às suas divergências com o que denominava de "correntes políticas pequeno-burguesas", encontraram, em fins dos anos 1960, um ponto de definição. Contrabalançando a decisão quase geral dos grupos de esquerda pela luta armada, o PCB optou por uma tentativa de atuação cada vez mais por dentro da estrutura sindical, de onde havia sido retirado pela repressão ditatorial. Assim, o PCB passou a atuar junto às direções sindicais pouco "combativas" e mesmo "pelegas", enquanto os setores mais à esquerda passaram a intensificar a busca de caminhos alternativos, seja no meio sindical, seja na luta política geral.

Nesse novo quadro, apesar de suas óbvias diferenças, o PCB minimizou suas divergências com os setores "pelegos", ação que fez com que, em muitas oportunidades, sua postura acabasse por se confundir com aquela realizada pelo "peleguismo". Em nome do combate ao que chamava de "esquerdismo", o partido acabou assumindo uma prática sindical cada vez mais conservadora.

Como ocorreu de modo mais acentuado em outros períodos, como nos anos 1945- -1947, aqui também encontramos divergências entre as formulações gerais do partido e a atuação de sua base. Um exemplo importante ocorreu durante a greve de Osasco, em 1968[11]. Ainda que contrariando o partido, comunistas daquela área não só deram seu apoio à chapa de oposição vitoriosa, como também à greve, que, segundo a análise do partido, teria sido em seu encaminhamento um exemplo claro do "esquerdismo". O PCB vivia, em seu interior, uma situação de diferenciação entre grupamentos e mesmo tendências, que se explicitaram ao longo da década seguinte[12].

Vale lembrar que a lógica de ação do PCB, na *grande política*, era a conformação da "frente democrática" contra a ditadura. Já os setores mais à esquerda, com raras exceções[13], optaram pelo ataque frontal ao regime, baseados em ações de luta armada.

---

[10] Se, no quadro interno, o problema havia sido "resolvido" ao se livrar da Corrente Revolucionária, no quadro externo, a tendência radicalizante de outros setores fez com que os comunistas dividissem seus esforços entre a crítica ao "imobilismo" dos "pelegos" e a crítica ao "esquerdismo" – aquela tendente a diminuir, diante do crescimento desta. Tal pretendida mobilização da cúpula sindical tinha como lastro as ações, ainda que surdas, nos locais de trabalho.

[11] Conforme reconheceu José Ibrahim, um dos líderes do movimento de Osasco, militantes e ex-militantes do partido foram importantes para a consolidação do trabalho da oposição, que ganhou o sindicato e capitaneou a greve. O presidente da chapa de oposição eleita também reconheceu que os mesmos militantes foram importantes para sua vitória. Segundo ele: "Durante a formação da chapa, entramos em contato com a direção do PC, no sentido de incorporá-lo à composição. No entanto, a direção do Partido se negou, achando que era necessário marginalizar os cristãos e compor com a situação. E mais, afirmou que éramos aventureiros, sem nenhuma chance de ganhar, pois a situação contava com a máquina sindical. Entretanto, as bases do Partido participaram de nossa chapa, enquanto a direção ficou com a situação", *Cadernos do Presente* (São Paulo), n. 2, julho 1978, p. 10. Para mais detalhes, ver Marco Aurélio Santana, *Homens partidos: comunistas e sindicatos no Brasil* (São Paulo/Rio de Janeiro, Boitempo/Unirio, 2001).

[12] Ver Antônio Flores de Oliveira, "Movimento operário: novas e velhas lutas (debate)", cit.

[13] Como os grupamentos trotskistas, por exemplo.

94   O *continente do labor*

Mesmo que muitas dessas organizações não mantivessem estreitos laços com o movimento operário, menos ainda com o sindicalismo oficial, algumas, seja por definição, seja porque ainda não haviam se envolvido de maneira integral na luta armada – ou o fariam em escala crescente posteriormente –, desenvolveram um trabalho que, a partir do interior das empresas e das Oposições Sindicais, alcançou diretorias de sindicatos e promoveu movimentos grevistas de impacto no período. Marcado por ações arrojadas e mais radicais, o sindicalismo desenvolvido por esses agrupamentos buscou romper, na prática, com as orientações seja dos tradicionais "pelegos", seja dos "reformistas" do PCB, e por isso recebeu suas críticas[14].

A partir de 1970, em termos políticos mais gerais, enquanto parte da esquerda ainda se mantinha na luta armada, o PCB intensificou sua política de constituição da frente democrática, consolidando seu apoio ao MDB e utilizando-se de sua legenda como alternativa frente à ilegalidade do PCB. Os resultados eleitorais – inicialmente, em 1970, com votação significativa no rinoceronte Cacareco, então uma nova mascote do zoológico de São Paulo, e, posteriormente, em 1974, com a vitória massiva do MDB nas grandes cidades – indicavam o grau de descontentamento com o regime militar, que iniciou seu processo de autorreforma, com uma estratégia de descompressão da ditadura e sua "abertura lenta, gradual e segura" durante o governo de Ernesto Geisel e, depois, do general Figueiredo[15].

Frente à brutal repressão contra os grupos da esquerda armada, tais agrupamentos (ou aqueles que de algum modo conseguiram se preservar) também redirecionaram suas ações, extinguindo-se no processo e/ou unindo-se a outros grupos. O PCB, que havia recusado o caminho da luta armada, nem por isso foi poupado pela virulência e brutalidade do regime. Sua atuação na luta antiditatorial, apesar de por outros caminhos e com outras armas, também atraiu a violência repressiva[16]. Os ataques geraram um forte refluxo nas atividades do PCB, que se estendeu até fins da década de 1970.

---

[14] A divergência de concepções marcou as lutas desenvolvidas no pós-1964. Ela pode ser sentida nos encaminhamentos das lutas contra o arrocho salarial e contra a ditadura. Como já dissemos, buscando o controle inflacionário por meio do achatamento salarial, o regime militar controlava severamente os aumentos de salário. O movimento operário e sindical no pós-1964 travou uma árdua luta contra essa política. Muitas vezes, tal luta, que explodiu isoladamente em fábricas ou setores, não conseguia evitar a repressão militar nem alterar em muito o quadro vigente. Em termos gerais, os encontros intersindicais propunham a mudança geral da lei do arrocho, encaminhando abaixo-assinados como forma de luta. Nesse quadro de combate mais geral é que surgiram a Frente Intersindical Antiarrocho, no Rio de Janeiro, e o Movimento Intersindical Antiarrocho (MIA), em São Paulo. Embora de forma limitada e tímida, essas foram as mais importantes tentativas intersindicais desenvolvidas pelos trabalhadores no período. Foram, de certa forma, decorrentes dos sucessivos encontros regionais que se desenvolveram a partir da Campanha Nacional de Proteção contra a Política de Arrocho Salarial, definida pelo II Encontro Nacional de Dirigentes Sindicais.

[15] Ver Ricardo Antunes, *A rebeldia do trabalho* (Campinas, Unicamp/Ensaio, 1988).

[16] A partir de 1969, vários órgãos do partido foram duramente atingidos e centenas de militantes foram presos e torturados. Nem mesmo o Comitê Central conseguiu ficar ileso. A profundidade do golpe repressivo atingiu em cheio o cerne da organização. Nesse quadro, o Comitê Central se retirou do país. Para Edgard Carone: "A fuga para o exterior, da maioria do CC [...] e de numerosos militantes de base, é ato de sobrevivência e de necessidade, já que o PCB sofrera sangria grave, como a morte de

O *Partido Comunista Brasileiro (PCB), os trabalhadores e o sindicalismo...* 95

Ao longo daquele período, intensificou-se o processo de internacionalização da economia – um dos objetivos essenciais da ditadura militar –, que produziu uma intensa transformação na estrutura de classes no país, principalmente na classe operária. A intensificação da introdução de plantas industriais modernas, a expansão do setor de bens de consumo duráveis e de bens de produção, sua concentração geográfica, tudo isto possibilitou o desenvolvimento de um novo proletariado industrial, que teve papel de destaque, ainda que não exclusivo, na luta social e política que se desenvolveu a partir de meados dos anos 1970[17].

Os comunistas nas greves operárias do ABC paulista: 1978-1980

Todo o trabalho silencioso que articulava diversos grupos em diversos setores e que era dotado de uma forte e crescente base fabril foi mantendo e ampliando a chama do movimento operário e sindical, apesar dos sucessivos ataques desfechados pela ditadura. Foi em fins da década de 1970 que uma série de movimentações ganhou atenção e rompeu o silêncio geral e a invisibilidade impostos pelo regime aos trabalhadores. Isso ocorreu inicialmente com as mobilizações dos metalúrgicos do ABC paulista, que em pouco tempo se espalharam para um leque muito abrangente de trabalhadores do campo e das cidades. O movimento dos trabalhadores reassumiu, a partir especialmente das greves de 1978, o lugar que já tivera no cenário político nacional (quando se pensa, por exemplo, nos anos 1945-1947 e no período que antecedeu o golpe de 1964)[18]. E esse ressurgimento vigoroso do movimento operário e sindical trouxe novos dilemas e enormes desafios para o PCB que acabaram abalando fortemente sua capacidade de dirigir politicamente a classe trabalhadora.

Em 1978, o cenário político nacional foi sacudido pela greve dos metalúrgicos do ABC paulista. A posição do PCB acerca dessa greve e de outros movimentos que se espalharam pelo país desdobrou-se no plano sindical e no plano político geral. No campo sindical, a perspectiva comunista era de uma análise positiva da greve, devendo-se evitar, contudo, o *triunfalismo*[19], a fim de não cair nos erros do passado. Sobre o plano político

---

doze elementos do CC e com a prisão e tortura de milhares de militantes e simpatizantes dos diversos CE estaduais", *O PCB (1964-1982)* (São Paulo, Difel, 1982, v. 3), p. 6-7.

[17] Para diferentes posições e enfoques acerca deste processo, ver Leôncio M. Rodrigues, *Industrialização e atitudes operárias* (São Paulo, Brasiliense, 1970); Maria Hermínia Tavares de Almeida, "O sindicato no Brasil: novos problemas, velhas estruturas", *Debate e Crítica* (São Paulo), n. 6, julho 1975; John Humphrey, "As raízes e os desafios do 'novo' sindicalismo da indústria automobilística", *Estudos Cebrap* (São Paulo), n. 26, 1980; Ricardo Antunes, *A rebeldia do trabalho*, cit.; e Celso Frederico, *A vanguarda operária* (São Paulo, Símbolo, 1979).

[18] Sobre as lutas operárias "moleculares" dos anos 1970, ver idem; Amnéris Maroni, *A estratégia da recusa* (São Paulo, Brasiliense, 1982); Éder Sader, *Quando novos personagens entraram em cena* (Rio de Janeiro, Paz e Terra, 1988); e Ricardo Antunes, *A rebeldia do trabalho*, cit.

[19] Como assinala o sindicalista comunista Marcelo Gato: "A grande lição dada pelas recentes greves de maio foi [...]: elas foram greves organizadas no interior das fábricas, não recorreram a piquetes e contaram com a adesão consciente da massa dos trabalhadores [...]. Este quadro nos deve levar a ter cuidado

96   O *continente do labor*

mais geral, a política comunista pode ser aferida na declaração do Comitê Central do PCB sobre o movimento sindical, publicada na edição 152 do jornal *Voz Operária*, de novembro de 1978[20]. No citado documento, o partido avaliava que o regime estava apresentando crescente debilitamento, explicitado pelo ascenso do movimento popular em busca de seus direitos. Assim, tais movimentos e as lutas operárias teriam aberto a primeira brecha em uma área das mais sensíveis do sistema, isto é, sua "política salarial antioperária, base da política econômica do regime". Segundo o PCB, o avanço do movimento operário teria lançado a luta pela democracia a outro patamar[21].

Sua política era, então, de insistente ênfase na importância da ação unitária da classe operária, reiterando que tal unidade deveria incluir também os trabalhadores rurais, ainda que sua política de frente, como vimos, incluísse também estratos da burguesia, aqueles considerados "democráticos" e "nacionalistas".

O PCB avaliava positivamente as ações dos trabalhadores em sua luta reivindicativa, embora sempre enfatizasse sua articulação com a luta democrática mais geral, de corte policlassista. Por isso, podemos ressaltar que a parte referente à luta dos trabalhadores, em termos das lutas gerais pela democracia, não se dava de forma tão direta quanto o partido acreditava – ou, mais ainda, havia um claro descompasso entre a luta social de base operária e a crescente tendência à prevalência da ação mais marcadamente institucional que o PCB passava a enfatizar. Esse descompasso também ficava evidente nas posições esposadas por muitas das novas lideranças, como Lula, que menosprezavam as ações políticas mais gerais, bem como procuravam limitar seus vínculos com outros movimentos sociais e políticos, como o estudantil, a luta pela anistia etc., o que incomodava aqueles que propugnavam uma integração mais efetiva[22]. Seguindo as indicações mais amplas do PCB, o documento realçava a preocupação das articulações necessárias entre as lutas operárias, de corte mais classista, e as lutas mais gerais pela democracia, de perfil policlassista.

---

especial em evitar o triunfalismo e reincidir nos erros das experiências do passado", em "Considerações sobre a questão sindical e democrática", *Temas de Ciências Humanas* (São Paulo), n. 5, 1979, p. 129.

[20] Edgard Carone, *O PCB (1964-1982)*, cit., p. 371 em diante.

[21] Idem. Isso se deu na medida em que, "[...] ao se sobrepor às leis impeditivas e repressivas da ditadura, determinou uma importante mudança na situação política nacional, dando novo conteúdo às lutas e exigências do campo democrático. Ao reivindicar liberdades políticas, juntamente com seus direitos econômicos e sociais, lançou as bases para a abertura de um caminho que conduzia a transformações realmente profundas na vida política e social brasileira". O referido documento precisava os vínculos do movimento grevista com o longo movimento de resistência à ditadura. Indicava o ano de 1972 como aquele da retomada das lutas fabris, e articulava isto aos resultados eleitorais de 1974, aos "combativos pronunciamentos, coletivos e individuais, das lideranças sindicais a partir de 1976" e à luta pela reposição salarial. De alguma forma, os comunistas iriam tentar inscrever sua atuação nas origens e pilares do movimento.

[22] Ao despontar como líder sindical de expressão nacional após a greve de 1978, Lula, em suas entrevistas iniciais, esposava posições que marcavam a separação entre o movimento sindical e outros movimentos sociais. Além disso, em plena luta pela anistia, marcava sempre que a verdadeira anistia deveria ser dada à classe trabalhadora. Ficou famoso seu debate com Terezinha Zerbini acerca do tema. Ver Núcleo Ampliado de Professores do PT-SP (org.), *Lula – entrevistas e discursos* (Guarulhos, O Repórter, 1981).

Na tentativa de credenciar-se novamente como direção política do movimento dos trabalhadores, nesse momento de reflorescimento geral do sindicalismo, o PCB assinala que

> [...] para superar a exploração e a opressão capitalista, não basta que os trabalhadores se organizem sindicalmente. Os trabalhadores, como classe, necessitam lutar politicamente para a conquista das transformações políticas, econômicas e sociais que os libertem da exploração capitalista. Os comunistas procuram, por isso, demonstrar aos trabalhadores a justeza de sua concepção de luta operária e sindical. Por sermos o partido da classe operária empenhamo-nos a fundo na defesa dos interesses dos trabalhadores [...].[23]

Esse descompasso – menos evidente no plano *programático*, mas muito mais presente na ação *prática* –, acrescido da forte repressão que se abateu sobre os núcleos operários do PCB desde 1964, intensificada nos anos 1970, quando o foco passou a ser seu Comitê Central, fez com que o PCB não pudesse efetivar sua pretensão, que havia sido tantas vezes realizada anteriormente, em momentos nos quais os trabalhadores viram seu movimento reaparecer em cena após períodos repressivos. O PCB não seria mais identificado como "o partido da classe operária". Ao contrário, encontrava enormes dificuldades em aproximar-se dos novos núcleos da classe trabalhadora, especialmente no ABC, visto que a violência da repressão, combinada ao caráter "não operário" na centralidade de sua política, levou o PCB a um crescente afastamento junto aos novos contingentes da classe operária, exatamente aqueles que, alguns anos depois, voltar-se-iam para a criação do Partido dos Trabalhadores. Se, em outros períodos, o PCB desfrutou de inegável papel de liderança e direção junto aos trabalhadores, agora seria diferente.

As transformações vivenciadas pela sociedade brasileira foram intensas ao longo das mais de duas décadas de vigência da ditadura. E o PCB, pouco a pouco, teve de lidar com circunstâncias que o levaram a posições cada vez mais secundarizadas, não só em termos sindicais, mas também em termos políticos gerais. Neste sentido, o partido enfrentou uma realidade emergente que se plasmou, em 1980, em torno do PT.

Os metalúrgicos fizeram novas greves em 1979 e 1980, enfrentando forte resistência de patrões e do regime militar, o que levou à intervenção no sindicato. O avanço das lutas operárias no ABC, em sentido distinto daquele propugnado pelos comunistas, fez com que o PCB passasse a criticar algumas posições presentes na condução da greve. Seu posicionamento era que a luta operária contra o arrocho, pilar da política econômica da ditadura militar, teria de inserir-se (de certo modo, subordinar-se) na luta pela consolidação da democracia no Brasil. A subordinação da luta social à luta política – a primeira, de extração operária, e a segunda, de perfil policlassista – acarretou o distanciamento dos comunistas em relação aos novos contingentes da classe operária e fez ressurgir um traço do velho "etapismo", propugnado pelo PCB, de dar prevalência às ações mais institucionais em detrimento das ações de classe.

---

[23] Edgard Carone, *O PCB (1964-1982)*, cit., p. 371 em diante.

98 *O continente do labor*

Outro dado de relevo é que algumas propostas, defendidas por outros setores e não encampadas pelo PCB em certas conjunturas, foram caracterizadas como sendo de extração "político-partidária", como se as do partido também não o fossem. Pouco a pouco, os comunistas foram mudando o tom acerca das greves e de seus líderes. Se, em 1978, sua análise resultava em apoio e na percepção de possibilidades, em 1979 e 1980 já eram sentidas críticas a determinadas posturas e o receio de que as ações trouxessem resultados negativos tanto para os trabalhadores como para a sociedade em geral, em sua busca por democratização. O PCB começava a perceber que a liderança dos movimentos grevistas lhe escapava.

Na greve de 1980, o tom crítico acentuava-se, à medida que se gestava uma alternativa partidária, fora do universo do PCB. O fato é que a greve dos metalúrgicos de 1979 abriu as porteiras para outras formas de mobilização, seja em solidariedade à paralisação do ABC, seja em busca de reivindicações particulares. Como havia feito no ABC, o então ministro do Trabalho, Murilo Macedo, proferiu golpes contra as entidades sindicais mais "combativas", seguindo-se uma onda de intervenções. Nessa lista, estavam incluídos o Sindicato dos Bancários de Porto Alegre, dirigido por Olívio Dutra, e o Sindicato dos Petroleiros de Campinas e Paulínia, dirigido por Jacó Bittar[24]. Mesmo que linhas diferenciadas já estivessem se concretizando no movimento sindical há algum tempo, é nesse período que começam a se consolidar identificações, formando blocos de posições que definiriam o quadro do movimento dos trabalhadores brasileiros na entrada e ao longo da nova década e que diferenciariam o movimento sindical de esquerda nos períodos seguintes.

A atuação do PCB no ciclo grevista vivenciado pelo ABC paulista, especialmente nos embates de 1979 e 1980, em seu sentido mais profundo, visava evitar a eclosão das greves e, quando isso se mostrava impossível, tratava-se de buscar uma alternativa política que pusesse fim ao confronto, de modo a garantir que a ação moderada do PCB não sofresse nenhuma quebra ou retração.

No segundo número do jornal *Voz da Unidade*, de 10 a 16 de abril de 1980, em um dos momentos mais decisivos da greve metalúrgica de 1980, o editorial afirmava: "Evidentemente, uma saída política se impõe – e a solidariedade ativa e a pressão organizada dos diferentes setores da sociedade civil devem contribuir para obrigar os patrões a sentarem à mesa de negociações"[25].

Ou ainda, conforme nota apresentada no mesmo periódico do PCB, em seu quarto número, de 24 de abril de 1980:

> Nossa preocupação imediata consiste na formulação de uma alternativa capaz de aglutinar um amplo conjunto de forças e tendências sociais e políticas interessadas numa solução para o atual impasse que preserve as conquistas do movimento sindical e democrático e constitua uma base favorável ao desdobramento posterior das lutas da classe operária e da oposição.

---

[24] Conforme depoimento de Olívio Dutra, em 16 de junho de 1997.

[25] Citado por Hércules Corrêa, *A classe operária e seu partido* (Rio de Janeiro, Civilização Brasileira, 1980).

A política do PCB pedia, então, uma clara resolução que finalizasse o confronto, deixando de perceber que era exatamente no desfecho dessa confrontação de classes que seria desenhado o significado mais profundo da transição para além da ditadura militar.

Ao contrário, para o partido, a greve deveria ter como limite não obstar e não confrontar a "abertura", visto que na perspectiva dos comunistas não se tratava de um processo de autorreforma da ditadura, mas sim "conquista das forças democráticas". O que deveria pautar, então, a ação operária não era o desnudamento da "abertura", mas a necessidade de preservar os "espaços institucionais" obtidos pela ação policlassista.

Nesse diapasão, o movimento grevista deveria calibrar sua ação de modo a impedir retrocessos no curso das conquistas "democráticas" obtidas pela frente oposicionista. Imbuído dessa concepção política, o PCB entendia como sendo evidentemente restrito ou mesmo inexistente o espaço para a ação operária de base autônoma, que se contrapunha ao seu constante apelo à moderação. No limite, tratava-se de subordinar o movimento reivindicatório operário à lógica preestabelecida pela oposição, que centralizava a luta na ampliação dos "espaços democráticos".

É elucidativa a formulação elaborada pelo dirigente comunista Hércules Corrêa, ao referir-se aos riscos e ao real significado da "abertura política":

> Farsa? Negam com isso toda a luta de nosso povo. A abertura não é uma farsa. Ela é real, porém limitada. E limitada porque as forças de oposição não conseguiram o grau de unidade nem a mobilização e a ação de massas necessárias para derrotar o regime. Conseguiram abertura limitada. E é por não entender o caráter limitado da abertura que muitas forças políticas adotam a tática do confronto com o inimigo, em vez de procurar desgastá-lo em cada trabalho. Todos sabem que o confronto favorece sempre o mais forte.[26]

Tal polêmica era intensa no período, como se constata na formulação de Octávio Ianni ao referir-se ao mesmo embate metalúrgico, em perspectiva bastante distinta da anterior:

> Em março, abril e maio de [19]80, os operários se acham engatados em uma luta política de significado fundamental para a própria classe, os outros trabalhadores e o conjunto da sociedade civil. Mais uma vez, a classe operária mostra à burguesia que a ditadura militar está condenada. Na prática, em termos políticos e econômicos, a greve provoca um novo desmascaramento da ditadura e da sua farsa de "abertura" política.[27]

O que caracterizava a ação do PCB era a moderação política, temerosa dos confrontos e privilegiadora da ação visando o alargamento institucional, que convertia o movimento operário em apêndice da "frente democrática". Se, em um bloco, encontrávamos aqueles que compreendiam a greve como central para o avanço das lutas sociais e políticas no Brasil, condição para o desgaste e mesmo ruptura da

---

[26] Idem.

[27] Octávio Ianni, *O ABC da classe operária* (São Paulo, Hucitec, 1980).

100 O *continente do labor*

dominação autocrática e excludente, em outro bloco presenciávamos aqueles que, como os comunistas do PCB, minimizavam as ações de extração operária, uma vez que a priorização política deveria ter como finalidade a construção de um ordenamento institucional-democrático tecido de maneira policlassista. Enquanto na primeira concepção havia o incentivo à eclosão das greves operárias, na segunda era promovida a moderação e, em alguns casos, a defesa da retratação do movimento de origem fabril ao universo restrito da "abertura"[28].

Foi exatamente nesse contexto de crise que a ditadura militar, inicialmente por meio da "política de distensão" do governo Geisel e, depois, por meio da "abertura" de Figueiredo, iniciou um processo de autorreforma do poder: tratava-se de fazer deslanchar a transição para a institucionalização da nossa autocracia burguesa. Gestava--se, dentro da ditadura militar, um processo de restrita liberalização política, por meio da montagem de um arcabouço jurídico-político capaz de erigir e consolidar a República civil, institucionalizada e tutelada.

Para que tal intento fosse obtido, era necessário recompor o bloco no poder, reordenando as diferentes frações dominantes e excluindo qualquer exercício de atividade autônoma dos trabalhadores. Florestan Fernandes, referindo-se a esse processo de institucionalização da ditadura, definiu seu procedimento como sendo uma

> [...] liberalização outorgada, que se manifestou primeiro sob a forma de uma "política de distensão" e, em seguida, sob a forma de uma "política de abertura", [que] revelava, a um tempo, as dificuldades, a fraqueza e a força do regime ditatorial. Se ela não mudava nada, pois era fruto ocasional da democracia restrita artificial imposta, mostrava que as contradições da sociedade civil não podiam ser absorvidas no plano da sociedade política e que a ditadura pagava, por aí, um alto preço pela ambiguidade da situação história.[29]

E acrescentou:

> Em resumo, a burguesia deveria perder o despotismo do seu "braço militar", embora este se mantivesse atento, em posições-chave, para moldar a transição e converter a ditadura por outros meios em uma democracia tutelada. Claro que a "democracia tutelada", sendo a nova forma política assumida pela estrutura autocrática de dominação burguesa, preservava o seu conteúdo econômico, social, político e ideológico vigente desde [19]64, cujo ideário encontrava-se estampado na ideologia da Segurança Nacional.[30]

A denominada "abertura" significou, então, mais que uma vitória da política de esquerda, um passo decisivo no processo de autorreforma da estrutura política da ditadura militar, e que por isso não poderia permitir o irromper pujante do movimento

---

[28] Conforme Ricardo Antunes, *A rebeldia do trabalho*, cit.

[29] Florestan Fernandes, *A ditadura em questão* (São Paulo, T. A. Queiroz, 1982).

[30] Idem.

O Partido Comunista Brasileiro (PCB), os trabalhadores e o sindicalismo... 101

operário grevista. Era preciso estrangular a impulsão operária nascente, quebrando a espinha dorsal do movimento operário em seu nascedouro, o ABC paulista.

Essa clara divisão no interior da esquerda e do movimento operário, visível no ciclo grevista de 1978-1980, intensificou-se nos anos seguintes.

A DIVISÃO ATINGE EM CHEIO O "NOVO SINDICALISMO"

De forma geral, podemos caracterizar dois blocos ao longo do processo. De um lado, estavam os chamados sindicalistas "autênticos", que se reuniam em torno dos sindicalistas metalúrgicos do ABC e que agregavam sindicalistas de diversas categorias e partes do país, os quais, com os grupos integrantes das chamadas Oposições Sindicais[31], compunham o autodenominado bloco "combativo"[32]. Tendo sindicalistas como Lula (metalúrgicos de São Bernardo), Olívio Dutra (bancários de Porto Alegre) e Jacó Bittar (petroleiros de Campinas) como nomes de maior expressão, este bloco formou a base do chamado "novo sindicalismo" e foi um dos impulsionadores da criação do PT. De outro lado, estava a Unidade Sindical, que agrupava lideranças tradicionais no interior do movimento sindical (muitas delas vinculadas ao setor conservador do sindicalismo), e os militantes de setores da esquerda dita "tradicional", tais como o Partido Comunista Brasileiro (PCB), o Partido Comunista do Brasil (PCdoB) e o Movimento Revolucionário 8 de Outubro (MR8). Esses dois blocos foram a base de sustentação dos organismos intersindicais de cúpula criados no processo[33].

Fatores de ordem sindical e política desempenharam seu papel na recomposição das forças que disputavam a liderança do movimento que emergia. É preciso notar que, nos primórdios desses movimentos, setores que posteriormente formaram a Unidade Sindical caminhavam em certa aproximação com os chamados sindicalistas "autênticos". Um dos marcos de surgimento do sindicalismo "autêntico" foi o V Congresso da Confederação Nacional dos Trabalhadores na Indústria (CNTI), em 1978, quando um grupo de sindicalistas se opôs às orientações dos setores "pelegos" na direção da confederação. Desse grupo constavam nomes associados tanto ao que seria o "novo sindicalismo" como à esquerda tradicional. Arnaldo Gonçalves, por exemplo, importante sindicalista comunista da Baixada Santista, chegou a ser considerado um

---

[31] Agrupando militantes egressos ou não da experiência da luta armada e/ou militantes de esquerda ligados à Igreja progressista, esse setor defendia o combate à estrutura sindical a partir de um intenso trabalho de base via comissões de fábrica. Sua maior expressão estava na Oposição Sindical Metalúrgica de São Paulo (OSM-SP), que apresentava posições que combatiam fortemente a direção pelega do sindicato oficial.

[32] Vale dizer que foi só a partir das greves de 1978 e no período que se seguiu até a constituição da CUT que os sindicalistas "autênticos" e o movimento das Oposições Sindicais se consolidaram enquanto bloco.

[33] Ricardo Antunes, *O novo sindicalismo no Brasil* (Campinas, Pontes, 1995) e Leôncio Martins Rodrigues, "As tendências políticas na formação das centrais sindicais", em Armando Boito Jr. (org.), *O sindicalismo brasileiro nos anos 80* (Rio de Janeiro, Paz e Terra, 1991).

102 O *continente do labor*

sindicalista "autêntico", identificando-se com algumas das posições daquele grupo em sua origem.

Essa aproximação se dava à medida que aqueles setores, apesar das divergências, buscavam se movimentar no interior da estrutura sindical, já que eram todos membros de direções sindicais e, portanto, oriundos e atuavam dentro dessa estrutura. Ao longo do processo, as divergências acerca das relações do movimento sindical com tal estrutura e quanto à participação das Oposições Sindicais e dos setores populares no interior do movimento, entre outras, fizeram com que esses militantes que se identificavam com a Unidade Sindical, especialmente aqueles vinculados ao PCB e ao PCdoB, fossem se afastando dos "autênticos". Por seu lado, a aproximação cada vez maior dos sindicalistas "autênticos" com os setores de oposição sindical, em um arranjo que também não se deu sem tensões, garantiu a distinção definitiva dos blocos[34], que acabou por desaguar, no início dos anos 1980, na constituição de centrais sindicais em separado.

A grande e fundamental disputa entre os dois setores ocorreu na I Conferência Nacional da Classe Trabalhadora (I Conclat), realizada em Praia Grande (SP), em 1981, unindo trabalhadores urbanos e rurais. Ali, os dois blocos apresentaram e debateram intensamente suas propostas para a retomada do movimento sindical no país. Na citada Conclat foi eleita uma comissão coordenadora da Central Única dos Trabalhadores (a Comissão Pró-CUT) que agregava membros de ambos os setores e tinha como tarefa não só encaminhar a luta geral da classe trabalhadora brasileira, mas também preparar a organização da II Conclat, na qual, conforme definição congressual prévia, deveria ser fundada a CUT, até então pensada por todos os setores como uma central unitária.

Porém, a Unidade Sindical, sob alegações de que 1982 seria um ano eleitoral e que um congresso naquele período poderia dividir os trabalhadores, empenhou-se no adiamento do mesmo. Após muitas idas e vindas de reuniões, polêmicas e votações, esse setor logrou seu intento e o encontro foi transferido para o ano seguinte. Em verdade, o que estava em jogo era a hegemonia dentro do movimento sindical brasileiro que ressurgia com vigor e pujança e que colocava, de um lado, setores que estavam vinculados ao PCB e setores tradicionais do sindicalismo e, de outro, os agrupamentos vinculados ao PT e ao "novo sindicalismo".

Em 1983, o clima de tensão e divisão entre os grupos já parecia sem retorno. Marcada para aquele ano, a Conclat enfrentou novos problemas para ser realizada. Para além de outras divergências, a grande questão estabeleceu-se a partir do fato de que os "combativos", que já desde 1982 se articulavam com setores do movimento social e popular na Articulação Nacional dos Movimentos Populares e Sindical (Anampos),

---

[34] Os sindicalistas "autênticos" criticavam certas posturas "paralelistas" e a proposta de ultrapassar o sindicato oficial, presentes em setores das Oposições Sindicais. Em contrapartida, em algumas situações, foram criticados e chamados de neopelegos pelas Oposições. Ver mais detalhes sobre este processo em idem; Vito Giannotti e Sebastião Lopes Neto, *CUT – ontem e hoje* (Petrópolis, Vozes, 1991); Ricardo Antunes, *O novo sindicalismo no Brasil*, cit.; Clarice Menezes e Ingrid Sarti, *Conclat 1981: a melhor expressão do movimento sindical brasileiro* (Campinas, Cartgraf, 1981, coleção Ildes 3); e Lorenzo Zanetti, *O novo sindicalismo brasileiro* (Rio de Janeiro, Fase, 1994).

insistiam na ampliação dos espaços de participação das Oposições Sindicais; por sua vez, a Unidade Sindical, ancorada na estrutura sindical vigente, não aceitava tal ampliação, insistindo em manter um caráter mais *cupulista*, do qual só dirigentes sindicais deveriam participar. O que estava em disputa era a presença maior ou menor das Oposições Sindicais e os consequentes ampliação do poderio dos "combativos" e enfraquecimento do outro setor, ligado à Unidade Sindical. Diante do quadro, mais uma vez, essa tendência procurou adiar o encontro[35].

Dispostos a sustentar o que havia sido definido anteriormente, os setores ligados à Anampos resolveram manter as datas de 26 a 28 de agosto de 1983 para a realização do encontro. Sem a participação dos setores vinculados à Unidade Sindical, o evento foi realizado em São Bernardo do Campo (SP), ocasião em que se deu a fundação de uma das mais importantes aspirações da classe trabalhadora brasileira: a Central Única dos Trabalhadores (CUT)[36].

Diante da efetivação da ruptura, convocada pela Anampos, a Unidade Sindical decidiu organizar outro congresso para os dias 04 a 06 de novembro daquele ano. Seguindo a proposta do PCB, o encontro, realizado em Praia Grande, optou por não criar uma central sindical, mas uma coordenação que, entretanto, ratificou a divisão orgânica do movimento sindical brasileiro. Criou-se, então, a Coordenação Nacional da Classe Trabalhadora (Conclat).

Essa divisão consolidou a separação anterior. Assim, as tensões existentes entre as análises e avaliações sindicais dos comunistas do PCB (e também do PCdoB) e aquelas ligadas ao sindicalismo "combativo" e ao PT acabaram atingindo rapidamente seu ponto de maior intensidade. Se desde o lançamento da ideia de criação do PT o entrechoque de posições já se dava, com a fundação do partido, em 1980, o processo sofreu um significativo acirramento.

Os debates entre as concepções do PCB e as do PT marcaram um fato importante em termos da tradição de esquerda em nosso país. Se no período pós-1945 o PCB pôde, de certa forma, manter uma relativa hegemonia nas áreas sindicais e na representação política dos trabalhadores, tendo de lidar ou com grupos bastante minoritários ou mesmo com o PTB – nenhum deles acarretando problemas maiores em termos da disputa –, nos anos 1980, de forma organizada, na base, o quadro se modificou sobremaneira. Os grupos representados no interior do sindicalismo "autêntico" e no PT seriam adversários de envergadura e disposição que o PCB jamais havia enfrentado. Foram esses mesmos grupos, articulados em torno do PT, que acabaram por superar o PCB no espaço sindical e político, o que acabou por levar o Partido Comunista Brasileiro à sua crise (quase) terminal no início da década de 1990.

---

[35] Ver Marco Aurélio Santana, "Trabalhadores e militância sindical: a relação partido/sindicato/classe no Sindicato dos Metalúrgicos do Rio de Janeiro (1947/1964)", em José Ricardo Ramalho e Marco Aurélio Santana (orgs.), *Trabalho e tradição sindical no Rio de Janeiro: a trajetória dos metalúrgicos* (Rio de Janeiro, DP&A, 2001).

[36] Para mais informações sobre o encontro, ver Leôncio Martins Rodrigues, *CUT: os militantes e a ideologia* (Rio de Janeiro, Paz e Terra, 1990) e Ricardo Antunes, *O novo sindicalismo no Brasil*, cit.

104 *O continente do labor*

Os comunistas, como vimos, defendiam uma linha política geral que os afastava do sindicalismo "combativo". Tendo a clara percepção de que o PT ampliava sua presença no interior do sindicalismo brasileiro, aumentava ainda mais a busca de aliados junto a setores mais moderados e conservadores. Foi o que ocorreu, por exemplo, no Sindicato dos Metalúrgicos de São Paulo, sob controle de Joaquim dos Santos Andrade, considerado um "pelego" histórico, ao qual o PCB procurou aliar-se para, ao mesmo tempo, tentar isolar a Oposição Metalúrgica e contrabalançar a força crescente do Sindicato dos Metalúrgicos de São Bernardo do Campo, sob liderança de Lula. O PCB nutria a ilusória visão de que seria mais fácil, nesse caso, hegemonizar os conservadores ou ao menos a massa de sindicatos "não alinhados" para, desse modo, reduzir a influência do PT junto ao movimento sindical brasileiro.

A história mostrou o equívoco dessa política. O PCB, que ao longo do período estudado havia frequentemente se contraposto às práticas dos setores "pelegos" no interior do movimento sindical, optou pelo estreitamento de uma nova forma de relação, vendo seu papel do passado ser desempenhado pelo PT e pela CUT.

A década de 1980 assistiu ao intenso fortalecimento da CUT[37]. Com o "novo sindicalismo" avançando rapidamente, os comunistas, ainda que continuassem com certo apelo à unidade, indicavam claramente que os caminhos dos setores envolvidos no movimento sindical seriam diferentes. Assim é que eles se integraram à criação da Central Geral dos Trabalhadores (CGT) em março de 1986, que, a partir de 1988, passou a chamar-se Confederação Geral dos Trabalhadores (CGT)[38].

Embora buscassem a hegemonia na intersindical, os comunistas não tiveram vida fácil dentro dela. O PCB, pouco a pouco, passou a perder espaço também no interior da CGT para um novo bloco que se gestou em torno do chamado "sindicalismo de resultados". Diante dos avanços daquele setor, que passava a conferir um ideário claramente conservador e de direita à CGT, o PCdoB decidiu desligar-se da central. O PCB ainda prosseguiu em sua equivocada e subserviente tese, visando converter a CGT em uma central de caráter progressista. Como indicou Luiz Carlos Azedo[39], esse tipo de aliança teve como resultado o fato de que os "comunistas acabaram excluídos da direção de muitos sindicatos, juntamente com as lideranças sindicais a que se haviam aliado"[40].

---

[37] Ver idem e Iram Jácome Rodrigues, *Trabalhadores, sindicalismo e democracia: a trajetória da CUT* (tese de doutorado, São Paulo, USP, 1993).

[38] A partir de 1989, a CGT se subdividiu e o país passou a ter duas CGTs: uma, Confederação, outra, Central.

[39] Luiz Carlos Azedo, "Modernização integrada e o mundo do trabalho", *Revista Novos Rumos* (São Paulo), 1990.

[40] Mais grave ainda, sua política dava mesmo sinais de efeitos perversos: Luís Antônio Medeiros, militante do PCB, que deveria atuar no Sindicato dos Metalúrgicos de São Paulo, em aliança com Joaquinzão, e derrotá-lo, acabou não só por vencer o "pelego", como também romper com o PCB. Medeiros afastou--se do partido e tornou-se o arauto maior do "sindicalismo de resultados", que reduziu ainda mais os espaços do PCB dentro da CGT. Ver Ricardo Antunes, *O novo sindicalismo no Brasil*, cit.

Comunistas, sindicatos e a transição

Vimos que a postura assumida no campo sindical pelo PCB era decorrência de sua linha política mais geral, que também se refletia na inserção do partido no cenário político nacional. Com o processo de autorreforma do regime militar, o PCB não se integrou de imediato à proposta de eleições diretas para presidente, quando essa ideia já era defendida por outros setores, como o PT. Na ótica do partido, dependendo da forma como fosse encaminhado, esse processo poderia desaguar no já famoso *retrocesso*. Com o deslanchar da campanha, que passou a integrar setores mais amplos, o PCB decidiu-se pela participação, mas ainda de forma temerosa. A integração do partido à campanha "Diretas Já" se deu, na órbita sindical, sob a perspectiva de que se deveria qualificar "as entidades sindicais como interlocutores políticos". Isso seria "um imperativo para o movimento gremial brasileiro", na medida em que os "trabalhadores brasileiros só terão melhores condições para a luta econômica e reivindicatória com democracia"[41].

Foi a partir dessa visão que o partido deu seu apoio ao governo de José Sarney, eleito por via indireta no Colégio Eleitoral. Foi típico do período o apoio do PCB ao chamado Plano Cruzado, que se manteve mesmo quando o plano econômico e o próprio governo já mostravam desgastes. Isso lhe rendeu tensões externas e internas. É possível perceber que algumas posições existentes dentro do partido davam conta dos problemas enfrentados pelo PCB e buscavam caminhos alternativos.

Por meio de um intenso debate na imprensa do partido, foram indicados problemas, como: a confusão entre a proposta de sustentação da transição e a de sustentação do governo; a tendência avassaladora de busca dos espaços institucionais em detrimento de outras possibilidades de fazer política; e a visão dos limites da justificativa do "retrocesso" político e os desgastes que isto impunha ao PCB junto ao movimento social, quando os comunistas analisavam as mobilizações sob a ótica da desestabilização. Um dado importante foi a percepção de que, para o partido assumir sua condição de "protagonista" da causa socialista, ele precisava mudar e fazer frente às outras posições que acabavam por se tornar hegemônicas no seio dos movimentos sociais, já que recusavam a política "defensivista"[42].

Porém, se conseguiram sinalizar outras possibilidades de ação para os comunistas do PCB, tais posições não convenceram a maioria interna necessária para mudar a orientação da organização, que seguiu com uma análise oficial um tanto ufanista acerca de sua atuação na conjuntura. Segundo o partido, era preciso levar em conta as possibilidades "progressistas" do governo, uma vez que não ocorreram intervenções em sindicatos e foi limitada a repressão às greves entre capital e trabalho.

Seguindo essa perspectiva, os comunistas trabalharam para o avanço da "transição", dando apoio também ao chamado Pacto Social. Na velha tradição conciliadora que

---

[41] Jornal *Voz da Unidade*, 11/08/1984.

[42] Para mais informações sobre o debate, ver Marco Aurélio Santana, *Homens partidos*, cit.

106 *O continente do labor*

dominava as concepções dominantes do PCB, ele se orgulhava de ter sido o primeiro integrante da frente democrática a propor o pacto[43].

Difícil seria aos comunistas, já enfraquecidos no campo sindical, convencer o movimento dos trabalhadores, em um dos seus períodos mais ativos, de que era possível um "pacto" como caminho para a obtenção da melhoria das suas condições de vida. As greves, que varreram a década de 1980, demonstravam que, pelo menos em seu polo mais dinâmico, a classe trabalhadora perseguia caminho bem diferente[44].

Fica evidente a perspectiva, já tradicional na prática do partido, da possibilidade de trabalhar estrategicamente o reforço de certos setores do governo e, a partir daí, reduzir os espaços dos conservadores, avançando nas mudanças[45]. Uma vez mais, o partido se colocava na posição de peça de balanceamento, indicando e controlando os "desvios" de radicais e dos mais conservadores. O fato, porém, é que, como em outros períodos da história brasileira, o PCB parecia "dócil" para os setores mais "combativos" e, como sempre, "perigoso" para os setores mais conservadores. Os comunistas, coerentes com sua estratégia para a transição, buscavam "balizas mínimas do espaço de conflito". Era preciso fazer acordos para o reordenamento político-social.

No campo sindical, o caminho que levaria os comunistas a uma aproximação com os setores "combativos" foi cheio de obstáculos. O PCB tentou suturar a divisão existente no sindicalismo. Assim, apesar das discordâncias e divergências, o partido procurou articular novamente a unidade do movimento sindical brasileiro. Nesse sentido, trabalhou pela unificação, sem perder de vista as limitações que percebia nos dois blocos existentes.

Desse modo, o partido já sinalizava as dificuldades enfrentadas em sua relação com os setores mais conservadores do movimento sindical, com os quais optara por se aliar. Se havia conseguido aprovar sua linha unitária no Congresso de Praia Grande, o PCB foi perdendo espaço para as propostas de criação de outra central que "fizesse frente à CUT". Os conflitos entre o PCB e os conservadores também se acentuaram, o que dificultou a convivência entre ambos.

O fato, contudo, é que o partido tentava ainda buscar uma aproximação entre "pelegos" e "combativos", sem perceber que as distinções iam já muito longe. Estavam marcadas por um caráter de classe que o PCB havia abandonado em sua ação política, cada vez mais inserido nos marcos da velha conciliação brasileira. Suas propostas de "mudanças", "liberdade" e "democratização" da estrutura sindical nunca seriam suficientes para satisfazer os conservadores (a quem isso poderia ser uma ameaça de perda de controle), muito menos os "combativos", já que estes objetivavam transformar,

---

[43] Ver jornal *Voz da Unidade*, 19/12/1986 a 8/1/1987.

[44] Para uma análise detalhada das greves, ver Eduardo Noronha, "A explosão das greves na década de 80", em Armando Boito Jr. (org.), *O sindicalismo brasileiro nos anos 80*, cit.; Mônica Kornis e Marco Aurélio Santana, "Greve", em *Dicionário histórico-biográfico brasileiro* (2. ed., Rio de Janeiro, Fundação Getúlio Vargas, 2001, v. 3); e Ricardo Antunes, *O novo sindicalismo no Brasil*, cit.

[45] Em uma lógica de ação que vinha praticamente intacta, com pequenos interregnos de paralisação no uso, já desde o período aberto com o processo de redemocratização de 1945.

"quebrar", "desmontar" e "implodir" a estrutura sindical. Assim, o PCB, quando tentava agregar polos de difícil aproximação, descontentava os dois blocos presentes no sindicalismo brasileiro.

Ainda que se manifestasse no debate interno do partido, a posição de apoio à CUT não logrou sucesso e acabou sendo derrotada pela opinião esposada pela Direção Nacional do PCB. Sua proposta de trabalho, em termos da luta pela "unidade" do movimento sindical – e que na prática forçava o partido a estabelecer uma suposta posição crítica equidistante entre as forças –, foi consagrada e referendada na Conferência Nacional Sindical, realizada nos dias 8 e 9 de março de 1986[46].

Ao definir-se dessa forma, o PCB foi, ao mesmo tempo, em termos políticos gerais, separando-se dos setores "combativos", com seu apoio à Aliança Democrática; e, no campo sindical, distanciando-se do sindicalismo combativo[47]. A importância da prioridade da luta geral em detrimento da luta sindical, isto é, da ação policlassista em detrimento da prática classista, foi explicitada quando os comunistas assinalam que não poderiam existir, *a priori*, quaisquer restrições à aliança e ao trabalho comum com a CUT e o PT, cabendo, pelo contrário, esforços para a ampliação das áreas de entendimento. Mas, segundo os comunistas, em razão desses setores negarem e se contraporem aos avanços concretos da transição democrática, não teria sentido estabelecerem-se alianças preferenciais com eles.

Na verdade, dada a flexão em sua linha política que permitia a relação de seus militantes com sindicatos "cutistas" e o trabalho em busca da unidade, o partido sempre possibilitou a identificação de setores de sua base com esse tipo de sindicalismo. Obviamente, isso servia de válvula de escape para aqueles mais próximos à CUT. Mais uma vez, como em sua tradição, o PCB mantinha a ambiguidade em sua ação e postura. Tal identificação entre militantes do PCB e a CUT, que já vinha ocorrendo há tempos em alguns sindicatos, trouxe a tensão externa para dentro do partido, sendo por isso alvo de duro ataque por parte dos mentores da linha sindical oficial do PCB.

Se, por fora da CGT, o PCB viu seu poderio no movimento sindical ser corroído pela CUT, no interior da intersindical, o partido viu ampliarem-se seus problemas com os setores mais conservadores da CGT, diminuindo seu espaço de movimentação e limitando a possibilidade de "transformação" da CGT em uma intersindical de cunho

---

[46] A edição do jornal *Voz da Unidade* de 13 a 19 daquele mês publicou as resoluções do encontro. Entre as reivindicações que deveriam ser feitas, o partido indicaria, entre outras citadas no texto: aprovação de uma nova lei de greve no curto prazo; eliminação de todas as restrições ao direito a greve; eliminação total dos vínculos de dependência dos sindicatos em relação ao Estado, com a manutenção da unicidade sindical; legislação assegurando o direito de organização de comissões sindicais nas empresas urbanas e rurais e estabilidade no emprego; plano de redução da semana de trabalho, de modo a assegurar-se, no curto prazo, o estabelecimento definitivo da semana de 40 horas, sem redução salarial.

[47] No campo estritamente sindical, os comunistas defenderam nas resoluções aquela que já vinha sendo sua postura (ao menos nos documentos), isto é, indicar os limites das duas intersindicais. O partido colocou-se contrário ao pluralismo "embutido na Convenção 87 da Organização Internacional do Trabalho", mas, do mesmo modo, combatendo "todos os comportamentos que entravam a ampla e necessária reforma da estrutura sindical, sem a qual muitas entidades permanecerão pouco representativas, de cúpula e assistencialistas".

108   *O continente do labor*

menos "imobilista" e "cupulista". Com essa postura, o resultado não poderia ter sido diferente: o partido rapidamente perdeu terreno para os setores identificados com o que depois seria conhecido como "sindicalismo de resultados"[48].

Apesar de reiterar a "correção" de sua linha política, o PCB foi esvaziando cada vez mais sua presença no movimento sindical e sinalizando uma fraqueza cada vez mais evidente. Ainda assim, o partido insistiu na tese da "unidade entre as intersindicais", se não de forma orgânica, pelo menos no plano da ação.

Nesse sentido, o ano de 1989 foi praticamente definitivo para o partido. Diante do quadro aferido dentro da CGT, era difícil conter a postura crítica de diversos setores, dentro do PCB, acerca das posições assumidas pela Central. Assim, aos comunistas no meio sindical, até aquele momento, cabia a árdua tarefa de tentar coabitar a mesma casa com os setores mais conservadores do movimento em nome da linha geral, ainda que em relativa contradição com ela, como já vimos. Se o partido, no campo político mais amplo, por vezes ensaiava uma política de alianças com os setores progressistas e de esquerda, no meio sindical tal postura era considerada fora de propósito e prejudicial aos trabalhadores e ao partido.

Embora a posição defendida pela Direção Nacional tivesse conseguido se manter na orientação dos comunistas e controlar os ímpetos "cutistas" no interior do PCB, após o debate de 1986 a crise já era por demais forte para que se conseguisse tapar o sol com palavras. O próprio Hércules Corrêa, que por tanto tempo pôde ser considerado o responsável pelo movimento sindical, terminou por perder o bastão e, após sucessivas derrotas internas devido ao grau de descontentamento com suas políticas sindicais e à frente do partido no Rio de Janeiro, acabou por se afastar da organização e integrar-se de vez ao PMDB[49].

Pouco a pouco, então, o debate começou a se definir pela CUT. Em novembro de 1990, o *Voz da Unidade* anunciou em sua matéria sindical: "Comunistas vão para a CUT". A definição de integrar-se aos quadros da CUT foi discutida e acertada no Encontro Nacional Sindical do PCB, realizado nos dias 20 e 21 de outubro de 1990, em Praia Grande, por cerca de 250 representantes de dezesseis estados. Esse encontro "decidiu promover um processo de integração dos dirigentes e ativistas sindicais comunistas à Central Única dos Trabalhadores".

Na verdade, a decisão de ir para a CUT não foi consensual. Muitos delegados resistiram à proposta, mas a maioria se definiu pela nova orientação. A posição contrária argumentava que o encontro não havia sido convocado para aquela decisão – deveria somente "discutir uma saída para a crise e eleger a coordenação nacional, sem decidir sobre a atuação nas centrais sindicais" – e que o evento, não sendo uma conferência nem um ativo do partido, não poderia ser deliberativo. Se com esse tipo de argumento os setores não favoráveis à CUT buscavam truncar o processo, o setor majoritário,

---

[48]   Idem.

[49]   Uma articulação interna foi minando a atuação de Corrêa nos centros de poder do partido, até enfraquecê--lo mesmo dentro do Comitê Central. Para tanto, foram decisivas as sucessivas falências das políticas do PCB no campo político e sindical do estado do Rio de Janeiro, onde Hercules Corrêa tinha sua base.

cansado dos obstáculos, decidiu alterar a pauta e incluir a questão das centrais. As teses apresentadas pela Direção Nacional acerca de uma saída para a crise não chegaram a ser votadas.

A partir daquele encontro, o PCB passou a trabalhar no interior da CUT agrupado, ironicamente, à tendência Unidade Sindical. Esse movimento valeu para a atuação dentro e fora da CUT, na medida em que visava agrupar também os "aliados independentes" do PCB.

Após longo e tortuoso trajeto, os comunistas se integraram à central sindical que estiveram perto de fundar e que até então se constituía no mais consolidado e duradouro projeto sindical na história do Brasil. Conforme colocado por um dos articulistas no debate citado anteriormente, os comunistas, "atropelados pela história", "voltavam" à CUT, só que desprovidos do potencial de que dispunham antes, tanto no meio sindical como no âmbito político geral. Não tinham mais força para disputar a hegemonia com o PT.

No meio sindical, esse seria o último ato importante na história do PCB, que, por anos a fio, se constituiu enquanto referência política de esquerda no meio político e sindical. Um partido que, com a ditadura militar, pela repressão, viu-se privado dos acessos para a manutenção dessa hegemonia na esquerda e que não soube entender e se relacionar com os novos elementos em termos de transformação social e econômica, trazidos no bojo da ditadura. Ainda que lentamente, o PCB foi dilapidando seu patrimônio político e entregou seu espaço de representação a outro partido, o PT.

Considerações finais

Os argumentos historicamente utilizados pelo PCB em sua crítica ao PT (e também os do PT contra o PCB) servem para observarmos um dos eixos pelos quais se deu a luta pela hegemonia no interior da esquerda brasileira na viragem das décadas de 1970 e 1980.

Com o ressurgimento do movimento sindical naquela conjuntura, os grupos de esquerda no Brasil tiveram a possibilidade de apresentar seus projetos de intervenção política e sindical. Na diferença entre eles ocorreu a disputa, e o PT acabou assumindo o posto que durante muito tempo coube aos comunistas no movimento sindical e no cenário político em geral.

O PCB, em sua proposta, sempre se pautou pela insistência na defesa da luta pela unidade das forças democráticas nas diversas frentes de combate ao regime. Mas, em política, a unidade não se define abstratamente. Ela tem de ser definida em termos das perspectivas imediatas, conjugadas e cotejadas com as ações e perspectivas estratégicas. Se o PCB buscou sempre caminhar no sentido da unidade e unificação das propostas contra a ditadura, nem por isso garantiu sua eficácia e menos ainda o seu sucesso. De maneira crescente, o partido foi perdendo influência tanto no campo político como no sindical. Sua proposta, que subordinava a ação do movimento operário à lógica de sua política geral, policlassista, baseada em movimentos moderados e cuidadosos, fez

110   O *continente do labor*

com que, distanciando-se da ação concreta da *classe em movimento*, permitisse que o espaço se abrisse para o nascimento e a expansão do PT.

As posições assumidas nesse período de transição foram fundamentais para a sobrevivência do partido no período subsequente. Seu dilema pode ser resumido deste modo: não mais dispunha de grande presença no movimento sindical e operário e, por conta disso, viu-se sem maiores possibilidades de intervir de forma intensa nos rumos da política nacional, como fizera outrora. Além disso, já havia outro partido, com forte lastro operário em sua origem e que ampliava a cada momento sua participação no cenário político nacional. Quando desmoronou a União Soviética, o PCB, desprovido de base social operária e sindical, viu ruir seu projeto também no cenário internacional. Foi nessa contextualidade profundamente crítica que o PCB chegou dividido ao seu X Congresso, no qual a maioria do Comitê Central decidiu pela sua extinção, com o fim de sua legenda e a conversão em uma nova sigla[50].

Que o PT, mais de uma década depois do definhamento do PCB, tenha repetido essa *tragédia*, agora como *farsa*, já é outra história.

---

[50] Congresso que deu origem ao Partido Popular Socialista (PPS). [Entretanto, no mesmo fim de semana de janeiro de 1992, em São Paulo, os dirigentes e militantes contrários à mudança organizaram-se em congresso, mantiveram a sigla PCB e reconquistaram oficialmente a legenda em 1995. (N. E.)]

VII

1968 NO BRASIL[1]

O CONTEXTO DA CRISE

Em 1968, presenciou-se a era das múltiplas explosões e revoltas: operárias, estudantis, feministas, dos negros, dos movimentos ambientalistas, dos homossexuais, entre tantas outras formas de levante e descontentamento social e político, naqueles tempos que selavam o "fim dos anos dourados".

Se tantos movimentos de protesto social e mobilização política agitaram o mundo todo, como o maio libertário dos estudantes e trabalhadores franceses, a Primavera de Praga contra o "socialismo real" sob domínio da URSS, o massacre de estudantes no México, as manifestações nos Estados Unidos contra a guerra no Vietnã, as distintas ações revolucionárias armadas em diversos países, os movimentos de contracultura, entre outros, o Brasil também marcou sua presença naquele emblemático ano.

É preciso desde logo dizer que, além da influência dos fatores internacionais e da identidade com movimentos contestadores de outros países, o 1968 brasileiro teve suas especificidades. Por exemplo, nosso movimento estudantil, deflagrado a partir de março, seguiu uma dinâmica de luta específica e um calendário político próprio, anterior ao famoso maio de 1968 na França.

Do mesmo modo, as greves metalúrgicas de Osasco (região industrial na grande São Paulo, SP), desencadeadas em julho, e as de Contagem (região industrial na grande Belo Horizonte, MG), deflagradas em abril e outubro do mesmo ano, encontram suas origens e raízes muito marcadas pela particularidade brasileira, em plena luta contra a ditadura militar.

Isso não significa dizer que os brasileiros não estivessem sintonizados com as manifestações que ocorreram mundo afora naquele ano. Havia uma série de aspectos comuns, intensificados pelo "clima político" existente no cenário mundial, no ano de 1968. Podemos destacar, então, algumas condições *estruturais* que eram compartilhadas pelas diversas sociedades, em particular as "centrais", mas que se mostravam presentes nos chamados países do Terceiro Mundo, como Brasil, México, Argentina etc. Em diferentes

---

[1] Escrito em parceria com Marcelo Ridenti.

112 O *continente do labor*

medidas, havia similaridade em condições como a industrialização avançada, a crescente urbanização e consolidação de modos de vida e cultura das metrópoles, a massificação dada pela indústria cultural, o aumento do proletariado e das classes médias assalariadas, a importância dos jovens na composição etária da população, o acesso crescente ao ensino superior, além da incapacidade do poder constituído de representar sociedades que se renovavam. Se estes condicionantes mais estruturais não explicam por si sós as ondas de rebeldia e revolução, ofereceram o solo onde floresceram as ações políticas e culturais diferenciadas que caracterizam o 1968 no Brasil. E, para compreendê-lo, é preciso lembrar de dois movimentos, relativamente distintos em suas origens, mas bastante articulados em sua processualidade: o movimento estudantil e as greves operárias.

1968 E O MOVIMENTO ESTUDANTIL

O ano de 1968 teve início no Brasil com a eclosão de várias manifestações de estudantes. Eles reivindicavam ensino público e gratuito para todos, uma reforma que democratizasse o ensino superior e melhorasse sua qualidade, com maior participação estudantil nas decisões, e mais verbas para pesquisa – voltada para resolver os problemas econômicos e sociais do país. Também contestavam a ditadura implantada com o golpe de 1964 e o cerceamento às liberdades democráticas. A maioria dos universitários estudava em escolas públicas e o acesso ao ensino superior era restrito, havendo uma procura muito maior que a oferta de vagas.

Desde 1966, a polícia da ditadura militar vinha reprimindo as esporádicas manifestações estudantis nas ruas. Contudo, as rebeliões só viriam a desabrochar em 1968. Eram conhecidos como "excedentes" os estudantes que obtinham média nos vestibulares, mas não entravam na universidade porque o número de vagas disponíveis era menor do que o de aprovados. No início do ano, eles se mobilizaram por mais vagas, ao passo que os frequentadores do Calabouço – restaurante estudantil no Rio de Janeiro, cuja clientela era composta especialmente por estudantes secundaristas pobres – pleiteavam sua ampliação e a melhoria do ensino público. Essas reivindicações específicas associavam-se à luta mais geral contra a política educacional e contra a própria ditadura militar então vigente no Brasil.

Em 28 de março de 1968, a polícia invadiu o restaurante Calabouço, gerando o primeiro grande conflito de rua daquele ano. Vários estudantes ficaram feridos e foi morto o secundarista Edson Luís de Lima Souto, cujo corpo foi levado para a Assembleia Legislativa do Rio de Janeiro. Passeatas de protesto espalharam-se pelo resto do país, onde, em Goiânia (GO), a repressão policial matou mais um estudante.

Nos meses de abril e maio, houve novas manifestações públicas, mas os estudantes em geral buscaram refazer as forças, recolhendo-se no interior das faculdades. Ao mesmo tempo, esboçavam-se movimentos de contestação no movimento operário e em parcelas do sindicalismo brasileiro.

O então governador de São Paulo, Abreu Sodré, chegou a ser convidado pelo Movimento Intersindical Antiarrocho (MIA), que reunia comunistas, setores moderados e mesmo "pelegos"[2], para o comício de 1º de maio na Praça da Sé, esperando obter algum respaldo popular para seu projeto de tornar-se candidato a presidente da República.

Sodré e os dirigentes sindicais presentes, mais moderados, tiveram de refugiar-se na Catedral da Sé, pois foram expulsos do palanque por grupos operários de Osasco e da região do ABC paulista, acompanhados por estudantes e militantes da esquerda de perfil mais crítico e à esquerda do Partido Comunista Brasileiro (PCB). Após queimar o palanque, os revoltosos saíram em passeata, gritando "Só a luta armada derruba a ditadura". De fato, vários dos presentes já pertenciam ou viriam a integrar organizações que posteriormente enfrentaram a ditadura de armas na mão, realizando algumas ações armadas em 1968, que foram precursoras da escalada guerrilheira urbana que se expandiu nos anos seguintes no Brasil.

O movimento estudantil ganhou novamente as ruas em junho de 1968, mês no qual atingiu seu ápice em todo o país. Generalizaram-se passeatas, greves, ocupações de faculdades etc. As divergências na cúpula do regime, indeciso entre a chamada "abertura" e o endurecimento ainda maior do cenário político nacional, foram exploradas pelo movimento. O Rio de Janeiro foi o cenário principal, onde os estudantes lograram adesão popular para suas manifestações: mais de cem pessoas foram presas após sete horas de enfrentamento nas ruas, em 19 de junho, cenas que se repetiram dois dias depois, ainda mais agravadas, deixando quatro mortos, dezenas de feridos e centenas de presos durante a "sexta-feira sangrenta".

A primeira de uma série de ocupações de escolas ocorreu em 22 de junho, na tradicional Faculdade de Direito de São Paulo, vinculada à Universidade de São Paulo (USP), seguida pela Faculdade de Filosofia da mesma universidade. Protestos, manifestações, ocupações e passeatas ocorreriam também em Belo Horizonte, Curitiba, Brasília, Salvador, Recife, Fortaleza, Porto Alegre, João Pessoa, Florianópolis, Natal, Belém, Vitória, São Luís e outros centros universitários.

A célebre Passeata dos Cem Mil teve lugar em 26 de junho: estudantes, intelectuais, artistas, religiosos e populares foram às ruas do Rio de Janeiro para protestar contra a ditadura e a repressão policial às manifestações. O governo não reprimiu a passeata devido à pressão da opinião pública. Uma comissão ampla foi indicada para iniciar um diálogo com o governo, sem sucesso. Um impasse estava colocado ao movimento estudantil: as autoridades não faziam concessões e intensificavam a repressão. Enquanto isso, vários atentados terroristas eram praticados por uma organização paramilitar de extrema-direita, o Comando de Caça aos Comunistas (CCC), composto por estudantes e policiais financiados por grandes grupos capitalistas e com claro apoio da ditadura.

A repressão intensificou-se, atingindo também as lideranças do movimento estudantil. Vladimir Palmeira, o principal líder do Rio de Janeiro, foi preso em 3 de agosto de 1968. A Universidade de Brasília foi violentamente invadida pela polícia no dia 29 do mesmo mês. Em São Paulo, em 3 de outubro, foi assassinado um estudante na Faculdade de Filosofia, após ataque de estudantes e paramilitares

---

[2] Denominação que caracteriza a liderança sindical conservadora que atua dentro da estrutura sindical e está sempre subordinada e atrelada ao Estado.

de direita abrigados na Universidade Mackenzie, foco de organização dos setores estudantis conservadores. Seguiram-se passeatas e choques com a polícia nos dias subsequentes, mas, ao mesmo tempo, começava a diminuir o número de passeatas e de participantes.

Em 15 de outubro, foi desmantelado o congresso da União Nacional dos Estudantes (UNE), em Ibiúna, no interior paulista. Todos os presentes foram presos, cerca de setecentos universitários, selando a derrota do movimento estudantil brasileiro de 1968. Vários de seus integrantes passariam, então, a concentrar suas atividades na militância política clandestina, em organizações de esquerda, vinculados inclusive à luta armada que se desencadeou nos anos seguintes.

Na época, a contestação radical à ordem estabelecida difundia-se socialmente também no cinema, no teatro, na música popular, na literatura e nas artes plásticas. Nos anos 1960, manifestações culturais diferenciadas cantavam em verso e prosa a esperada "revolução brasileira", que deveria basear-se na ação das massas populares, em cujas lutas a intelectualidade de esquerda pretendia engajar-se e mesmo liderar.

De modo resumido, dois grandes campos dividiam os artistas contestadores em 1968: o dos vanguardistas e o dos nacionalistas. Estes estavam mais próximos ao PCB e procuravam desenvolver uma luta nacional-popular que abrisse caminho para uma posterior ação socialista. Os vanguardistas – liderados pelo movimento tropicalista de Caetano Veloso e Gilberto Gil – criticavam o nacional-popular, buscando sintonizar-se com as vanguardas norte-americanas e europeias, particularmente com a contracultura, incorporando-as à cultura brasileira. Apesar das divergências e das rivalidades entre eles, os artistas engajados nos dois campos sofreram perseguições, censura às suas obras e até mesmo prisão e exílio.

1968 E O MOVIMENTO OPERÁRIO

Houve também outra figura social nesse ciclo das rebeliões mundiais, em 1968: o *operário-massa*, parcela hegemônica do proletariado da era do taylorismo/fordismo, dominante do capitalismo desde os anos 1920, tanto no cenário europeu quanto em outras partes do mundo. No Brasil, desde 1930 foram introduzidas as práticas tayloristas e fordistas que impulsionaram o ciclo de industrialização nascente. E, com ele, deslancharam também a proletarização e a massificação dos trabalhadores brasileiros.

Nos países centrais, de industrialização avançada, com a perda da identidade cultural oriunda da era artesanal e manufatureira, o operário industrial se ressocializou de modo particular, quer pela parcelização da produção industrial e de serviços, quer pela perda da destreza anterior ou ainda pela desqualificação repetitiva de suas atividades, além das formas de sociabilização ocorridas fora do espaço da fábrica. Essa nova forma de sociabilidade operária, segundo Alain Bihr[3], gerou as bases para a emergência de uma nova identidade e de uma nova forma de consciência de classe.

---

[3] Alain Bihr, *Da grande noite à alternativa*, cit.

Se o operário-massa foi a base social para a expansão do "compromisso" social--democrático anterior, foi também um claro elemento de ruptura e confrontação com a ordem dominante, questionando os pilares constitutivos da sociabilidade do capital, particularmente no que concerne ao *controle social da produção,* por meio de ações que não pouparam nenhuma das formações capitalistas desenvolvidas[4].

O boicote e a resistência ao trabalho despótico assumiram, entretanto, modos diferenciados e particularizados, marcados pelos distintos países e diferentes realidades. Desde as formas individualizadas do absenteísmo, da fuga do trabalho, do *turnover*, até o exercício de formas coletivas de ação visando a conquista do poder sobre o processo de trabalho, por meio de greves parciais, operações de zelo (marcadas pelo "cuidado" especial com o maquinário, que diminuía o tempo/ritmo de produção), contestações da divisão estrutural hierárquica do trabalho e do despotismo fabril emanado pelos quadros da gerência, formação de conselhos, propostas de controle autogestionárias, combate ao sindicalismo tradicional, chegando inclusive a lutar pelo controle social da produção e emergência do poder operário[5].

Essas lutas sociais a partir do espaço produtivo agregaram um componente explosivo à crise estrutural do sistema capitalista, ajudando a obstar a permanência do ciclo expansionista do capital, vigente desde o pós-Segunda Guerra. Além do esgotamento econômico do ciclo de acumulação, as lutas de classes ocorridas em 1968 solaparam o domínio do capital pela base e afloraram as possibilidades de uma hegemonia (ou uma contra-hegemonia) oriunda do mundo do trabalho.

Estamparam, desse modo, seu descontentamento em relação à alternativa *social--democrata*, predominante nos sindicatos e partidos que reivindicavam a representação das forças sociais do trabalho e que seguiam uma via predominantemente negocial, institucional e contratualista, dentro dos marcos do "compromisso social-democrático".

Se esse traço esteve presente, entre tantos outros países, nas lutas operárias na França, em 1968, e, no ano seguinte, no "Outono Quente", na Itália, ou ainda no *Cordobazo*, rebelião operária na cidade de Córdoba, na Argentina, no Brasil as greves operárias deflagradas em 1968 tiveram um claro sentido de confronto tanto à ditadura militar, que cerceava a liberdade e autonomia sindicais, quanto à sua política econômica, fundada na superexploração do trabalho.

Tais greves foram, nesse sentido, uma primeira resposta dos trabalhadores ao golpe militar de 1964, quando se desencadeou uma profunda repressão à esquerda, especialmente ao PCB e ao sindicalismo sob sua hegemonia. Essa repressão ao movimento operário e sindical era condição necessária para que o golpe militar pudesse criar novos condicionantes para a expansão capitalista e sua maior internacionalização no Brasil.

Fortemente repressiva contra o movimento sindical, operário e popular, a ditadura militar brasileira decretou a ilegalidade de todos os partidos políticos, criando somente dois oficiais. Interveio em diversos sindicatos, proibiu a deflagração de greves, decretou a ilegalidade da Central Geral dos Trabalhadores (CGT), da União Nacional

---

4 Idem.

5 Idem.

116   O *continente do labor*

dos Estudantes (UNE), do PCB e demais partidos de esquerda, dando início a um período difícil para o movimento operário no Brasil.

Depois de alguns anos de resistência, foi no início de 1968 que a luta operária voltou com mais força e ofensividade. Em abril, setores sindicais à esquerda do PCB lideraram uma greve em Contagem, cidade industrial próxima a Belo Horizonte (MG), que teve resultado positivo, uma vez que a ditadura militar, ao ser surpreendida pelo ressurgimento do movimento operário, silenciado e reprimido desde o golpe, acabou fazendo concessões frente às reivindicações trabalhistas. Foi, então, a primeira vitória de uma greve operária depois de 1964. Organizados em Contagem e em Osasco, articularam-se novos núcleos de esquerda, principalmente vinculados ao movimento operário católico de esquerda e a militantes e simpatizantes de organizações políticas mais radicalizadas e críticas, à esquerda do PCB.

Os setores mais moderados do sindicalismo também se organizaram, por meio do MIA. Mas foi em julho de 1968, em Osasco, que os operários fizeram uma greve legendária. Na época, Osasco era considerada um polo central dos movimentos mais à esquerda, dada a atração exercida pela oposição sindical que se tornou vitoriosa nas eleições de 1967 para a direção do Sindicato dos Metalúrgicos.

Com José Ibrahim eleito para a direção sindical, a greve foi desencadeada. O resultado, entretanto, foi diferente de Contagem. Preparado para o confronto, a ditadura militar reprimiu duramente a paralisação, uma vez que estava decidida a não fazer mais nenhuma concessão. Os dirigentes sindicais mais combativos exilaram--se do país ou passaram a atuar na clandestinidade, aderindo mais tarde às distintas organizações de esquerda que participaram da luta armada contra a ditadura.

Fazendo um balanço autocrítico posterior do movimento, diz José Ibrahim, o principal líder da greve: partia-se da análise de que

> [...] o Governo estava em crise, ele não tinha saída, o problema era aguçar o conflito, transformar a crise política em crise militar. Daí vinha nossa concepção insurrecional de greve. O objetivo era levar a massa, através de uma radicalização crescente, a um conflito com as forças de repressão. Foi essa concepção que nos guiou quando, em julho de 1968, decidimos desencadear a greve.[6]

Antecipando-se à greve geral que se indicava para outubro de 1968, época do dissídio coletivo dos metalúrgicos, a direção sindical de Osasco visualizou a possibilidade de estendê-la para outras regiões do país. Iniciada em 16 de julho, com a ocupação operária da Cobrasma, a greve atingiu as empresas Barreto Keller, Braseixos, Granada, Lonaflex e Brown Boveri. No dia seguinte, o Ministério do Trabalho declarou a ilegalidade da greve e determinou a intervenção no sindicato, e as forças militares passaram a controlar todas as saídas da cidade de Osasco, além do cerco e a invasão às fábricas paralisadas.

---

6   José Ibrahim, "Movimento operário: novas e velhas lutas (debate)", *Revista Escrita/Ensaio* (São Paulo), 1980.

A partir de então, desestruturou-se toda e qualquer possibilidade de manutenção e ampliação do movimento. No seu quarto dia, os operários retornaram ao trabalho e encerraram a greve. Estava derrotada a mais importante greve até então deflagrada contra a ditadura militar.

Em Contagem, outra greve foi desencadeada em outubro de 1968, animada pela vitória da experiência local anterior, em abril, reivindicando melhores condições de trabalho e recusando o arrocho salarial. Mas o contexto da ditadura militar era de claro recrudescimento. A paralisação durou somente poucos dias e a repressão aos grevistas foi violenta, tendo o sindicato sofrido intervenção, com a consequente destituição da sua direção. Ocorria, então, outra brutal derrota para o movimento operário, que levou anos para se recuperar. A ação operário-estudantil foi duramente reprimida pela ditadura militar, encerrando o 1968 brasileiro.

Porém, a luta pela criação de comissões de fábricas, contra o despotismo fabril, contra a superexploração do trabalho, contra a estrutura sindical atrelada ao Estado e em clara confrontação à ditadura militar deixou sólidas raízes, que ressurgiram, de outra forma, dez anos depois.

O DESFECHO DA CRISE

Em 13 de dezembro de 1968, a ditadura militar acentuou sua face ainda mais repressiva: decretou o Ato Institucional 5 (AI-5), conhecido como "o golpe dentro do golpe". Oficializou-se o terrorismo de Estado, que prevaleceu até meados dos anos 1970. O Congresso Nacional e as Assembleias Legislativas estaduais foram colocados temporariamente em recesso, e o governo passou a ter plenos poderes para suspender direitos políticos dos cidadãos, legislar por decreto, julgar crimes políticos em tribunais militares, cassar mandatos eletivos, demitir ou aposentar juízes e outros funcionários públicos etc. Simultaneamente, generalizaram-se as prisões de oposicionistas e o uso da tortura e do assassinato em nome da manutenção da "segurança nacional", considerada indispensável para o "desenvolvimento" da economia, o que se denominaria mais tarde de "milagre brasileiro".

Inúmeros estudantes, operários, intelectuais, políticos e outros oposicionistas dos mais diversos matizes foram presos, cassados, torturados, mortos ou forçados ao exílio após a edição do AI-5. Rígida censura foi imposta aos meios de comunicação e às manifestações artísticas. O regime militar dava fim à luta política e cultural do período, reprimindo duramente qualquer forma de oposição. "Anos de chumbo" sucediam o "ano rebelde" de 1968.

Como se viu, o 1968 brasileiro integrou a onda de revoltas mundiais, mas não deve ser compreendido fora do contexto específico nacional, de luta contra a ditadura e afirmação de interesses de estudantes, operários, classes médias intelectualizadas e outros setores de oposição.

Já se afirmou, com propriedade, que os acontecimentos históricos de 1968 não devem ser mistificados, mas sua importância não pode ser minimizada. Ainda são

118   O *continente do labor*

discutidas a extensão e a profundidade das marcas deixadas na história pelas contestações daquele ano emblemático, sem que se chegue a conclusões unívocas. Os movimentos de 1968 prometeram construir um novo mundo, mas os grilhões do passado mostraram-se muito mais pesados do que os militantes de 1968 supunham – a ponto de vários ativistas da época passarem para o campo conservador vitorioso, chegando a ocupar cargos importantes em governos que adotaram medidas neoliberais, em diversas partes do mundo e também no Brasil.

Como conclusão, diríamos que os dois principais exemplos que caracterizam o ano de 1968 no Brasil têm muitas similitudes: ambos estavam à esquerda dos movimentos mais tradicionais e propugnavam (justamente) uma alternativa ao PCB e à sua política de moderação, dominante no pré-1964, tanto no movimento operário quanto no movimento estudantil. Mas as lutas estudantis e operárias de 1968 no Brasil não conseguiram tornar viável uma alternativa de massas, exaurindo-se em seu vanguardismo.

O movimento estudantil, derrotado, engrossou as fileiras da luta armada contra a ditadura militar por meio de várias de suas lideranças e militantes. O movimento operário, depois das derrotas de Contagem e Osasco, refluiu fortemente e teve também vários de seus quadros mais à esquerda incorporados à luta armada. Ambos desnudaram o sentido profundamente ditatorial e terrorista do Estado brasileiro e foram, por isso, violentamente reprimidos. Ainda que suas lógicas tivessem causalidades distintas e particulares, ambos tiveram o predomínio das forças de extrema esquerda, que recusavam a política de *moderação, frente ampla e colaboração de classes* defendida especialmente pelo PCB.

Não foi, então, por acaso que em Osasco e em Contagem pudemos presenciar uma *ação operária com significativa presença estudantil*, especialmente por meio dos estudantes/militantes de organizações de esquerda que ingressavam nas fileiras da vanguarda operária para melhor influenciar as ações dos trabalhadores.

Talvez este seja um traço marcante do ano de 1968 no Brasil, muito diferente tanto do movimento que eclodiu dez anos depois, com as greves metalúrgicas do ABC paulista – lideradas por Luiz Inácio Lula da Silva –, quanto do movimento estudantil, que voltou a tomar as ruas de várias cidades brasileiras na segunda metade dos anos 1970, novamente lutando contra a ditadura militar. Mas esta já é outra história.

VIII

DIMENSÕES DO DESEMPREGO NO BRASIL[1]

Foram profundas as transformações ocorridas no capitalismo recente no Brasil, particularmente nos anos 1990, a década da nossa "desertificação neoliberal", quando, com o advento do receituário e da pragmática desenhados pelo Consenso de Washington, desencadeou-se uma onda enorme de desregulamentações nas mais distintas esferas do mundo do trabalho.

Houve também, como consequência da reestruturação produtiva e do redesenho da (nova) divisão internacional do trabalho e do capital, um conjunto de transformações no plano da organização sociotécnica da produção, presenciando-se ainda um processo de reterritorialização e mesmo desterritorialização da produção, entre outras consequências[2].

Essa realidade, caracterizada por significativo processo de reestruturação produtiva do capital, fez que a configuração recente do nosso capitalismo fosse bastante alterada, de modo que ainda não temos um formato conclusivo do que vem se passando, comportando tanto elementos de "continuidade" como de "descontinuidade" em relação ao seu passado recente.

Vamos indicar, então, alguns traços particulares e singulares do capitalismo recente no Brasil, para apresentar, em seguida, alguns dos elementos analíticos que auxiliam na compreensão do comprometimento da nossa formação social, geradora de níveis intensos de desemprego e precarização, com suas consequências mais visíveis dadas pelo enorme contingente, vivenciando condições de pobreza e mesmo miserabilidade em contraste com a brutal concentração de renda presente no Brasil.

O desenvolvimento do capitalismo brasileiro vivenciou ao longo do século XX um verdadeiro processo de "acumulação industrial", especialmente a partir de 1930, com o governo de Getúlio Vargas. O país pôde, então, efetivar seu primeiro salto verdadeiramente industrializante, uma vez que as formas anteriores de indústria eram

---

[1] Escrito em parceria com Marcio Pochmann.

[2] Ricardo Antunes (org.), *Riqueza e miséria do trabalho no Brasil* (São Paulo, Boitempo, 2006).

120   O *continente do labor*

prisioneiras de um processo de acumulação que se realizava dentro dos marcos da agroexportação do café, ao qual a indústria tinha o papel de apêndice.

De corte fortemente estatal e de feição nacionalista, a industrialização brasileira finalmente deslanchou a partir de 1930 e, posteriormente, com Juscelino Kubitschek, em meados da década de 1950, quando o padrão de acumulação industrial pôde dar seu segundo salto. O terceiro salto foi experimentado a partir do golpe de 1964, quando se acelerou fortemente a industrialização e a internacionalização do Brasil.

O país estruturava-se, então, com base em um desenho produtivo "bifronte": de um lado, voltado para a produção de bens de consumo duráveis, como automóveis, eletrodomésticos etc., visando um mercado interno restrito e seletivo; de outro, prisioneiro que era de uma dependência estrutural ontogenética, o Brasil continuava a desenvolver sua produção "voltada para a exportação", tanto de produtos primários como de produtos industrializados.

No que concerne à dinâmica interna do padrão de acumulação industrial, o país se estruturava pela vigência de um processo de "superexploração da força de trabalho", dado pela articulação entre baixos salários, jornada de trabalho prolongada e fortíssima intensidade em seus ritmos, dentro de um patamar industrial significativo para um país que, "apesar de sua inserção subordinada", chegou a alinhar-se, em dado momento, às oito grandes potências industriais.

Esse padrão de acumulação, desde os anos 1950 e especialmente durante a ditadura militar (1964-1985), vivenciou amplos movimentos de expansão, com altas taxas de acumulação, dos quais a fase do "milagre econômico", entre 1968 e 1973, foi expressão. O país vivia, então, sob os binômios ditadura e acumulação, arrocho e expansão.

Foi somente em meados da década de 1980, ao final da ditadura militar, que esse padrão de acumulação, centrado no tripé setor produtivo estatal, capital nacional e capital internacional, começou a sofrer as primeiras alterações. Embora, em seus traços "mais genéricos", muito ainda se mantenha vigente em alguma medida, foi possível presenciar o início das mutações "organizacionais e tecnológicas" no interior do processo produtivo e de serviços em nosso país, mesmo que em um ritmo muito mais lento do que aquele experimentado pelos países centrais, que viviam intensamente a reestruturação produtiva do capital e seu corolário ideopolítico neoliberal.

Se o Brasil ainda se encontrava relativamente distante desse processo de reestruturação e do projeto neoliberal, já em curso acentuado nos países capitalistas centrais, iniciavam-se os "primeiros influxos" da nova divisão internacional do trabalho. A nossa "singularidade" começava a ser afetada pelos emergentes traços "universais" do sistema global do capital, redesenhando uma "particularidade" brasileira que pouco a pouco foi se diferenciando da anterior, inicialmente em alguns aspectos e, depois, em muitos de seus traços essenciais.

Foi ainda durante a década de 1980 que ocorreram os primeiros impulsos do nosso processo de reestruturação produtiva, levando as empresas a adotarem, inicialmente de modo restrito, novos padrões organizacionais e tecnológicos e novas formas de organização social do trabalho. Observou-se a utilização da informatização produtiva, principiaram-se os usos do sistema *just-in-time*, germinou a produção baseada em *team work*, alicerçada nos programas de qualidade total, ampliando também o processo de difusão da microeletrônica.

Deu-se também o início, ainda que de modo preliminar, da implantação dos métodos denominados "participativos", mecanismos que procuram o "envolvimento" (em verdade, adesão e sujeição) dos trabalhadores e das trabalhadoras nos planos das empresas. Estruturava-se, ainda que de modo incipiente, o processo de reengenharia industrial e organizacional, cujos principais determinantes foram decorrência:

1. das imposições das empresas transnacionais, que levaram à adoção, por parte de suas subsidiárias no Brasil, de novos padrões organizacionais e tecnológicos, inspirados, em maior ou menor medida, no toyotismo e nas formas flexíveis de acumulação;

2. no âmbito dos capitais e de seus novos mecanismos de concorrência, impunha-se a necessidade das empresas brasileiras prepararem-se para a nova fase, marcada por forte "competitividade internacional";

3. da necessidade de as empresas nacionais responderem ao avanço do "novo sindicalismo" e das formas de confronto e de rebeldia dos trabalhadores que procuravam se estruturar mais fortemente nos locais de trabalho, a partir das históricas greves do ABC paulista, no pós-1978, e também em São Paulo, onde era significativa a experiência de organização de base nas empresas. De modo sintético, pode-se dizer que a necessidade de elevação da produtividade ocorreu por meio da reorganização da produção, da redução do número de trabalhadores, da intensificação da jornada de trabalho dos empregados, do surgimento dos Círculos de Controle de Qualidade (CCQs) e dos sistemas de produção *just-in-time* e *kanban*, dentre os principais elementos.

O fordismo brasileiro começava a se abrir para os primeiros influxos do toyotismo e da acumulação flexível. Durante a segunda metade da década de 1980, com a recuperação parcial da economia brasileira, ampliaram-se as inovações tecnológicas, por meio da introdução da automação industrial de base microeletrônica nos setores metal-mecânico, automobilístico, petroquímico, siderúrgico e bancário, entre outros, configurando um grau relativamente elevado de diferenciação e heterogeneidade tecnológica e produtiva no interior das empresas, heterogeneidade esta que foi uma marca particular da reestruturação produtiva no Brasil recente.

Foi nos anos 1990, entretanto, que a reestruturação produtiva do capital desenvolveu-se intensamente em nosso país, por meio da implantação de vários receituários oriundos da "acumulação flexível" e do "ideário japonês", com a intensificação da *lean production*, dos sistemas *just-in-time* e *kanban*, do processo de qualidade total e das formas de subcontratação e de terceirização da força de trabalho.

Do mesmo modo, verificou-se um processo de descentralização produtiva, caracterizada pelas transferências de plantas industriais, onde empresas tradicionais, como a indústria têxtil, sob a alegação da concorrência internacional, deslanchavam um movimento de mudanças geográfico-espaciais, buscando níveis mais rebaixados de remuneração da força de trabalho, acentuando os traços de superexploração do trabalho, além de incentivos fiscais ofertados pelo Estado.

122 O *continente do labor*

Isso nos permite indicar que, no estágio atual do capitalismo brasileiro, combinam-se processos de enorme enxugamento da força de trabalho, acrescidos das mutações sociotécnicas no processo produtivo e na organização do controle social do trabalho. A flexibilização e a desregulamentação dos direitos sociais, bem como a terceirização e as novas formas de gestão da força de trabalho implantadas no espaço produtivo, estão em curso acentuado e presentes em grande intensidade, indicando que o fordismo "parece ainda vigente em vários ramos produtivos e de serviços"[3].

Se é verdade que a baixa remuneração da força de trabalho – que se caracteriza como elemento de atração para o fluxo de capital forâneo produtivo no Brasil – pode se constituir, em alguma medida, como elemento de obstáculo para o avanço tecnológico nesses ramos produtivos, devemos acrescentar também que a combinação obtida pela vigência de padrões produtivos tecnologicamente mais avançados e com uma melhor "qualificação" da força de trabalho oferece como resultante um aumento da superexploração da força de trabalho, traço constitutivo e marcante do capitalismo implantado no Brasil, com a ampliação dos níveis de desemprego.

Ademais, pode-se também considerar a dimensão qualitativa do desemprego, capaz de caracterizar melhor a desvalorização dos trabalhadores sob a globalização neoliberal. Nesse caso, constata-se que, para o conjunto das famílias de baixa renda, por exemplo, a taxa de desemprego no Brasil subiu de 9,4% para 13,8% entre 1992 e 2002, enquanto para os segmentos com maior remuneração, o desemprego subiu mais rapidamente, passando de 2,6% para 3,9%. Nesse sentido, o total de desempregados pertencentes às famílias de baixa renda subiu de 2,7 milhões, em 1992, para 4,8 milhões, em 2003, enquanto na classe média alta (que, em geral, apresenta maior escolaridade) o desemprego, que afetava 232 mil pessoas em 1992, abrangeu o contingente de 435 mil, em 2002. Em função disso, a parcela da força de trabalho pertencente às famílias de baixa renda aumentou a sua participação relativa no total dos desempregados. Em 2002, por exemplo, 62% dos desempregados pertenciam justamente às famílias de baixa renda, com o restante dividido entre famílias de classe média (32,4% do total dos desempregados) e de classe média alta (5,6% desse total).

Assim, em um mercado de trabalho que se estreita e tem comportamento pouco dinâmico, os empregos mais nobres foram sendo preservados para os segmentos de renda mais alta, embora em dimensão insuficiente para permitir a contínua mobilidade socioprofissional. O resultado disso tem sido o aprofundamento da crise de reprodução social no interior do mercado de trabalho. De forma emblemática, percebe-se o maior peso dos trabalhadores ativos no interior da pobreza brasileira.

É o que podemos constatar com base na análise da evolução da pobreza no Brasil. Nas duas últimas décadas, nota-se o aparecimento de uma nova forma de reprodução da pobreza, cada vez mais concentrada no segmento da população que se encontra ativa no interior do mercado de trabalho (desempregados e ocupação precária).

No passado, por exemplo, a situação de pobreza estava mais relacionada ao segmento inativo da população (crianças, idosos, doentes e portadores de necessidades

---

[3] Idem, p. 19.

especiais, entre outros). Assim, ter acesso à ocupação no mercado de trabalho era condição quase que suficiente para superar o limite da pobreza absoluta.

Com as alterações no comportamento da economia nacional, que passou pela abertura comercial, financeira e produtiva desde 1990, como fruto da adesão passiva e subordinada do Brasil à globalização neoliberal, a pobreza sofreu uma importante inflexão, especialmente à parcela da população inativa. Quando se toma como referência a situação da pobreza segundo a condição de atividade da população, percebe-se que ela regrediu justamente nos segmentos inativos, com queda de 22,7% para os inativos com mais de 10 anos de idade e de 20,3% para inativos de até 10 anos de idade.

Esses dois segmentos de inativos foram, em especial, beneficiados diretos das inovações de políticas sociais derivadas da Constituição Federal de 1988. Já para o conjunto da população ativa no interior do mercado de trabalho, que depende exclusivamente do trabalho como determinante da situação de vida e renda, o contexto foi outro. Entre 1989 e 2005, o desemprego passou de 1,9 milhão de trabalhadores (3% da população economicamente ativa – PEA) para 8,9 milhões (9,3% da PEA), bem como houve piora nas condições e relações de trabalho. Por conta disso, alterou-se a composição da pobreza segundo condição de atividade. No Brasil como um todo, os inativos perderam participação relativa no total da população pobre (de 56,7% para 48%), enquanto os ativos aumentaram significativamente (de 43,3% para 52%), sobretudo entre os desempregados.

Se o critério de análise for o comportamento da pobreza somente entre os ocupados de todo o país, podem ser observadas mudanças interessantes para o mesmo período. Em todas as posições na ocupação, a condição de empregado foi a única que registrou aumento da taxa de pobreza. Entre 1989 e 2005, a taxa de pobreza entre os empregados cresceu 53,9%. Para o mesmo período, a taxa de pobreza entre os empregadores caiu 44,6%, entre os que trabalham "por conta própria" caiu 26,7% e entre os sem remuneração caiu 20,7%. Não sem motivo, a composição do total de pobres ocupados no Brasil sofreu uma importante alteração entre 1989 e 2005. Somente os ocupados não remunerados aumentaram a sua posição relativa (54,8%), enquanto os empregadores registraram o maior decrescimento na sua participação relativa (22,2%), seguida dos empregados (14,6%) e dos que trabalham por conta própria (3%).

Considerações finais

O presente ensaio buscou tornar evidente a principal força responsável pelo avanço mais recente da desconstrução do trabalho no mundo capitalista. Apesar de o patrimônio dos trabalhadores ter acumulado ganhos importantes nas chamadas "três décadas gloriosas" do capitalismo do segundo pós-guerra, verificam-se mais recentemente sinais de regressão no grau de segurança no trabalho.

A globalização neoliberal rompeu com o curso do emprego e da proteção social ampliada, instalada em várias nações do mundo. Mesmo na periferia do capitalismo, que jamais registrou um patamar de conquista dos trabalhadores equivalente ao

124 O *continente do labor*

das economias avançadas, houve melhoras importantes em relação ao começo do século XX. Atualmente, contudo, a situação se inverteu, com a piora nas condições e relações de trabalho, inclusive no centro do capitalismo. Na periferia, a destruição dos direitos do trabalho tornou-se uma ação quase que contínua, especialmente nos governos dóceis à globalização neoliberal.

Isso parece ficar muito evidente quando se busca brevemente descrever os principais aspectos relacionados à alteração da pobreza no Brasil. Ao contrário do ciclo de industrialização que era movido por acelerada expansão da produção e, por consequência, do emprego e da renda domiciliar per capita, o atual ciclo econômico nacional asfixia o potencial de crescimento do país. Desde a década de 1990, a queda na proporção de pobres no total da população somente se tornou possível com o avanço do gasto social, estimulado fundamentalmente pela Constituição Federal de 1988. Frente ao desempenho desfavorável do mercado de trabalho, o segmento ativo da população assalariada tornou-se bem mais vulnerável ao rebaixamento das condições de vida e trabalho. Dessa forma, os inativos deixaram de responder pela maior participação no total dos pobres do país; os mais pobres passaram a se concentrar na população ativa, em especial os desempregados e ocupados precariamente no mercado de trabalho. Isso coloca desafios profundos para o combate à pobreza e mesmo à miséria neste início do século XXI no Brasil.

IX
AS FORMAS DIFERENCIADAS DA REESTRUTURAÇÃO PRODUTIVA E O MUNDO DO TRABALHO NO BRASIL

Este texto apresenta, de modo sintético, alguns dos principais resultados da pesquisa *Para onde vai o mundo do trabalho? As formas diferenciadas da reestruturação produtiva no Brasil,* realizada com o apoio do Conselho Nacional de Desenvolvimento Científico e Tecnológico (CNPq). Nela, fazemos um desenho detalhado da realidade recente do mundo do trabalho no Brasil, por meio da investigação empírica em diversos setores ou ramos econômicos, procurando apreender alguns elementos centrais do processo de reestruturação produtiva em curso e a maneira pela qual esse processo multiforme vem afetando e metamorfoseando o mundo do trabalho[1].

Seguimos um percurso metodológico e de técnicas de pesquisa tendo como fonte prioritária a realização de entrevistas semiestruturadas. Elas foram transcritas e analisadas, processo para o qual se articulou, do modo mais abrangente possível, o inventário bibliográfico inicialmente feito, o que nos obrigou, em cada ramo ou setor, a consolidar um verdadeiro estado da arte da literatura existente. Esse percurso permitiu, ao final, uma apreensão mais rica tanto empírica quanto analiticamente.

As observações colhidas em campo permitiram à pesquisa oferecer uma apreciação detalhada das particularidades presentes em cada atividade de trabalho analisada, de modo a apresentar ao leitor as condições objetivas e subjetivas em que se encontram

---

[1] A pesquisa contemplou os seguintes ramos produtivos: 1) automobilístico; 2) telecomunicações e telemarketing; 3) bancário; 4) têxtil e confecções; 5) calçados; 6) trabalhadores do canto erudito; e 7) trabalhadores informais. A equipe coautora da pesquisa teve a seguinte estruturação: coordenação geral por Ricardo Antunes (IFCH/Unicamp) e equipe diretamente envolvida (membros do IFCH/Unicamp): Geraldo Augusto Pinto, Jair Batista da Silva, Isabella Jinkings, José dos Santos Souza, Juliana Coli, Maria Aparecida Alves, Paula Marcelino, Elaine Amorin, Lucieneida Praun, Sávio Cavalcante e Filipe Raslan; participação dos professores Claudia Mazzei Nogueira (Universidade Federal de Santa Catarina), Edilson Graciolli (Universidade Federal de Uberlândia), Eurenice Lima (Universidade Federal do Acre), Fabiane Previtalli (Universidade Federal de Uberlândia), Giovanni Alves (Universidade Estadual Paulista/Marília), Maria Augusta Tavares (Universidade Federal de Alagoas), Nise Jinkings (Universidade Federal de Santa Catarina), Simone Wolff (Universidade Estadual de Londrina) e Vera Navarro (Universidade de São Paulo/Ribeirão Preto). O resultado final e integral encontra-se publicado em Ricardo Antunes (org.), *Riqueza e miséria do trabalho no Brasil,* cit.

126   O *continente do labor*

os trabalhadores nos setores pesquisados, suas atitudes cotidianas e as formas e modos de sua resistência e ação diante da reestruturação produtiva.

As dimensões de gênero, geração, origem étnica e geográfica, escolaridade, remuneração, qualificação etc., entre outros aspectos, foram também amplamente analisadas, e o eixo principal da pesquisa buscou captar a percepção dos próprios trabalhadores acerca do processo social em que estão inseridos, gestado no interior das contradições que moldam os mundos do trabalho e do capital.

Nos limites deste texto, vamos esboçar uma síntese das principais conclusões da pesquisa realizada, enumerando algumas hipóteses, teses e ideias que indicam tendências manifestas nas formas diferenciadas da reestruturação produtiva do capital no Brasil, bem como o modo como esse redesenho produtivo vem afetando o mundo do trabalho.

As transformações ocorridas no capitalismo recente, no Brasil, particularmente na década de 1990, foram de grande intensidade, impulsionadas pela nova divisão internacional do trabalho e pelas formulações definidas pelo Consenso de Washington, e desencadearam uma onda enorme de desregulamentações nas mais distintas esferas do mundo do trabalho.

A PARTICULARIDADE DO CAPITALISMO RECENTE E O ADVENTO DA REESTRUTURAÇÃO PRODUTIVA NO BRASIL

Foi a partir da década de 1990 que se intensificou o processo de reestruturação produtiva do capital no Brasil, processo que tem se efetivado mediante formas diferenciadas, configurando uma realidade que comporta tanto elementos de *continuidade* como de *descontinuidade* em relação às fases anteriores.

Nossa pesquisa demonstrou que há uma mescla nítida entre elementos do fordismo, que ainda encontram vigência acentuada, e elementos oriundos das novas formas de acumulação flexível e/ou influxos toyotistas no Brasil, que também são por demais evidentes.

Mas quando se olha o conjunto da estrutura produtiva, pode-se constatar que o fordismo periférico e subordinado que foi estruturado no Brasil cada vez mais se mescla fortemente com novos processos produtivos, em grande expansão, consequência da *liofilização organizacional* e dos mecanismos oriundos da acumulação flexível e das práticas toyotistas que foram assimiladas com vigor pelo setor produtivo brasileiro.

Ainda na década de 1990, no contexto da desregulamentação do comércio mundial, a indústria automobilística brasileira foi submetida a mudanças no regime de proteção alfandegária, com a redução das tarifas de importação de veículos. Desde então, as montadoras intensificaram o processo de reestruturação produtiva por meio das inovações tecnológicas, introduzindo, inicialmente, robôs e sistemas CAD/CAM – o que acarretou transformações no *layout* das empresas –, ou por meio da introdução de mudanças organizacionais, o que envolveu uma relativa desverticalização, uma forte subcontratação e terceirização da força de trabalho, uma relativa redução de níveis hierárquicos, a implantação de novas fábricas de tamanho reduzido, estruturadas com base em células produtivas, além da ampliação da rede de empresas fornecedoras[2].

As unidades produtivas mais antigas e tradicionais, como a Volkswagen, a Ford e a Mercedes-Benz, situadas no ABC paulista, também desenvolveram um forte programa de reestruturação, visando sua adequação aos novos imperativos do capital no que concerne aos níveis produtivos e tecnológicos e às formas de "envolvimento" da força de trabalho. A Volkswagen e a Mercedes-Benz foram objetos de investigação em nossa pesquisa. Na primeira montadora, o experimento de tentativa de controle, manipulação e interiorização dos trabalhadores, denominado "Coração Valente", é exemplar de como a empresa pretendeu capturar a subjetividade do trabalho em benefício do aumento da produtividade. O *Manual de integração* distribuído pela Toyota para os trabalhadores que ingressam na empresa é outro exemplo. Seu título fala por si só[3].

Depois de um primeiro ensaio, no governo Fernando Collor, significativo, mas logo estancado pela crise política que se abateu sob o governo, o processo de reestruturação produtiva deslanchou por meio do Plano Real, a partir de 1994, sob o governo Fernando Henrique Cardoso.

Quer mediante programas de qualidade total e dos sistemas *just-in-time* e *kanban*, quer mediante a introdução de ganhos salariais vinculados à lucratividade e à produtividade (de que é exemplo o Programa de Participação nos Lucros e Resultados – PLR), sob uma pragmática que se adequava fortemente aos desígnios neoliberais (ou social-liberais), finalmente o mundo produtivo encontrou uma contextualidade propícia para o deslanche vigoroso de sua reestruturação, do assim chamado enxugamento empresarial e da implementação de mecanismos estruturados em moldes mais flexíveis. Se o processo de reestruturação produtiva no Brasil, durante os anos 1980, teve uma tendência limitada e seletiva, foi especialmente a partir da década de 1990 que ele se ampliou sobremaneira.

Outro exemplo importante encontra-se no setor financeiro, cujo processo de reestruturação foi intenso, evidenciando que os trabalhadores bancários foram fortemente atingidos pelas mudanças nos processos e nas rotinas de trabalho, fundamentadas e impulsionadas principalmente pelas tecnologias de base microeletrônica e pelas mutações organizacionais.

Novas políticas gerenciais foram instituídas nos bancos, sobretudo por meio de seus programas de "qualidade total" e de "remuneração variável". As políticas de concessão de prêmios de produtividade aos bancários que superavam as metas de produção estabelecidas, acrescidas do desenvolvimento de um eficiente e sofisticado sistema de comunicação empresa-trabalhador por meio de jornais, revistas ou vídeos de ampla circulação nos ambientes de trabalho, bem como da ampliação do trabalho em

---

[2]   Idem; Ricardo Antunes e Maria Aparecida Moraes Silva (orgs.), *O avesso do trabalho* (São Paulo, Expressão Popular, 2004); e Maria da Graça Druck, *Terceirização: (des)fordizando a fábrica – um estudo crítico do complexo petroquímico* (São Paulo, Boitempo, 1999).

[3]   Eurenice Lima, *Toyotismo no Brasil: o desencantamento da fábrica, envolvimento e resistência* (1. ed., São Paulo, Expressão Popular, 2004).

128   O *continente do labor*

equipe, acarretaram um significativo aumento da produtividade do capital financeiro, além de buscarem também a "adesão" dos bancários às estratégias de autovalorização do capital, reproduzidas nas instituições bancárias.

Como consequência das práticas flexíveis de contratação da força de trabalho nos bancos (mediante a ampliação significativa da terceirização, da contratação de trabalhadores por tarefas ou em tempo parcial e da introdução dos *call centers*), presenciou-se uma ainda maior precarização dos empregos e a redução de salários, aumentando o processo de desregulamentação do trabalho e de redução dos direitos sociais para os empregados em geral e, de modo ainda mais intenso, para os terceirizados, em particular no espaço dos bancos[4].

Do ponto de vista do capital financeiro, essas formas de contratação possibilitaram (e ainda possibilitam) ganhos enormes de lucratividade, ao mesmo tempo que procuraram obnubilar os laços de pertencimento de classe e diminuir a capacidade de resistência sindical dos bancários, dificultando sua organização no espaço de trabalho. A liofilização organizacional nos bancos, apoiada no incremento tecnoinformacional, implementando os programas de ajustes organizacionais nas agências, vem reduzindo a estrutura administrativa e os quadros funcionais das instituições financeiras, aumentando os mecanismos de individualização das relações de trabalho e de assalariamento.

Como consequência, foram desativados ou bastante reduzidos grandes centros de computação, de serviços e de compensação de cheques, e setores inteiros foram extintos nas agências bancárias e centrais administrativas. Enquanto os grandes conglomerados financeiros privados cresceram em poderio econômico – com taxas de lucro enormes –, o número de bancários no país reduziu-se de aproximadamente 800 mil, no fim dos anos 1980, para pouco mais de 400 mil, em 2005. Os planos de demissão voluntária tornaram-se regra nos bancos públicos, conforme pudemos analisar em nossa pesquisa no Banco do Brasil. Paralelamente, proliferaram os terceirizados no labor bancário[5].

Em relação à divisão sexual do trabalho, à medida que se desenvolveram os processos de automatização e flexibilização do trabalho, presenciou-se um movimento de feminização dos bancários, que, entretanto, não foi seguido por uma equalização da carreira e do salário entre homens e mulheres. Uma série de mecanismos sociais de discriminação – reproduzidos e intensificados nos ambientes de trabalho – estruturou relações de dominação e de exploração mais duras sobre o trabalho feminino que se traduziram em desigualdades e segmentações entre gêneros[6].

As mudanças apontadas nas características pessoais e profissionais dos bancários são, portanto, expressão da adequação às exigências da reestruturação produtiva em curso e de seus movimentos de tecnificação e racionalização do trabalho. Visando adequar

---

[4]   Nise Jinkings, *Trabalho e resistência na "fonte misteriosa": os bancários no mundo da eletrônica e do dinheiro* (Campinas/São Paulo, Editora da Unicamp/Imprensa Oficial do Estado, 2002) e Selma Venco, *Telemarketing nos bancos: o emprego que desemprega* (Campinas, Editora da Unicamp, 2003).

[5]   Nise Jinkings, *Trabalho e resistência na "fonte misteriosa"*, cit.

[6]   Liliana Segnini, *Mulheres no trabalho bancário: difusão tecnológica, qualificação e relações de gênero* (São Paulo, Edusp, 1998).

sua força de trabalho às modalidades atuais do processo produtivo, as instituições financeiras passaram a exigir uma aparente "nova qualificação" para os trabalhadores do setor, que parece ter mais significação ideológica do que tecnofuncional[7].

Em um contexto de crescente desemprego e de aumento de formas precárias de contratação, os assalariados bancários foram compelidos a desenvolver uma formação geral e polivalente, na tentativa de manter seus vínculos de trabalho, sendo submetidos à sobrecarga de tarefas e a jornadas de trabalho extenuantes. Agravaram-se os problemas de saúde no espaço de trabalho nas últimas décadas, e observou-se um aumento sem precedentes das lesões por esforço repetitivo (LER), que reduzem a força muscular e comprometem os movimentos, configurando-se como doença típica da era da informatização do trabalho, conforme também constatamos na pesquisa realizada no universo bancário.

Os programas de qualidade total e de remuneração variável, amplamente difundidos no setor, recriaram estratégias de dominação do trabalho que procuram obscurecer e nublar a relação entre capital e trabalho. Os trabalhadores bancários foram constrangidos a tornar-se "parceiros", "sócios", "colaboradores" dos bancos e das instituições financeiras, em um ideário e uma pragmática que aviltam ainda mais a condição laborativa.

Sob o movimento rápido e ágil das máquinas informatizadas, os homens e as mulheres realizam um conjunto infindável de operações de registro e de transferência de valores. Transformam essa mercadoria-dinheiro em mais dinheiro, verdadeira *fonte misteriosa*, conforme a sugestiva referência de Marx. E, quanto mais "produzem", em tempo cada vez mais virtual, mais bancários veem diminuir seus postos de trabalho por meio dos chamados planos de demissão voluntária (PDV)[8].

É nesse contexto que a greve dos bancários, desencadeada em setembro e outubro de 2004, constituiu evento bastante importante, uma vez que se tratou da primeira ação de grande amplitude promovida pelos bancários depois do vastíssimo processo de reestruturação dos bancos. Quando tantos analistas diziam que os bancários tinham perdido a capacidade de resistência e de ação, presenciamos um movimento que paralisou mais de 200 mil trabalhadores em várias partes do país, tanto em bancos públicos quanto em bancos privados.

Foi contra esse quadro de penalização do trabalho que os trabalhadores dos bancos desencadearam a paralisação, reivindicando a reposição da inflação e mais 17% de aumento real. Um mês depois, sem ganho real, mas tendo mostrado que algo novo se passava no espaço de trabalho dos bancos, a greve foi suspensa.

Se parece visível a derrota material da greve, o mesmo não se pode dizer no plano da política e da ação. Houve aqui uma resposta coletiva e sob a forma de greve, depois da monumental reestruturação vivenciada no interior do espaço dos bancos.

Outro setor que experimentou mudanças significativas foi o de calçados situado em Franca, no interior de São Paulo. As técnicas de gerenciamento da força de trabalho foram

---

[7]   Nise Jinkings, *Trabalho e resistência na "fonte misteriosa"*, cit.

[8]   Idem.

130 O *continente do labor*

implementadas em várias empresas, visando o "envolvimento" dos trabalhadores no processo de reestruturação da produção, com a finalidade de aumentar a produtividade do trabalho[9].

Como consequência desse processo, presenciou-se uma significativa redução de postos de trabalho, que oscilavam em decorrência dos movimentos do mercado, além da reorganização produtiva, por meio da implantação de células de produção, introduzindo o denominado trabalho "polivalente" ou "multifuncional", que em verdade mais se assemelha a um mecanismo responsável por níveis acentuados de intensificação e exploração da força de trabalho.

Além das mudanças na organização produtiva, o setor calçadista vivenciou um intenso processo de terceirização por meio da ampliação do trabalho em domicílio, nas pequenas unidades produtivas etc., o que contribuiu para o agravamento das condições de trabalho, uma vez que boa parte desse trabalho é realizada em locais precários e improvisados, dentro e fora das casas, alterando o espaço familiar e suas condições de vivência.

A pesquisa constatou também, ao estudar a indústria calçadista de Franca, uma degradação dos direitos sociais do trabalho, que se ampliou em função da externalização e da terceirização da produção. Direitos conquistados, como o descanso semanal remunerado, as férias, o 13º salário, a aposentadoria etc., tornaram-se mais facilmente burláveis. Houve ainda uma ampliação do trabalho infantil, consequência direta da transferência do trabalho produtivo do espaço fabril para o espaço domiciliar, onde o controle desse tipo de trabalho fica ainda mais difícil[10].

Os exemplos anteriores já evidenciam como o universo do trabalho tem sido fortemente penalizado, em consequência dos mecanismos introduzidos pela liofilização organizacional. Se as formas da reestruturação produtiva têm sido diferenciadas, quando se toma a realidade cotidiana do trabalho, um traço praticamente constante tem sido a tendência ao aumento dos mecanismos de desregulamentação e mesmo a precarização da força de trabalho.

No setor têxtil, a processualidade da reestruturação produtiva foi muito intensa ao longo dos anos 1990, como consequência da política de abertura econômica e de liberalização comercial que desorganizaram fortemente as indústrias desse setor, gerando um enorme desemprego, com diminuição de mais de 50% de seu nível de emprego na primeira metade da década, além de um alto grau de terceirização da força de trabalho.

Embora tenha havido, na região pesquisada, crescimento do número de empresas ao longo da década de 1990, esse aumento traz consigo o enorme processo de reestruturação das grandes empresas e a transferência de amplos espaços produtivos para o universo das micro e pequenas empresas que proliferaram no setor. O incremento tecnológico, as novas formas de organização da produção e a introdução ampliada da terceirização acabaram por acarretar altos níveis de desemprego e

---

[9] Vera Lúcia Navarro, "O trabalho e a saúde do trabalhador na indústria de calçados", *São Paulo em Perspectiva*, v. 17, n. 2, 2003, p. 32-41.

[10] Idem.

subemprego no setor têxtil, compensados apenas parcialmente pelo crescimento das pequenas e microempresas.

Na indústria de confecções, além dos baixos níveis de remuneração da força de trabalho, a terceirização tornou-se elemento estratégico central, implementado pelas empresas para reduzir os custos e aumentar a produtividade, sem desconsiderar a importante significação política dessa medida, que é tanto maior quanto mais combativos são os sindicatos. Esse processo originou a ampliação do trabalho em domicílio, além das chamadas "cooperativas de trabalho", responsáveis por formas acentuadas de subcontratação e precarização da força de trabalho, pela redução significativa da remuneração da força de trabalho e pelo descumprimento dos direitos trabalhistas.

A externalização do trabalho e o retorno de práticas pretéritas, como o *putting out*, ampliaram-se enormemente nos setores têxtil e de confecções, acentuando as formas e os mecanismos que configuram uma ainda maior precarização do trabalho e o descumprimento dos direitos trabalhistas. Uma vez preservada a marca, na era do capitalismo dos signos, das embalagens, do involucral e do supérfluo, as empresas passaram a recorrer ainda mais à terceirização, reduzindo os custos da produção, acarretando um enorme desemprego e enfraquecendo a coesão e a solidariedade dos trabalhadores.

Na década de 1990, por exemplo, a Hering, em Santa Catarina, terceirizou mais de 50% da sua produção, gerando o desemprego de cerca de 70% da sua força de trabalho, conforme dados oferecidos pela pesquisa. Processo similar ocorreu com a Levi Strauss do Brasil, que na mesma década criou uma "cooperativa", eliminando praticamente todos os seus postos diretos de trabalho.

Nas empresas de telecomunicações, as alterações no universo do trabalho também foram de grande monta. A necessidade de inovar os processos, os produtos e os serviços ampliou em muito a importância da esfera comunicacional para a agilização do ciclo produtivo, que agora opera em tempo virtual. Esse processo de *mercadorização da informação* possibilitou a direta e rápida incorporação dos novos dados e informações ao mundo produtivo, instrumental decisivo para a continuidade das chamadas "inovações produtivas".

No caso da Sercomtel, empresa estatal com sede em Londrina, dada a sua condição de empresa pública que comportava certa estabilidade dos trabalhadores, a alternativa encontrada pela nova lógica gerencial, sob influxo privatista, foi a redução e o remanejamento de parcela dos assalariados por meio dos planos de aposentadoria e demissão voluntária, que possibilitaram reduzir o quadro de pessoal. O ritmo quase alucinante da terceirização e da automatização que marcam o fetiche da tecnologia acabou atuando também para dificultar os laços de solidariedade de classe, reforçando ainda mais a flexibilização e a consequente precarização do trabalho no setor de telecomunicações. No fluxo das tendências anteriormente analisadas, também a terceirização foi recorrente, sobretudo por meio da introdução de *call centers*, que passaram a se responsabilizar por todo o serviço de mediação do cliente com a empresa.

A expansão desse novo universo – o das empresas de *call center* – nos levou a pesquisar o setor de telemarketing, onde pudemos constatar que a enorme ampliação de empregos é preenchida predominantemente por jornadas parciais, de seis horas diárias, cujas atividades são marcadas pela acentuada intensificação dos ritmos e pelo aumento da exploração da força de trabalho. Cabe lembrar também que esse setor (como se pode conferir no Grupo Atento-Brasil) tem seu contingente laborativo predominantemente feminino, com mais de 70% de mulheres, confirmando-se a tendência forte de feminização do mundo do trabalho em diversos setores e ramos.

Seu principal "produto" é dado pela prestação de serviços, por meio do atendimento telefônico, que visa à solução de dúvidas, o oferecimento de informações, como endereços e telefones, a orientação de clientes na compra ou utilização de um produto, entre tantas possibilidades abertas pelo telemarketing[11].

Para realizar essa jornada diária, as teleoperadoras, sempre com seu *headset* (fone de ouvido), ficam quase todo o tempo de trabalho sentadas, coladas ao visor do microcomputador e ao teclado, sob rígida vigilância das supervisoras, que exigem sempre maior produtividade e controlam o tempo médio de atendimento das trabalhadoras. Aqui também pudemos constatar o crescente adoecimento no trabalho, algo que tem sido constante no setor. Quanto às condições de trabalho, pode-se testemunhar, com base na pesquisa, que em muitas dessas empresas há "baias" que separam as trabalhadoras, para que elas não conversem e não diminuam os ritmos extenuantes de trabalho, rigorosamente cronometrados.

No universo dos trabalhadores da arte, no teatro lírico, também contemplados pela pesquisa, as relações de trabalho configuram cada vez mais uma ausência de regulamentação específica para o trabalho musical. O trabalhador do canto lírico, bem como os músicos de orquestra, dada a feição de "prestação de serviços", vive sob a marca da instabilidade, que permite o desligamento dos artistas pela direção dos teatros sempre que não houver interesse na renovação dos contratos. Como estes são renovados periodicamente (a cada dois ou três meses), não se configura o reconhecimento do vínculo empregatício.

No contexto da flexibilização dos artistas dos coros – que anteriormente tinham maior estabilidade, até o processo de flexibilização que se intensificou ao longo dos anos 1990 –, pode-se perceber também uma precarização maior do trabalho, aumentando a busca por outras atividades, além de revelar uma dupla fragilidade na organização dos artistas, dada, por um lado, pela forte individualização do trabalho e, por outro, pela alta competição que marca a profissão, aumentando ainda mais o risco do desemprego.

CONSIDERAÇÕES FINAIS

Este breve retrato aqui oferecido, que apresenta algumas conclusões da ampla pesquisa anteriormente mencionada, nos permite observar um nítido crescimento de relações de trabalho mais desregulamentadas, distantes da legislação trabalhista, gerando uma massa de trabalhadores que passam da condição de assalariados com carteira assinada para a de trabalhadores sem carteira.

---

[11] Claudia Mazzei Nogueira, *O trabalho duplicado: a divisão sexual no trabalho e na reprodução – um estudo das mulheres trabalhadoras no telemarketing* (São Paulo, Expressão Popular, 2006).

Se nos anos 1980 era relativamente pequeno o número de empresas de terceirização, locadoras de força de trabalho de perfil temporário, na década seguinte esse número aumentou significativamente para atender à grande demanda por trabalhadores temporários, sem vínculo empregatício ou registro formalizado[12].

Essas mutações, portanto, inseridas na lógica da racionalidade instrumental do mundo empresarial, estão intimamente relacionadas ao processo de reestruturação produtiva do capital, no qual as grandes empresas, por meio da flexibilização dos regimes de trabalho, da subcontratação e da terceirização, procuram aumentar sua competitividade fraturando e fragmentando ainda mais a classe-que-vive-do-trabalho.

A proliferação dos trabalhadores dos *call centers*, das empresas de telemarketing, dos trabalhadores em serviços cada vez mais inseridos na lógica produtiva, de agregação de valor, acabou por criar um novo contingente de trabalhadores, que Ursula Huws denominou de *cybertariat*, o novo proletariado da era da cibernética, composto por trabalhadores que procuram uma espécie de *trabalho* cada vez mais *virtual* em um *mundo* profundamente *real*, conforme o sugestivo título de seu livro: *The making of a cybertariat: virtual work in a real world*[13] [A construção do *cybertariat*: trabalho virtual em um mundo real]. A obra trata de compreender os elementos que configuram o mundo do trabalho na era da informática, do telemarketing e da telemática.

O que nos permite concluir afirmando que, em plena *era da informatização do trabalho*, do mundo maquinal da era da acumulação digital, estamos presenciando a *época da informalização do trabalho*, caracterizada pela ampliação dos terceirizados, pela expansão dos assalariados dos *call centers*, dos subcontratados, dos flexibilizados, dos trabalhadores em tempo parcial e dos teletrabalhadores, pelo *cyberproletariado*, o proletariado que trabalha com a informática e vivencia outra pragmática, moldada pela desrealização e pela vivência da precarização daquilo que Luciano Vasapollo denominou sugestivamente de *trabalho atípico*.

Oferecer um esboço dessas formas diferenciadas da informalidade do trabalho, do que é novo e do que é velho nas distintas modalidades assumidas pela precarização do labor em seus múltiplos exemplos, foi o objetivo deste texto, que sintetiza um denso inventário sobre o trabalho no Brasil.

---

[12] O exemplo da Manpower é expressivo: a empresa tem atuação em âmbito global, construindo "parcerias com clientes em mais de 60 países", com "mais de 400 mil clientes dos mais diversos segmentos, como comércio, indústria, serviços e promoção". Seu folheto de propaganda ("Manpower: soluções em recursos humanos para sua empresa") acrescenta: "A Manpower está preparada para atender seus clientes com serviços de alto valor agregado, como contratação e administração de funcionários temporários; recrutamento e seleção de profissionais efetivos para todas as áreas; programas de *trainees* e de estágios; projetos de terceirização e serviços de *contact center*; administração de RH (RH Total) e contratação de profissionais com alto grau de especialização (Divisão Manpower Professional)".

[13] Nova York/Londres, Monthly Review/Merlin, 2003.

X

SINDICATOS, LUTAS SOCIAIS E ESQUERDA NO BRASIL RECENTE: ENTRE A RUPTURA E A CONCILIAÇÃO

I.

De Obama a Sarkozy, do Fundo Monetário Internacional (FMI) ao Grupo dos 20 (G20), todos saudaram Luiz Inácio Lula da Silva, presidente do Brasil, na reunião realizada em Londres, em abril de 2009, como o político da integração e da conciliação. Lula consolidou sua presença no bloco dos países emergentes, os chamados BRICs (Brasil, Rússia, Índia e China), e fortaleceu também sua posição de *tertius* na liderança latino--americana, alternativa entre Chávez e Morales (e, em menor medida, Correa), de um lado, e Uribe e Calderón, de outro; seu campo é mais próximo da moderação de Bachelet e Vázquez.

Especialmente durante as duas últimas décadas, o Brasil converteu-se em potência industrial expressiva, dotada de um amplo e cobiçado mercado interno, responsável por um enorme espaço de investimento do capital financeiro internacional e das transnacionais, além de possuir significativa dimensão geopolítica, exercendo, por isso, papel de destaque no cenário do mundo capitalista atual, entre os chamados "países emergentes". Se tal cenário começou a se desenvolver de maneira mais relevante durante os oito anos do governo de Fernando Henrique Cardoso (1995-2003), foi sob os dois governos de Luiz Inácio Lula da Silva (2003-2009) que esta tendência se fortaleceu sobremaneira.

Qual foi a trajetória de nossa história recente que possibilitou que os reais avanços populares acabassem convertidos em vitórias das classes dominantes, ora pela via da *repressão*, como nas ditaduras de Getúlio Vargas (1937-1945) e militar (1964-1985), ora pela via da *conciliação*, como sob o governo de Juscelino Kubitschek (1956-1961) ou de Lula?

Com muita frequência, nos polos hegemônicos imperialistas, especialmente nos Estados Unidos e na Europa, tem-se a impressão de que o Brasil tornou-se um país "moderno", "respeitável", em vias de desenvolvimento, ainda que se reconheça que seja herdeiro de uma "desigualdade social" enorme, entre as maiores do mundo. Mas a história real é bastante diferente quando analisada sob o ângulo das classes sócias e da dominação burguesa no Brasil.

136 O *continente do labor*

O que se passou com o Brasil nas últimas décadas? Quais as principais transformações estruturais que vem sofrendo? Como essa processualidade vem afetando sua estrutura de classes, tanto nas classes dominantes quanto nas camadas médias? Como vem se configurando a *nova morfologia do trabalho*? Como essas transformações vêm afetando a classe trabalhadora, seus organismos sindicais e os partidos de esquerda? Quais são as possibilidades da esquerda sindical, social e política, depois de oito anos do governo social-liberal de Lula? Houve avanços reais na luta socialista nesse último período ou, ao contrário, continuamos dando *um passo à frente e dois para trás?* Por que a dominação burguesa acaba por barrar as reais possibilidades de transformação social? Por que a *revolução brasileira* acaba sempre sendo fagocitada pela *conciliação?*[1]

São estas as indagações centrais, às quais este artigo não tem a pretensão de responder, mas tão somente oferecer alguns elementos ou esboços de uma resposta que certamente é mais complexa e difícil.

II.

O capitalismo industrial no Brasil teve origem praticamente no início do século XX, quando ainda predominava a economia agrário-exportadora vinculada à produção do café. Foi a partir dos anos 1930, sob o governo de Getúlio Vargas, que o processo de industrialização começou efetivamente a se desenvolver por meio de um processo endógeno de acumulação industrial, com forte atuação do Estado[2]. Posteriormente, os saltos industrializantes mais intensos ocorreram a partir de meados da década de 1950 e, em especial, depois do golpe militar de 1964, quando avançou fortemente a *internacionalização da economia* no país por meio do ingresso de vários grupos e capitais transnacionais.

A base produtiva da economia brasileira estruturava-se, por um lado, por meio da produção de bens de consumo duráveis, como automóveis, eletrodomésticos etc., para um mercado interno restrito e seletivo, composto pelas classes dominantes e por parcela significativa das classes médias, especialmente seus estratos mais altos; de outro lado, voltava um polo de sua produção para a exportação, não só de produtos agrícolas, mas também de produtos industrializados de consumo e de bens duráveis. Por meio desse caráter bifronte, o capitalismo brasileiro chegou a ser a oitava economia do mundo, apesar de manter sempre sua estrutura dependente e subordinada ao imperialismo[3].

Como a ditadura militar pós-1964 desenvolveu uma política de forte incentivo à internacionalização e à privatização da economia, voltada para a expansão capitalista

---

[1]   Florestan Fernandes, *A revolução burguesa no Brasil* (São Paulo, Zahar, 1975) e Caio Prado Jr., *A revolução brasileira*, cit.

[2]   Luiz W. Vianna, *Liberalismo e sindicato no Brasil* (São Paulo, Paz e Terra, 1976).

[3]   Reproduzimos aqui várias indicações e ideias apresentadas em Ricardo Antunes, *Adeus ao trabalho*, cit., e *Os sentidos do trabalho*, cit.

com traços monopolistas e oligopolistas, ainda que preservando alguns setores importantes sob controle estatal, como petrolífero, siderúrgico, de telecomunicações etc., o Brasil seguia mantendo seu caráter de *economia dependente e subordinada* aos polos hegemônicos centrais do capitalismo, uma espécie de *capitalismo monopolista de Estado dependente e subordinado*.

Essa processualidade teve, entretanto, consequências profundas na estrutura de classes no Brasil. As diferentes frações da burguesia brasileira (industrial, financeira, agrária e comercial) aumentaram sua associação com o capital externo; as camadas médias assalariaram-se fortemente, vivenciando um processo de proletarização em diversas de suas categorias, como bancários, funcionários públicos e professores do ensino básico, e houve também uma significativa ampliação da classe trabalhadora, que se converteu, no fim dos anos 1970, na base social do *novo movimento operário* que ressurgia de modo vigoroso. Formou-se, então, um polo operário dos mais concentrados e aglutinados, de que foi exemplo o setor metalúrgico do ABC paulista[4].

Depois de vários anos de repressão e controle durante a ditadura militar, deu-se, a partir de 1978, uma mudança de qualidade na luta de oposição no Brasil: ressurgiram as greves operárias com forte pujança, o que levou ao desenvolvimento, em fins da década de 1970, de um novo movimento sindical dos trabalhadores, denominado de "novo sindicalismo", de onde se originou a liderança sindical e operária de Luiz Inácio Lula da Silva, então presidente do Sindicato dos Metalúrgicos de São Bernardo do Campo.

O Brasil, depois de muitos anos, retomava uma luta operária intensa, que em certo sentido sinalizava um quadro de *ruptura* com a ordem burguesa dominante. Vivia-se um momento particularmente forte das *lutas sociais de classe*, uma vez que aflorou um enorme movimento de greves de amplas dimensões e proporções, que foram desencadeadas pelos mais variados segmentos de trabalhadores, como os operários industriais (com destaque para o ramo automobilístico), os assalariados rurais (especialmente os trabalhadores da cana de açúcar, denominados de "boias-frias"[5]), os assalariados bancários, os trabalhadores da construção civil etc.

Ressurgiu uma significativa onda de greves, que se caracterizou pela existência de greves *gerais por categoria* (como a dos bancários, em 1985), greves *com ocupação de fábricas* (como a da General Motors, em São José dos Campos, em 1985, e a da Companhia Siderúrgica Nacional, em Volta Redonda, em 1989), incontáveis greves *por empresas*, até a eclosão de *greves gerais nacionais*, como a de março de 1989, que atingiu cerca de 35 milhões de trabalhadores, constituindo-se na mais ampla e abrangente greve geral do país. No ano de 1987, por exemplo, houve um total de 2.259 greves, sendo que, em 1988, aproximadamente 63,5 milhões de jornadas de trabalho foram paralisadas.

---

[4] Ricardo Antunes, *O novo sindicalismo no Brasil*, cit., e "Recent Strikes in Brazil...", cit.

[5] Esses trabalhadores são chamados de "boias-frias" porque carregam sua alimentação para os canaviais em pequenas marmitas, as quais têm de comer frias, em razão da ausência de condições para aquecê-las no campo.

138   O *continente do labor*

Paralelamente, deu-se uma expressiva expansão do sindicalismo dos assalariados médios e do setor de serviços, que vivenciavam um forte processo de *proletarização* do trabalho, como bancários, professores, médicos, funcionários públicos etc. Tais categorias cresceram significativamente durante o período e se organizaram em importantes sindicatos. No fim da década de 1980, totalizavam-se 9.833 sindicatos no Brasil, volume que, em meados dos anos 1990, atingiu a casa dos 15.972, incluindo órgãos urbanos e rurais, patronais e de trabalhadores. Somente os sindicatos urbanos somavam 10.779, dos quais 5.621 eram de trabalhadores assalariados.

Além da presença expressiva dos sindicatos de trabalhadores vinculados ao operariado industrial, observou-se a participação organizacional dos setores assalariados médios, configurando, inclusive, um aumento nos níveis de sindicalização do país. Em 1996, estavam contabilizados 1.335 sindicatos de servidores públicos, 461 sindicatos vinculados aos chamados "profissionais liberais" e 572 vinculados a trabalhadores autônomos[6].

Também foi possível perceber a continuidade do avanço do sindicalismo rural, em ascensão desde os anos 1970, permitindo uma reestruturação organizacional dos trabalhadores do campo. No ano de 1996, existiam 5.193 sindicatos rurais, dos quais 3.098 eram de trabalhadores. O sindicalismo rural desenvolveu-se com forte presença da esquerda católica, que influenciou, posteriormente, o nascimento do Movimento dos Trabalhadores Rurais Sem Terra (MST).

No mundo urbano, deu-se o surgimento das centrais sindicais, como a Central Única dos Trabalhadores (CUT), fundada em 1983 e inspirada, em sua origem, em um sindicalismo *classista*, *autônomo* e *independente* do Estado. Herdeira das lutas sociais e operárias das décadas anteriores, especialmente dos anos 1970, a CUT resultou da confluência entre o *novo sindicalismo*, nascido no *interior* da estrutura sindical daquele período (do qual o Sindicato dos Metalúrgicos de São Bernardo era exemplo), e o movimento das *oposições sindicais* – de que foram exemplos o Movimento de Oposição Metalúrgica de São Paulo (MOMSP) e a Oposição Metalúrgica de Campinas –, que atuavam *fora* da estrutura sindical oficial e combatiam seu sentido estatal, subordinado, atrelado e verticalizado. Contou também, desde o início, com forte apoio do sindicalismo dos trabalhadores rurais.

Ainda nesse ciclo de grande ascensão da luta operária e sindical no Brasil, houve um avanço expressivo nas tentativas de organização nos locais de trabalho – debilidade crônica do movimento sindical brasileiro –, por meio da criação de inúmeras comissões de fábricas, como foram exemplos as comissões *sindicais* de fábricas do ABC, como a da Ford, vinculada ao Sindicato dos Metalúrgicos de São Bernardo, e as comissões *autônomas* de São Paulo, como a da Asama, sob influência do MOMSP[7].

Houve também um avanço significativo na luta pela *autonomia* e *liberdade* dos sindicatos em relação ao Estado, por meio do combate ao Imposto Sindical e à estrutura confederacional, cupulista, estatal, hierarquizada e atrelada ao Estado, com

---

[6]   Ricardo Antunes, "Una radiografia dele lotte sindacali e socieli nel Brasile contemporaneo e le principale sfife da affrontare", cit., e "Global Economic Restructuring and The World of Labor in Brazil", cit.

[7]   Arnaldo Nogueira, *A modernização conservadora do sindicalismo brasileiro*, cit.

Sindicatos, lutas sociais e esquerda no Brasil recente 139

fortes traços corporativistas, instrumentos estes que constituíam barreiras utilizadas pelo aparato estatal para subordinar, controlar e reprimir os sindicatos com maior perfil classista. Ainda que o fim do controle sindical pelo Estado esteja distante, pois vários traços de subordinação ainda estão presentes na atual estrutura sindical brasileira atrelada ao Estado, as conquistas foram bastante relevantes, particularmente durante os anos 1980.

Podemos dizer, então, que o patamar atingido pela luta de classes no Brasil naquela década esteve entre os mais significativos em todo o mundo capitalista. Ao longo da década de 1980, houve um quadro nitidamente favorável ao *novo sindicalismo* no Brasil (enquanto *movimento social dos trabalhadores*, com forte caráter de classe), que caminhava em direção contrária ao quadro de crise sindical já presente em vários países capitalistas avançados. Se as classes dominantes costumam dizer que a década de 1980 foi, para elas, "uma década perdida", pode-se dizer que o mesmo não ocorreu para a classe trabalhadora, cujos níveis de avanço, de conscientização e de organização foram muito significativos.

Entretanto, na viragem dos anos 1980 para os 1990, começaram a despontar as tendências econômicas, políticas e ideológicas responsáveis pela inserção do sindicalismo brasileiro na onda regressiva e de recuo na luta entre as classes, o que foi resultado tanto da reestruturação produtiva do capital em curso em escala global, que foi introduzida de modo intenso no Brasil na década de 1990, quanto da emergência da pragmática neoliberal que, com a eleição de Fernando Collor de Mello (1990-1992), passou a exigir do Brasil mudanças significativas, segundo o receituário propugnado pelo Consenso de Washington.

Esse processo de reestruturação produtiva do capital exigiu do país uma redefinição em relação à divisão internacional do trabalho, bem como sua reinserção junto ao sistema produtivo global do capital, em uma fase em que o capital financeiro expandia-se, afetando fortemente tanto o conjunto dos países capitalistas centrais como aqueles subordinados e dependentes do imperialismo. Foi por isso que, durante a década de 1980, o capitalismo brasileiro começou a vivenciar as primeiras mudanças, como consequência da reestruturação produtiva e de seu corolário, a pragmática neoliberal que deslanchava com força no país.

Ainda que em seus traços essenciais o padrão de acumulação capitalista permanecesse inalterado, foi possível perceber algumas mutações organizacionais e tecnológicas no interior do processo financeiro, produtivo e de serviços, em um ritmo que, se era mais lento do que aquele experimentado pelos países centrais, trouxe consequências irreversíveis para a estrutura produtiva e de classes no Brasil. Isso porque, se até então o Brasil permanecera relativamente distante do processo de reestruturação produtiva do capital e do projeto neoliberal em curso acentuado nos países capitalistas centrais, quando essa processualidade chegou ao Brasil, no início dos anos 1990, o fez de forma avassaladora, cujos principais traços indicaremos no item seguinte.

140   O *continente do labor*

III.

Foi com a vitória eleitoral de Fernando Collor de Mello, em 1989, e a implantação de seu projeto neoliberal, ao qual o governo de Fernando Henrique Cardoso deu continuidade, que o neoliberalismo e o processo de reestruturação produtiva no Brasil intensificaram-se sobremaneira.

O mandato Collor teve curta duração (1990-1992), uma vez que, dado o enorme grau de corrupção que caracterizou seu governo, acabou sendo deposto por um *vasto movimento social e político de massas*, desencadeado ao longo do ano de 1992, iniciado pelo movimento estudantil e que, pouco a pouco, ampliou-se intensamente, levando ao *impeachment* de Collor. O *semibonaparte aventureiro* fora tragado e deposto pelo mesmo esquema burguês que o criou para impedir a vitória de Lula, em 1989.

Mas, em seu breve período de governo, além da enorme corrupção, Collor desenvolveu uma forte política privatizante e antissocial, de fundo neoliberal, que foi retomada, dois anos depois, por Fernando Henrique Cardoso (FHC) – porém, não mais de forma aventureira, mas dotada de clara racionalidade burguesa, traço característico do governo FHC em seus oito anos de neoliberalismo (que FHC preferia chamar de social-liberalismo).

Nesse período, o parque produtivo no Brasil foi enormemente alterado e reduzido pela política de privatização do setor produtivo estatal, afetando diretamente a siderurgia, as telecomunicações, a energia elétrica e os bancos, entre outros, o que desorganizou o tripé que sustentava a economia brasileira – a participação do capital nacional, estrangeiro e estatal. A política do governo FHC, plenamente sintonizada com o Consenso de Washington, *aumentava ainda mais a subordinação do país aos interesses financeiros internacionais*, em uma fase de maior mundialização do capital, desorganizando o padrão produtivo estruturado durante o período getulista.

Para que se tenha ideia do significado da reestruturação produtiva do capital e da política privatizante, pode-se dizer que, ao longo da década de 1990, cerca de 25% do Produto Interno Bruto (PIB) brasileiro transferiu-se do setor produtivo estatal para o capital transnacional, redesenhando e internacionalizando ainda mais o capitalismo no Brasil[8]. Não só alteraram-se a estrutura e a morfologia da classe trabalhadora, como houve também uma nova recomposição das frações de classe da burguesia nessa fase de aumento da internacionalização do capital. A maioria do que se definia como "grande burguesia nacional", enquanto fração da classe dominante, foi amplamente incorporada ao capital transnacional e à burguesia forânea. O setor produtivo estatal, fortíssimo e de papel decisivo na montagem da industrialização capitalista no Brasil, foi absorvido pelo capital transnacional por meio das política de privatizações.

Com um processo tão intenso, a combinação entre neoliberalismo e reestruturação produtiva do capital teve repercussões e consequências muito profundas no universo da classe trabalhadora, no movimento sindical e na esquerda brasileira.

---

[8]   Francisco de Oliveira, *Crítica à razão dualista/O ornitorrinco* (São Paulo, Boitempo, 2003).

No mundo do trabalho e no universo produtivo, implementaram-se os processos de *downsizing* nas empresas, reduzindo o número de trabalhadores e aumentando as formas de *superexploração da força de trabalho*. A flexibilização produtiva, a desregulamentação e as novas formas de gestão do capital introduziram-se em grande intensidade, indicando que *o fordismo brasileiro, embora ainda dominante, também se mesclava com novos processos produtivos, com as formas de acumulação flexível e com elementos oriundos do chamado toyotismo e do modelo japonês*[9].

A combinação obtida entre a superexploração da força de trabalho e alguns padrões produtivos e tecnológicos mais avançados tornou-se elemento central para a inversão produtiva de grandes quantidades de capital externo no Brasil, a partir dos anos 1990. Em verdade, para esses capitais que atuavam (e atuam) no Brasil, interessava a confluência de força de trabalho apta a operar os equipamentos microeletrônicos com a existência de padrões de sub-remuneração e exploração intensificada, além de condições amplas de flexibilização e precarização da força de trabalho, combinando avanço tecnológico e intensificação da *superexploração do trabalho* – traço constitutivo central que particulariza o capitalismo brasileiro até os dias atuais –, por meio do prolongamento e intensificação do ritmo, da jornada e das condições de trabalho.

As mutações no processo produtivo e na reestruturação das empresas, desenvolvidas *em um quadro muitas vezes recessivo*, geraram um processo de desproletarização de importantes contingentes operários, aumentando o desemprego e a precarização da força de trabalho, do qual a indústria automobilística é um exemplo forte. Enquanto no ABC paulista – a mais importante área industrial do país, onde se encontravam as principais empresas automobilísticas – o contingente proletário em 1980 era de mais de 200 mil metalúrgicos, em 2008 reduziu-se para menos de 100 mil trabalhadores. Em Campinas, outra importante região industrial no estado de São Paulo, existiam, em 1989, aproximadamente 70 mil operários industriais no ramo metalúrgico; em 2008, esse número era próximo de 40 mil. Foi também expressiva a redução dos trabalhadores assalariados médios, como os bancários, em função do ajuste dos bancos e do incremento tecnológico: enquanto em 1989 existiam mais de 800 mil bancários, em 2008 esse número havia se reduzido para menos da metade.

Esse processo de reestruturação produtiva do capital, que atingiu a maioria dos ramos produtivos e/ou de serviços, acarretou também alterações significativas na estrutura de empregos no Brasil. Se durante a década de 1970, no auge industrial, o Brasil chegou a possuir cerca de 20% do total dos empregos na indústria de transformação, vinte anos depois, a indústria de transformação absorvia menos de 13% do total da ocupação nacional. Ainda como resultado do processo de reconversão econômica, registraram-se, ao longo dos anos 1990, novas tendências nas ocupações profissionais.

Com a maior inserção da economia brasileira na competição global, a economia nacional passou a conviver, pela primeira vez desde a década de 1930, com a perda absoluta e relativa de postos de trabalho na indústria de manufatura. Entre as décadas

---

[9] Ver Ricardo Antunes (org.), *Riqueza e miséria do trabalho no Brasil*, cit.

142 O *continente do labor*

de 1980 e 1990, por exemplo, a economia brasileira perdeu 1,5 milhões de empregos no setor manufatureiro[10].

Paralelamente à retração do emprego industrial, entre as décadas de 1980 e 1990 os serviços aumentaram, em média, em 50% sua participação relativa na estrutura ocupacional, sendo em boa medida direcionados para o setor informal, que incorporou parcelas expressivas de trabalhadores, sobretudo no comércio, nas comunicações e nos transportes.

Se em 1999 o Brasil estava em terceiro lugar em volume de desemprego aberto, representando 5,61% do total do desemprego global (sendo que sua população economicamente ativa – PEA – representava 3,12% da PEA mundial), em 1986 o país estava em 13º lugar no desemprego global, representando 2,75% da PEA global e 1,68% do desemprego mundial[11].

Flexibilização, desregulamentação, terceirização, novas formas de gestão da força de trabalho etc. tornaram-se presentes em grande intensidade, indicando que se por um lado presenciávamos a redução do contingente operário industrial estável, herdeiro da fase industrial anterior, víamos por outro a ampliação do nascente proletariado do setor de serviços, que resultava do monumental processo de privatização desse setor e do processo mais geral de precarização estrutural da força de trabalho no Brasil.

No apogeu da fase da financeirização do capital-dinheiro, do avanço tecnocientífico, do mundo onde tempo e espaço se convulsionam, o Brasil vivenciou uma mutação do trabalho que alterou sua *morfologia*, na qual a informalidade, a precarização e o desemprego, todos estruturais, ampliaram-se intensamente. E esse movimento complexo e contraditório não se deu sem trazer profundas alterações para a luta de classes no Brasil.

IV.

O movimento sindical brasileiro, que surgiu fora dos marcos da social-democracia sindical, tornava-se, pouco a pouco, uma espécie de cópia tardia daquela tendência sindical. Começava, então, a desmoronar o "novo sindicalismo", que agora parecia envelhecer precocemente. A política de "convênios", "apoios financeiros" e "parcerias" com a social-democracia sindical, especialmente europeia, levada a cabo por mais de uma década de forma intensa, acabou por contaminar, nesse quadro de mudanças profundas, o sindicalismo de classe no Brasil. Este, desprovido de um perfil político e ideológico de classe, pouco a pouco se sociodemocratizou, em um contexto, vale lembrar, de neoliberalização da própria social-democracia sindical. Tal processo metamorfoseou a CUT, criada com uma proposta independente e de claros contornos classistas, em uma central sindical cada vez mais burocratizada, institucionalizada e negocial.

---

[10] Marcio Pochmann, *O emprego na globalização* (São Paulo, Boitempo, 2001).

[11] Idem.

Mas se, por um lado, o sindicalismo se arrefecia, por outro, algo novo aflorava para estampar outra face da luta social no Brasil. Foi nesse contexto que emergiu nas lutas sociais do mundo rural o mais importante *movimento social e político* de oposição ao neoliberalismo no país.

Se durante o governo FHC o MST foi frequentemente criminalizado em sua ação, ao longo do governo Lula ele continuou desencadeando um amplo movimento de ocupação de terras, mostrando que o governo do Partido dos Trabalhadores (PT) e seu amplo leque de alianças à direita e ao centro tinham uma atuação que, em sua essência, pouco se diferenciava do governo FHC, particularmente no que concerne à preservação da estrutura fundiária da terra e ao enorme incentivo ao *agronegócio*, que se tornou uma verdadeira obsessão do governo Lula e do seu projeto de desenvolvimento do etanol. Operando uma verdadeira reconversão neocolonial do Brasil, o projeto do governo Lula para o campo deu-se pelo imenso deserto dos canaviais, com trabalhadores "boias-frias" exercendo jornadas em que chegavam a cortar mais de *dez toneladas de cana de açúcar por dia* – dependendo da região, esse número aumenta intensamente.

Desse modo, o que poderia ter sido o começo do desmonte do neoliberalismo no Brasil tornou-se o seu contrário: Lula, em verdade, converteu-se no novo paladino do social-liberalismo na América Latina.

Se em 1989, quando Lula foi candidato à presidência da República pela primeira vez, o Brasil encontrava-se em um forte ciclo de lutas operárias, sindicais e políticas – de que foram exemplos o surgimento do PT em 1980, da CUT em 1983 e do MST em 1984 –, além de um significativo movimento grevista de âmbito nacional, como vimos anteriormente, quando Lula foi eleito, em 2002, o quadro era bastante diferente, com um significativo recuo de parcela desses movimentos, como o próprio PT, que vivenciava forte processo de institucionalização e moderação[12].

Foi nessa contextualidade que, com o apoio (integral ou crítico) das principais correntes da esquerda brasileira, Lula consagrou-se vitorioso nas eleições presidenciais, depois de um período de enorme desertificação social, política e econômica do Brasil, consequência da implantação do neoliberalismo nos governos Collor e FHC.

Deu-se, então, uma processualidade contraditória: a vitória da esquerda no Brasil ocorreu quando ela estava mais fragilizada, menos respaldada e ancorada nos seus polos centrais, que lhe davam capilaridade (classe operária industrial, assalariados médios e trabalhadores rurais), e quando o *transformismo* (como nos ensina Gramsci) já havia convertido o PT em um *partido da ordem* (conforme diz Marx). Quando Lula venceu as eleições, ao contrário da potência criadora das lutas sociais dos anos 1980, o cenário era de completa mutação, ao menos no único ponto verdadeiramente forte do PT em sua origem, que era dada pela sua vinculação real às lutas populares. A eleição em 2002 foi, por isso, uma *vitória política tardia*. Nem o PT, nem Lula, nem o país eram mais os mesmos. O Brasil estava desertificado, enquanto o PT havia se desvertebrado. E Lula havia se convertido em mais um instrumento da velha conciliação brasileira.

---

[12] Ricardo Antunes, *A desertificação neoliberal no Brasil: Collor, FHC e Lula*, cit.

144 *O continente do labor*

Uma das mais destacadas lideranças operárias desse ciclo do *novo sindicalismo* havia sido metamorfoseada em um novo instrumento das classes dominantes.

Quais são as explicações para esse *transformismo*? Por que, ao invés do início da *ruptura* com o neoliberalismo, o governo de Lula, tendo o PT como principal força política de sustentação, seguiu o curso fácil da *continuidade* em relação ao governo anterior, particularmente no que diz respeito à política econômica de incentivo ao grande capital, financeiro e produtivo?

As explicações são por certo complexas, mas encontram-se em grande medida inseridas na contextualidade vivenciada nos anos 1990, quando presenciamos movimentos de grande amplitude, com o claro significado de uma contrarrevolução prolongada no Brasil. Seus principais traços foram:

1. a enorme proliferação do neoliberalismo em toda a América Latina, com exceção de Cuba;
2. o desmoronamento do chamado "socialismo real" e a prevalência equivocada da tese que propugnava a vitória do capitalismo;
3. a social-democratização de parcela substancial da esquerda e seu influxo para a agenda social-liberal, eufemismo usado para "esconder" sua real face neoliberal.

O PT, partido que se originou no seio das lutas sociais, sindicais e de esquerda, no fim dos anos 1970, que surgiu sob o signo da recusa tanto do "socialismo real" quanto da social-democracia, desde os anos 1990 oscilava entre a resistência ao desmonte neoliberal e a aceitação da política da moderação e da adequação à ordem. Ao mesmo tempo que lutava contra o receituário e a pragmática neoliberais, aumentava sua sujeição aos calendários eleitorais, atuando cada vez mais como partido eleitoral e parlamentar.

De partido de resistência *contra a ordem* capitalista (desprovido, entretanto, desde sua origem, de solidez teórica-política e ideológica, visto que seus setores dominantes recusavam abertamente tanto o marxismo como a postura revolucionária), o partido foi se metamorfoseando cada vez mais em prisioneiro dos calendários eleitoral-institucional e das alianças "amplas", até se tornar um partido policlassista. As derrotas eleitorais de Lula em 1994 e em 1998 intensificaram seu *transformismo*, uma vez que o diagnóstico que se fazia acerca do elemento causal das derrotas apontava a necessidade de "alargar" e "ampliar" a política do partido *para toda a sociedade*.

Implementou-se cada vez mais uma política de alianças muito ampla, com vários setores do centro e mesmo da direita, defendida (quando não imposta) pelo partido por determinação de Lula, como condição necessária para que ele aceitasse candidatar-se pela quarta vez. E suas posições encontraram sempre o apoio dos setores dominantes do partido, cuja tendência mais importante dentro da base de apoio a Lula era aquela que se denominava "Articulação"[13].

---

[13] Em sua campanha eleitoral em 2002, o PT fez alianças à esquerda, com o Partido Comunista do Brasil (PCdoB) e outros agrupamentos menores, mas foi muito mais amplo em direção ao centro e à direita, como o Partido Liberal (PL), pequeno agrupamento político de centro-direita que indicou como

Contra muitos dos valores que marcaram sua origem, o PT implantou, então, uma política que consolidava definitivamente a nova fase de plena sujeição à institucionalidade. Um exemplo é bastante esclarecedor: quando, no fim do governo FHC, em 2002, houve um acordo de "intenções" com o FMI, esse organismo financeiro internacional, que segue as diretrizes impostas por Washington, exigiu que os candidatos à presidência manifestassem sua concordância com os termos e condições do acordo.

O PT de Lula publicou, então, a "Carta ao povo brasileiro", onde deixava clara a sua adesão ao documento, evidenciando sua política de subordinação ao FMI e aos setores financeiros internacionais. Por isso, esse documento tornou-se conhecido como "Carta aos banqueiros". O PT de Lula, para ganhar as eleições, deveria integrar--se definitivamente à chamada fase da *mundialização e financeirização do capital*, adaptando-se ao mundo globalizado e aos seus imperativos dominantes.

Como era de se esperar, houve forte oposição de setores de base e da militância do PT, bem como dos movimentos sociais, do sindicalismo de classe e do MST. Mas essa política acabou sendo imposta pela direção e pelos setores majoritários do partido, uma vez que era considerada inevitável para que a vitória política e eleitoral fosse obtida em 2002.

Vale lembrar que o Brasil é um país dotado de um conservadorismo enorme, que sempre procurou impedir que a classe trabalhadora pudesse se converter em real força política alternativa. A cada possibilidade de ruptura, os setores dominantes responderam ora com a repressão, ora com a conciliação. Se em 1989 todas as medidas foram tomadas para impedir a vitória de Lula e dos partidos de esquerda, em 2002 os setores dominantes conseguiram sujeitar a maior força de esquerda do país (o PT) e sua principal liderança aos imperativos do capital. Foi exatamente assim que o Partido dos Trabalhadores foi se metamorfoseando e convertendo-se em um *partido da ordem*. E Lula passou a gozar da confiança das principais frações das classes dominantes, incluindo a burguesia financeira, o setor industrial e até mesmo o agronegócio.

É preciso acrescentar que a vitória eleitoral de Lula (e do PT) nas eleições de 2002 teve um significado real e simbólico muito expressivo, pois, pela *primeira vez na história do Brasil, uma candidatura operária tornou-se vitoriosa, depois de três campanhas presidenciais derrotadas*. Mas, como vimos, nem o PT nem Lula eram os mesmos, o que foi corroborado desde seus primeiros atos de governo, pautados por um projeto de clara *continuidade* ao neoliberalismo, ainda que sob a denominação de *social-liberalismo*. Sua política econômica, por exemplo, foi de claro benefício aos capitais financeiros, reiterando a dependência aos ditames do FMI.

Seu governo, tanto o primeiro quanto o segundo, preservou a estrutura fundiária concentrada e pautou-se pela completa ausência da reforma agrária e pelo enorme incentivo ao agronegócio; deu apoio aos fundos privados de pensão, ajudando a desmontar a previdência pública; exigiu a cobrança de impostos dos trabalhadores

---

candidato a vice-presidência um importante industrial de Minas Gerais, consolidando a tendência policlassista e moderada que dominava a cúpula do PT.

146   O *continente do labor*

aposentados (imposição feita pelo FMI e aceita sem oposição pelo governo Lula), o que significou uma ruptura com parcelas importantes do sindicalismo dos trabalhadores públicos, que passaram a fazer forte oposição ao governo.

Sua política de liberação dos transgênicos atendeu às pressões das grandes transnacionais, como a Monsanto; sua política monetarista de *superávit primário* pretendeu sempre garantir a plena remuneração dos capitais financeiros; e, *last, but not least* [por último, mas não menos importante], tornou-se responsável pela montagem de uma estrutura política de corrupção que herdou o mesmo modelo dos governos anteriores, garantindo uma simbiose nefasta entre governo e seu quadro político de apoio parlamentar, com recursos tanto públicos quanto privados. Tudo isso demonstra que o primeiro governo Lula (2002-2006) foi muito mais de *continuidade* do que de *descontinuidade* frente à política neoliberal, tendência que essencialmente se manteve, ainda que com algumas nuances, no segundo mandato (2006-2010). Este se sustentou em um leque de forças políticas que ampliou ainda mais a sua base de apoio em núcleos da direita tradicional brasileira, que participaram diretamente do ministério.

A única alteração significativa do primeiro para o segundo governo foi uma resposta à crise política aberta com o "mensalão", como ficou conhecida a política de corrupção que quase levou o primeiro governo ao *impeachment*. Mas aqui é importante destacar que, apesar da evidente oposição política que os partidos de centro (como o PSDB) e de direita (como o PFL – que depois mudou sua denominação para Democratas) fizeram ao governo Lula durante a crise do "mensalão", houve um claro acordo *entre os principais setores das classes burguesas contra* o *impeachment* de Lula, visto que a política econômica de seu governo era de cabal apoio, garantia e preservação dos grandes interesses do capital, já que preservava as altas taxas de lucros para o capital financeiro, o grande capital produtivo e os setores agroexportadores.

Ao perceber que seu governo somente se manteve, durante a crise, pelo fato de que foi respaldado pelos setores burgueses dominantes, o segundo mandato de Lula concluiu que era fundamental que ele ampliasse sua base de sustentação, desgastada junto a amplos setores da classe trabalhadora organizada, que haviam se decepcionado politicamente com as medidas do governo Lula.

Foi então que se deu, já no início do segundo mandato, uma alteração política importante: Lula, depois da completa falência do programa social Fome Zero, ampliou o Bolsa Família, política focalizada e assistencialista (ainda que de grande amplitude), uma vez que atingiu, em 2009, aproximadamente 12 milhões de famílias pobres (cerca de 40 milhões de pessoas com renda salarial baixa) que, por isso, receberam em média o equivalente mensal a U$ 30. Essa "política social", citada como exemplo pelo Banco Mundial, ampliou significativamente a base social de apoio a Lula, uma vez que ela é, quantitativamente falando, muito mais abrangente do que as políticas assistencialistas dos governos anteriores, como de FHC, que, com sua Bolsa Escola, não atingiu mais do que 2 milhões de famílias. Essa ampliação junto aos estratos mais empobrecidos compensou o apoio que Lula e o PT perderam em vários setores organizados da classe trabalhadora.

Desse modo, o governo Lula articulou as duas pontas da barbárie brasileira: sua política econômica remunerou como nenhuma outra as diversas frações burguesas e, no extremo oposto da pirâmide social, onde encontramos os setores mais desorganizados e empobrecidos da população brasileira, que dependem das doações do Estado para sobreviver, ofereceu uma política assistencial, sem tocar sequer minimamente em nenhum dos dois pilares estruturantes da tragédia brasileira.

A grande popularidade que o governo Lula encontrou em 2008 decorre, então, do fato de seu programa social ter tido uma amplitude que nunca havia sido atingida pelos governos conservadores oriundos das classes dominantes. E, paralelamente a essa ampliação de sua política social assistencialista e focalizada, o governo Lula garantiu para os grandes capitais financeiros (bancos e fundos de pensão), como também para os capitais produtivos (siderurgia, metais pesados, agroindústria etc.), altos lucros – em verdade, os maiores da história recente do Brasil.

Se isso já não bastasse, seu governo ainda contou com o suporte de uma forte parcela da burocracia sindical que se atrelou ao Estado, na dependência de verbas públicas, e, desse modo, garantiu o apoio das cúpulas sindicais ao governo. A CUT e a Força Sindical, inimigas no passado, passaram a conviver nos mesmos ministérios do governo Lula.

No que concerne à liderança de Lula, é preciso dizer que ele a exercitou exemplarmente, sendo, de alguma forma, uma espécie de reinvenção do getulismo. Manteve e preservou sua empatia "direta" com as massas, exercendo seus fortes traços arbitrais e carismáticos, quase messiânicos. Em uma quadra histórica em que as frações dominantes não puderam garantir, nem em 2002, nem em 2006, a sucessão presidencial, Lula tornou-se expressão de um governo que *fala para os pobres, vivencia as benesses do poder e garante a boa vida dos grandes capitais*. Uma espécie de *semibonaparte* (para lembrar Engels e Trotski), recatado frente à hegemonia financeira e hábil no manuseio de sua base social, que foi migrando dos trabalhadores organizados para os estratos mais penalizados e pauperizados que recebiam o programa Bolsa Família.

Distanciado de sua origem operária, submerso no novo *ethos* de "classe média", galgando degraus ainda mais altos na escala social, tudo isso foi convertendo Lula em uma variante de "homem duplicado" que passou a admirar cada vez mais os exemplos daqueles que vêm "de baixo", mas vencem *dentro da ordem*. Sua nova forma de ser gerou uma *consciência invertida de seu passado e um deslumbramento em relação ao presente*.

Como consequência dessa metamorfose e desse *transformismo*, se não foi confrontado nenhum elemento estrutural que mantém e preserva a miséria brasileira, em contrapartida, seu governo demonstrou enorme competência em dividir os *trabalhadores privados* em relação aos *trabalhadores públicos*. Se não fosse trágico, poder-se-ia dizer que o *partido e o seu líder, que surgiram na luta de classes, converteram-se em incentivadores da luta intraclasse*.

O mais importante partido de esquerda das últimas décadas, que tantas esperanças provocou no Brasil e em outras partes do mundo, assemelha-se, em seus núcleos dominantes, ao *New Labour* da velha Inglaterra. Exauriu-se enquanto partido de esquerda, que pretendia transformar a ordem societal, para tornar-se um gestor dos grandes interesses dominantes no país. Converteu-se em um partido que sonha humanizar o capitalismo, adotando uma política de privatização dos fundos públicos que atendeu tanto aos

148 *O continente do labor*

interesses do sindicalismo de negócios (interessado nos fundos de pensão) quanto ao sistema financeiro, que efetivamente dominou a política econômica de seu governo.

Como Lula pôde governar durante pelo menos seis anos sob um cenário econômico internacional muito favorável, pôde, em seu segundo mandato, incentivar uma retomada do crescimento econômico, que atingiu cerca de 5% em 2008, o que fez diminuir os níveis anteriores de alto desemprego. Mas, com a intensificação da crise estrutural do sistema de capital, a partir de 2007, inicialmente nos Estados Unidos e, em seguida, na Europa e na Ásia, as repercussões da crise passaram a afetar de maneira dura os níveis de emprego e crescimento no Brasil, no fim de 2008, fazendo aflorar a fragilidade e dependência do crescimento do país, que se desenvolveu em função, por um lado, dos investimentos oriundos do capital financeiro que se utilizaram das mais altas taxas de juros do mundo e, por outro, do aumento dos preços das *commodities*, impulsionado pela enorme expansão da China. Mas esse cenário começou a se alterar, já no segundo semestre de 2008.

O governo Lula, que poderia ter ao menos iniciado o primeiro embate contra o neoliberalismo no Brasil (pois qualquer outra expectativa seria exagerada e mesmo infundada), tornou-se dele prisioneiro, convertendo-se em uma variante social-liberal que *fortaleceu* ao invés de *desestruturar* os pilares da dominação burguesa no país. Aquele que, em meados dos anos 1970, mostrava-se como expressão simbólica das possibilidades de ruptura, três décadas depois converteu-se no principal instrumental da conciliação de classes no Brasil. Uma vez mais, caminhava-se dando um passo à frente e dois para trás.

V.

Se nos primeiros anos de seu segundo mandato Lula recuperou seu apoio nos distintos estratos, atingindo níveis altos de popularidade, é visível também a ampliação do descontentamento social e político dos diversos movimentos sociais que recusaram a cooptação e a política assistencial. O MST, ainda que não tenha feito um ataque frontal ao governo Lula, mas por vezes tenha lhe oferecido um apoio crítico, ainda assim continuou com sua política de ocupação de terras e de confrontação ao agronegócio e aos transgênicos. E o maior descontentamento em suas bases é sinal de mudança em relação ao governo Lula.

No campo sindical também o quadro alterou-se muito. O sindicalismo combativo, derrotado pela política de forte cooptação do governo Lula, vem procurando, por meio de seus setores mais à esquerda, criar novos polos de organização, resistência e confrontação ao governo, aglutinando os setores claramente socialistas e anticapitalistas na Coordenação Nacional de Lutas (Conlutas) e na Intersindical.

A Conlutas foi criada recentemente como embrião de uma nova central dos trabalhadores, rompendo com a CUT e tendo como principal força política o Partido Socialista dos Trabalhadores Unificado (PSTU), além de incorporar parcelas do Partido Socialismo e Liberdade (PSOL) e outros setores de esquerda independentes. Propõe-se a organizar não só os sindicatos, mas também os movimentos sociais extrassindicais, e vem crescendo em importância no último período, avançando na oposição que fez ao governo

Lula, lutando contra a perda de direitos e procurando organizar um amplo espectro de forças sociais que hoje estão fora das organizações existentes.

A Intersindical é também oriunda de setores críticos que romperam com a CUT e conta com boa presença de militantes sindicais do PSOL, ex-militantes do PT e outros setores de esquerda independentes. Tem um perfil mais acentuadamente sindical, voltado para a reorganização do sindicalismo de classe. Ambas, Conlutas e Intersindical, procuram oferecer respostas à conversão da CUT em uma central institucionalizada, verticalizada e dependente do Estado.

No campo da esquerda sindical, ainda que assumindo uma posição de apoio ao governo Lula, temos a recém-formada Central dos Trabalhadores e Trabalhadoras do Brasil (CTB), originada da Corrente Sindical Classista, vinculada ao Partido Comunista do Brasil (PCdoB), que se desfiliou da CUT em 2007 para criar sua própria central.

No campo centro-direita, temos a Força Sindical, já mencionada, que combina elementos do neoliberalismo com o velho sindicalismo que se "modernizou", além de várias pequenas centrais, como a Central Geral dos Trabalhadores do Brasil (CGTB), a União Geral dos Trabalhadores (UGT) e a Nova Central, todas dotadas de pequeno nível de representação sindical e, de algum modo, mais ou menos herdeiras do velho sindicalismo dependente do Estado.

Como pode-se depreender, são inúmeros os desafios que se apresentam para que possa ocorrer uma reorganização do sindicalismo de base e de classe no Brasil, depois da derrota da CUT e do que se denominou de *novo sindicalismo.*

A crescente individualização das relações de trabalho e a tendência das empresas de procurar quebrar o espírito de solidariedade e a consciência de classe e desorganizar ainda mais os trabalhadores dentro das fábricas são desafios decisivos. Combater a ideia falaciosa de que os trabalhadores não são mais operários e sim "colaboradores", prática recorrente das empresas que procuram dissimular a contradição existente entre a *totalidade do trabalho social*, de um lado, e a *totalidade do capital*, de outro, é mais um imperativo fundamental nesse processo de reorganização sindical de esquerda. A luta contra a destruição de direitos e a precarização do trabalho também permanece central na ação cotidiana. Basta dizer que, na produção da cana de açúcar (etanol), o tempo de vida dos trabalhadores, em algumas regiões no norte do Brasil, é menor do que aquele existente na época da escravidão, no século XIX, o que obriga os sindicatos rurais a lutarem contra o trabalho semiescravo no campo.

Além disso, é inteiramente atual a luta pela autonomia, liberdade e independência sindical em relação ao Estado. Em 2008, o governo Lula tomou uma decisão que acentuou o controle estatal sobre os sindicatos, ao determinar que as centrais sindicais passassem a receber o Imposto Sindical, criado na era Vargas, no fim dos anos 1930. Na medida aprovada pelo governo, ao mesmo tempo que as centrais foram legalizadas (o que é positivo), elas passaram a ter direito de recolher o Imposto Sindical[14], o

---

[14] Um dia de salário ao ano de todos os trabalhadores das empresas privadas é recolhido compulsoriamente pelo Estado e repassado para os sindicatos, as federações, as confederações e agora também para as centrais, além da parte que fica para o Estado.

que significa que elas podem viver, no limite, com recursos do imposto e de outras verbas públicas, sem necessitarem da cotização de seus associados. Vale recordar que, quando a CUT surgiu, ela era claramente contrária ao imposto. A Força Sindical, por outro lado, sempre foi favorável a ele, visto que a central surgiu como uma mescla de neopeleguismo e influência neoliberal dentro do sindicalismo. Hoje, ambas têm propostas e ações frequentemente muito assemelhadas.

Sem mencionar o fato de que, no governo Lula, havia centenas de ex-sindicalistas que recebiam altos salários e comissões para participarem do conselho de empresas estatais e de ex-estatais, além de inúmeros cargos em ministérios e comissões criadas pelo governo, aumentando a dependência, o atrelamento e a cooptação de ex-lideranças sindicais que se encontravam dentro do aparelho de Estado.

No espectro dos partidos políticos da esquerda, além da atuação do PSTU e do PCB (que vem se reorganizando), deu-se recentemente a fundação do PSOL, uma tentativa de resposta à conversão do PT em *partido da ordem*. Enquanto o PSOL, o PSTU e o PCB vêm atuando em uma política de frente e de alianças em clara oposição ao governo Lula, o PCdoB participa diretamente desse governo e lhe dá forte apoio.

Portanto, no atual mosaico que caracteriza a esquerda social, sindical e política no Brasil, particularmente aqueles setores de clara inspiração socialista, há um longo caminho a percorrer e a recomeçar. Seu maior desafio é buscar a criação de um polo social e político de base que procure oferecer ao país um programa de mudanças anticapitalistas, combatendo as causas reais e históricas que mantêm a estrutura social e política da dominação burguesa no Brasil. E, desse modo, inserindo-se nas lutas sociais e políticas da América Latina, ajudando a retomar o dilema do século XXI, que nos obriga, uma vez mais, a repor a questão do socialismo.

PARTE III

PANORAMA DO SINDICALISMO NA AMÉRICA LATINA

XI

AS PRINCIPAIS CENTRAIS SINDICAIS LATINO-AMERICANAS*

ARGENTINA**

CGT (Confederação Geral do Trabalho/ Confederación General del Trabajo)

A Confederação Geral do Trabalho (CGT) foi criada em 1930, depois de um golpe militar encabeçado pelo general Félix Uriburu. Rapidamente o governo impôs a lei marcial e perseguiu os sindicalistas mais combativos, em geral anarquistas e comunistas. Nesse contexto, a Confederação Operária Argentina (COA) e a União Sindical Argentina (USA) uniram-se para estabelecer a CGT, de base ideológica heterogênea e prática sindical focada no corporativismo.

Havia profundas divergências na cúpula da central sindical. O Partido Socialista (PS) era então a única organização de esquerda de maior envergadura a se manter na legalidade. Com as eleições de 1932, o PS conseguiu aprovar diversas leis que beneficiavam os trabalhadores. A ação do Partido Comunista ainda era bastante limitada. Os conflitos operários só ressurgiram após o reaquecimento industrial, permitindo o crescimento da influência do sindicalismo dirigido pelos comunistas. Contudo, os setores que se mobilizavam eram independentes da CGT.

Em 1935, a III Internacional passou a adotar a tática de "frente", e os comunistas argentinos se aproximaram do PS. Depois dessa guinada, novos sindicatos se filiaram à CGT. Em dezembro daquele ano, o questionamento do "neutralismo" da cúpula sindical em relação ao fascismo resultou na divisão da central. Formaram-se duas frações sindicais: a CGT da Rua Catamarca, dirigida pelos corporativistas, com pouca expressão, e a CGT Independência, controlada pelos socialistas. Era a principal central operária da época, com 262 mil afiliados.

---

* A autoria dos textos apresentados a seguir está indicada em notas de rodapé, e cada um deles foi revisado e reelaborado pelo autor do livro. (N. E.)

** Por Filipe Raslan. (N. E.)

Surge o peronismo

Uma nova divisão ocorreu em 1943, num momento em que o PC exigia o apoio total à guerra contra o nazismo. Uma fração socialista próxima ao governo, que tinha uma posição vacilante em relação ao conflito mundial, formou a CGT n. 1. Outra fração socialista e o PC fundaram a CGT n. 2, dissolvida após o golpe de Estado de junho de 1943 devido a seu vínculo com o PC. Contudo, a grande mudança do movimento operário deu-se nessa ocasião, quando o coronel Juan Domingo Perón tornou-se secretário do recém-criado Departamento Nacional do Trabalho. Surgia o peronismo, que levou o movimento operário a reformular sua organização interna, sua relação com o Estado e sua própria identidade.

A partir das antigas reivindicações concedidas aos trabalhadores por Perón, bem como dos privilégios oferecidos à burocracia sindical, o peronismo despontou como a grande corrente do movimento sindical argentino, posicionando-se de maneira geralmente conciliatória nas disputas. A colaboração com o Estado tornou--se a grande tática da CGT. A burocracia permaneceu colaboracionista mesmo depois do golpe de Estado que derrubou Perón, em 1955. Contudo, essa fase de conciliação durou pouco, pois os golpistas colocaram a CGT sob intervenção. O peronismo respondeu com duros combates operários durante todo o ano de 1956. No ano seguinte, durante o congresso da central, os interventores sofreram grave derrota: constituiu-se um bloco com 62 organizações independentes, dirigidas pelos peronistas e apoiadas pelo PC, bem mais forte que os 32 "grêmios democráticos" favoráveis ao governo.

A central voltou a apoiar um governo golpista em 1966. Foi uma nova derrota, pois os militares adotaram medidas que prejudicavam os trabalhadores, fazendo retroceder diversas conquistas sociais. Três anos depois, a cidade de Córdoba viveu um conflito aberto, pois a CGT local, dirigida pelo peronismo combativo, deflagrou uma greve que teve como saldo centenas de mortos: o *Cordobaço*.

A CGT pós-Perón

Nas eleições de 1973, Perón voltou ao poder em uma conjuntura na qual os laços do capital internacional na economia argentina eram muito mais profundos. A política econômica recessiva impunha à classe operária severas restrições, e as greves, dirigidas pelos peronistas combativos, retornaram ao cenário político. Com a morte de Perón, em 1974, sua esposa e vice-presidente, Isabelita Perón, assumiu o poder e fez um acordo com o alto comando militar, intervindo nos sindicatos combativos. Porém, não conseguiu conter o movimento grevista e foi derrubada pelos militares.

Mesmo colocada na ilegalidade, a CGT, fazendo-se representar pelos setores mais combativos, manteve mobilizações que foram duramente reprimidas. Com o agravamento da crise do governo ditatorial, a entidade, que estivera dividida durante todo o período, conseguiu unificar-se "pelo alto" e controlar as mobilizações operárias. As eleições de 1983 deram a vitória a Raúl Alfonsín, com a ajuda da CGT. A central manteve seu atrelamento com os governos seguintes, especialmente o de Carlos Menem, privilegiando sempre posições corporativistas e burocráticas.

CTA (Central do Trabalhadores Argentinos/ Central de Trabajadores de la Argentina)

A Central dos Trabalhadores Argentinos (CTA) foi fundada em 1992, durante o Primeiro Congresso Nacional dos Trabalhadores Argentinos, como resposta ao avanço da política neoliberal, aplicada por Carlos Saúl Menem, e ao sindicalismo burocrático e empresarial da Confederação Geral do Trabalho (CGT). A Associação de Trabalhadores do Estado (ATE) e a Confederação de Trabalhadores da Educação da República Argentina (CTERA), categorias diretamente afetadas pelas contrarreformas neoliberais, encabeçaram a formação da nova central. Ela abrange uma vasta gama de correntes que vão desde a esquerda trotskista radical, passando por socialistas e comunistas, até a democracia cristã.

Esses setores pretendiam montar uma central em que houvesse autonomia em relação ao Estado e aos partidos políticos; eleições diretas para as seções locais, estaduais e nacional; e filiação direta, tanto de trabalhadores ocupados quanto de desempregados. Esse último aspecto aproximou a CTA das novas tendências das mobilizações populares na Argentina. Entre elas se destaca o movimento dos piqueteiros, formado principalmente por trabalhadores sem emprego que fazem "cortes" de vias, dificultando o abastecimento das grandes cidades.

BOLÍVIA*

COB (Central Operária Boliviana/ Central Obrera Boliviana)

A Central Operária Boliviana foi criada no auge do movimento de massas da revolução de 1952. Durante seu congresso de fundação, assumiu as teses de Pulacayo, que haviam sido aprovadas em 1946 pela Federação de Mineiros da Bolívia. Tais teses, de forte influência trotskista, constituíram-se no eixo político da entidade durante os seus primeiros anos.

O grande mérito da COB foi a unificação do movimento sindical da Bolívia, na qual convivem desde os setores reformistas até a ultraesquerda. Isso lhe garantiu uma presença política fundamental, especialmente nos momentos de ascensão das lutas sociais. Durante as revoluções de 1952 e 1970-1971, ela se apresentou como eixo de um poder alternativo ao do Estado.

Em 1970, sob o governo do general Juan Torrez, a Central lançou a proposta da Assembleia Popular, para servir de aglutinador desse duplo poder. A Assembleia foi instalada em 1º de maio do ano seguinte, sob a presidência de Juan Lechín, dirigente da COB desde 1952. Para acabar com tal iniciativa, a burguesia boliviana recorreu, mais uma vez, a um golpe militar.

Nos anos seguintes, a COB continuou a ser a referência principal na luta popular. Em 1979, por exemplo, a Confederação Sindical Única dos Trabalhadores

---

* Por Daniel Romero. (N. E.)

156 O *continente do labor*

Camponeses da Bolívia (CSUTCB) rompeu com a tutela do Estado e se filiou à central operária.

Em 1987, o Partido Comunista Boliviano (PCB) conquistou a direção da entidade, até então controlada por Lechín. Nos anos seguintes, a Central mostrou-se incapaz de responder aos ataques neoliberais, num momento em que os setores operários perdiam importância no cenário nacional. Em razão disso, um dos temas frequentes nos congressos girava em torno da atribuição de mais espaço político, na direção da Central, aos setores camponeses e aos trabalhadores urbanos não operários (pelos estatutos da COB, os operários devem representar 51% dos delegados do congresso, além de assumirem os principais cargos de direção).

Durante o XIII Congresso da COB, realizado em 2000, ela retomou posições combativas, já refletindo a nova ascensão do movimento operário. A entidade organizou manifestações pela nacionalização do gás e do petróleo. Além disso, teve um papel importante no combate aos governos do presidente Gonzalo Sánchez de Losada, que renunciou em 2003, e do vice-presidente Carlos Mesa, que abandonou o poder em 2005.

Brasil*

CUT (Central Única dos Trabalhadores/ Central Unitaria de Trabajadores)

A CUT nasceu da associação de diversas forças com tradições sindicais distintas – setores da esquerda, da pastoral operária, sindicalistas independentes – que tinham como objetivo a construção de um sindicalismo autônomo, em oposição ao atrelamento das entidades sindicais às estruturas do Estado. Nasceu rejeitando as formas de conciliação de classe e defendendo o amplo direito de greve e uma ação sindical mais combativa nos embates com governos e patrões. O "sindicalismo cutista" buscava representar os assalariados do campo e da cidade e também a emergente organização dos trabalhadores de setores médios e de serviços, tais como bancários, professores, médicos, funcionários públicos etc.

O projeto de criar uma central de mobilização e luta dos trabalhadores em nível nacional teve como pano de fundo as articulações, disputas, divisões e contradições entre as três principais forças que atuavam no movimento sindical: os sindicalistas acomodados na estrutura sindical, os dirigentes vinculados à esquerda operária católica e os ativistas articulados em torno da esquerda tradicional – Unidade Sindical. A oportunidade para realizar tal articulação ocorreu em 1978, no V Congresso da Confederação Nacional dos Trabalhadores na Indústria (CNTI). A união de ativistas sindicais contra a direção da entidade, na ocasião presidida por Ary Campista, foi um ensaio de unidade e mobilização dos dirigentes mais

---

* Por Jair Batista da Silva. (N. E.)

ativos, que constituíram uma identidade política própria, passando a denominar-se sindicalistas autênticos. Faziam parte desse grupo diversas lideranças que, depois, criariam a CUT – entre elas Luiz Inácio Lula da Silva –, além de sindicalistas ligados ao Partido Comunista Brasileiro (PCB).

O movimento das oposições sindicais, cuja expressão mais fortemente articulada era o Movimento da Oposição Sindical Metalúrgica de São Paulo (MOMSP), também contribuiu para a constituição da CUT. A primeira iniciativa para reunir, organizar e mobilizar as diferentes forças de esquerda que atuavam no movimento sindical ocorreu no congresso da MOMSP realizado em São Paulo, em 1979.

Outra intervenção importante viria da Associação Nacional dos Movimentos Populares e Sindicais (Anampos). A entidade realizou quatro congressos nacionais entre 1980 – Encontro de Monlevade – e 1982 – Encontro de Goiânia. No primeiro encontro foi aprovado o Documento de Monlevade, no qual se estabeleceram as principais bandeiras e orientações: luta pela democratização da estrutura sindical, seguindo o que rege a Convenção 87 da Organização Internacional do Trabalho (OIT), mas resguardando o princípio da unidade sindical, fim dos impedimentos jurídicos que restringem o pleno direito de greve e reivindicação da negociação direta entre trabalhadores e patrões, sem a mediação ou intervenção do Estado.

Da Conclat à CUT

Na I Conferência Nacional das Classes Trabalhadoras (I Conclat), realizada em 1981, estiveram reunidas, pela primeira e última vez, as diferentes forças, tendências e correntes do espectro político sindical brasileiro. Entretanto, as disputas e divergências entre as forças reunidas – por um lado, em torno da Unidade Sindical e, por outro, ao redor da Anampos – propiciaram o clima político à ruptura da unidade do movimento, a qual se aprofundaria ao longo das décadas de 1980 e 1990.

Mesmo com essa divisão, foi fundada, em agosto de 1983, em São Bernardo do Campo (SP), a Central Única dos Trabalhadores, congregando os setores identificados com a Anampos. Eles defendiam, de modo geral, um sindicalismo independente da interferência estatal, mais democrático e atuante, sem acomodação à estrutura sindical. A CUT deveria garantir não apenas o acesso mais amplo da classe trabalhadora às entidades e à estrutura sindical, mas também ampliar os direitos de organização para todos os indivíduos.

Os caminhos trilhados pelo sindicalismo propugnado pela CUT, do momento de sua fundação ao seu III Congresso (1988), representaram a lenta, mas significativa mudança na sua práxis sindical, cujo conteúdo mais evidente foi o abandono do ideário curiosamente denominado movimentista, libertário, socialista e conflitivo.

Com essa mudança no perfil da ação e dos ativistas sindicais no interior da CUT, a partir do III Concut, as práticas mais combativas deram lugar a um padrão de ação sindical mais pragmático e negociador. Foi sendo construída a figura do "sindicalista profissional", que fundamenta sua ação de modo mais racional e pragmático nas disputas com governos e patrões. A consequência foi a redução dos conflitos para dar lugar a ações mais negociadas.

158 *O continente do labor*

Institucionalização e moderação

Um elemento importante para abrandar as ações de caráter mais radical da CUT seria o processo de institucionalização vivido pela central, expresso nos mais variados documentos, teses e discussões levantadas pela tendência majoritária (Articulação Sindical), ao afirmar que o objetivo central é a organização da nova entidade, e não a organização direta no movimento sindical e operário.

Assim, nos anos 1990, se sedimentou, no interior da CUT, um tipo de sindicalismo que ficou consagrado na literatura como propositivo. Essa práxis sindical tem na noção de negociação seu elemento principal e estruturante. Ela considera que não basta os trabalhadores assumirem uma conduta de rejeição, sendo fundamental, em face dos dilemas enfrentados, construírem alternativas viáveis para superá-los. Assim, rejeitando a estratégia de confronto predominante na década de 1980, a CUT defendeu e praticou um sindicalismo cada vez mais moderado, em boa medida resultante do refluxo da atividade sindical no plano nacional e internacional.

Força Sindical

A Força Sindical é resultante do processo de rearticulação de antigas lideranças sindicais e da tentativa de renovação de setores denominados "pelegos", com a presença de alguns ativistas participantes das greves de 1978-1979 e da fundação da CUT. Sua criação, em março de 1991, por aproximadamente 2 mil sindicalistas, representando 786 sindicatos, 38 federações e 3 confederações, pode ser vista como um desdobramento do chamado sindicalismo de resultados. Este surgiu da articulação de duas trajetórias sindicais distintas, que convergiram na segunda metade da década de 1980. Os dois grupos eram representados pelas lideranças de Luiz Antônio de Medeiros, do Sindicato dos Metalúrgicos de São Paulo, e de Antônio Magri, que fez sua carreira política no Sindicato dos Eletricitários do Estado de São Paulo. A práxis sindical de ambos, assimilada pela Central, não questiona a hegemonia política e ideológica do capitalismo. Nesse sentido, o sindicalismo defendido e praticado na Força Sindical rejeita ações de confronto com os patrões, possibilidade apenas admitida depois de esgotadas todas as formas de negociação.

Se a Força Sindical é a manifestação mais organizada da direita no movimento sindical, não se deve esquecer da presença de outras centrais do mesmo espectro político, tais como a Confederação Geral dos Trabalhadores (CGT) e a Social Democracia Sindical (SDS). Desse modo, a pretensa despartidarização ou desideologização do movimento sindical – tese defendida e enunciada com frequência pelos dirigentes da Força Sindical – estimula justamente a situação inversa, isto é, a maior ideologização do movimento.

Nos últimos tempos, a Força Sindical ampliou sua influência. Contando com um número significativo de sindicatos e, em especial, com o forte Sindicato dos Metalúrgicos de São Paulo, ela despontou como a rival da CUT no cenário sindical.

No entanto, se as duas centrais tinham concepções, práticas e mecanismos políticos diferenciados uma da outra, as diferenças vêm diminuindo. Essa identidade manifesta-se na assinatura de documentos, iniciativas em comum etc. Isso tem levado os

As principais centrais sindicais latino-americanas   159

sindicatos e sindicalistas mais identificados com o ideário socialista e mais combativos a romper, especialmente com a primeira, e a construir outra experiência de unidade política dos trabalhadores.

CHILE*

CUT (Central Unitária de Trabalhadores/ Central Unitária de Trabajadores)

A Central Unitária de Trabalhadores (CUT) foi criada em 1988, em meio ao processo de derrocada do regime ditatorial de Augusto Pinochet. Retomou a sigla da central extinta em 1973 – a Central Única de Trabalhadores –, logo após o golpe que derrubou o presidente Salvador Allende. A primeira CUT congregou sindicatos e federações de trabalhadores do serviço público e do setor privado, apresentava caráter classista e tinha como princípio a luta contra o capitalismo. Promoveu forte oposição a governos conservadores, pressionando-os por alterações da estrutura socioeconômica chilena e pelo combate às investidas imperialistas interessadas na extração de minérios no país. Foi também importante instrumento de luta no governo socialista de Allende.

As origens da nova CUT remontam ao final da década de 1970. Em 1978, sindicatos socialistas e comunistas, e uma parte da democracia cristã mais progressista, fundaram a Coordenadoria Nacional Sindical (CNS). Durante a década de 1980, a CNS, mesmo perseguida e ameaçada pela ditadura militar, promoveu manifestações e paralisações. Em 1988, num momento de protestos e movimentações pelo fim do regime, e em meio à realização de um plebiscito sobre a permanência deste, o empreendimento deu origem à nova CUT.

O fim do autoritarismo e a ascensão dos grupos que formaram a Concertación de Partidos por la Democracia – que se encontra até o momento no poder – não significaram, contudo, uma real alteração nas bases socioeconômicas chilenas. Os preceitos neoliberais permanecem como guias da economia nacional e as consequências são sentidas no elevado grau de precarização e superexploração da força de trabalho. A recente expansão capitalista no Chile foi realizada sobre um trabalho fortemente flexibilizado, barato e com poucos direitos à negociação coletiva. Um exemplo é a indústria mineradora – bastião do movimento operário –, na qual o nível de subcontratação cresceu, no período de 1985 a 1996, de 4,6% para 40%.

Assim, as organizações sindicais no Chile estão seriamente debilitadas. A nova CUT, maior central sindical do país, tem um poder notadamente inferior à sua homônima do passado. Na década de 1990, ela representou somente 17% da força de trabalho organizada e 4% da força de trabalho total.

Acrescenta-se a esse cenário o fato de que a ideologia da Concertación penetrou nas lideranças da CUT. Para os moderados dirigentes da central, "concertação social"

---

* Por Sávio Cavalcante. (N. E.)

160 O *continente do labor*

significava "sindicalismo moderno". O Estado deveria se ausentar da relação entre capital e trabalho para que empresas e sindicatos alcançassem níveis maiores de entendimento. A tentativa de implementação de relações de trabalho equitativas e justas, contudo, não apresentou sucesso, haja vista a crescente precariedade das formas de trabalho e a permanência da desigual distribuição de renda, mesmo com o crescimento da economia.

Em um contexto marcado por conflitos no interior da central e dos partidos que a compõem, assim como de multiplicação de greves ilegais e protestos contra a flexibilização das leis do trabalho e em defesa de uma rede de proteção social, há uma quebra, ao menos formal, da linha pró-concertação. Em virtude de um processo de "refundação", iniciado em 2003, a CUT defende, no plano do discurso, a necessidade da luta política mais ampla contra o neoliberalismo e seus efeitos nefastos para o trabalhador chileno, embora ainda apresente tendências colaboracionistas e sinta, em sua estrutura, as fissuras causadas pelas transformações do capitalismo no país.

Colômbia*

CUT (Central Unitária de Trabalhadores/ Central Unitaria de Trabajadores)

Três grandes centrais sindicais coexistem na Colômbia: a Central de Trabalhadores da Colômbia (CTC); a Confederação Geral do Trabalho (CGT) e a Central Unitária de Trabalhadores (CUT). Esta foi fundada, em 1986, por setores de esquerda, que na ocasião representavam mais de 80% do movimento sindical no país. Atualmente, 65% dos trabalhadores sindicalizados estão ligados à CUT.

O movimento sindical colombiano tem desafios ainda maiores que os normalmente enfrentados por seus vizinhos latino-americanos. Uma guerra civil não declarada atinge o país há mais de meio século – o marco inicial do conflito foi o assassinato de Jorge Gaitán, líder do Partido Liberal (PL), em 1948 – e os dirigentes sindicais acabam sendo as vítimas preferenciais de violações de direitos humanos. A violência volta-se claramente contra as centrais menos alinhadas com o governo: mais de 90% das violações de direitos humanos atingiram sindicalistas da CUT, enquanto apenas 6% dos quadros da CGT foram vítimas e a CTC não teve casos registrados em 2004.

A violência contra o movimento sindical, aliada à deterioração do mercado de trabalho nos anos 90, em face da adoção de políticas neoliberais, fez com que as taxas atuais de filiação sindical regredissem aos níveis de 1947, quando eram de 4,7%. Em 1965, no auge do crescimento da população sindicalizada, o índice alcançava mais de 13%.

Segundo dados da Escola Nacional Sindical (ENS), a central que mais assina convenções coletivas é a CUT, com 45% do total, seguida pela CGT com 8,5% e pela CTC com cerca de 2%. Os trabalhadores cobertos por negociação coletiva têm

---

* Por Isabella Jinkings. (N. E.)

melhores condições de trabalho e maior nível de renda do que os demais. Somente cerca de 1% da população ocupada na Colômbia tem acesso à negociação coletiva. A ENS atribui essa situação à baixa taxa de sindicalização da população ocupada, à prática de negociar por empresas, em detrimento de negociações setoriais, à violência contra sindicalistas e à flexibilização do mercado de trabalho.

CUBA*

CTC (Central de Trabalhadores de Cuba/ Central de Trabajadores de Cuba)

A história da criação da Central de Trabalhadores de Cuba tem sua origem em 1925, quando foi criada a Confederação Nacional Operária de Cuba (CNOC), no contexto das lutas sociais no país caribenho. Exemplo disso foram as numerosas e prolongadas greves dos trabalhadores, em especial do setor de cigarros. Alguns anos mais tarde, entre 1929 e 1933, Cuba viveu uma crise econômica violenta, com taxas altíssimas de desemprego. Essa situação ajudou a desencadear um movimento de mais de 200 mil trabalhadores do setor açucareiro no decorrer da safra de 1933, que se estendeu aos demais setores, provocando várias greves por todo o país.

Entretanto, a classe trabalhadora não conseguia criar uma força social e política capaz de implementar o programa da revolução agrária e anti-imperialista. Em fevereiro de 1934 promulgou-se o Decreto-lei n. 3, que representou grave derrota para os trabalhadores. O decreto proibia, na prática, o direito de greve, restringindo a legalização das atividades sindicais por meio de sucessivos dispositivos jurídicos, entre os quais a criação dos Tribunais de Urgência.

Em março de 1935, a greve geral revolucionária foi derrotada. A partir de então, muitos decretos garantiram ao patronato a livre contratação e favorecimentos para os *sindicatos amarelos* e para os "fura-greves". Os sindicatos combativos foram considerados ilegais e seus dirigentes proibidos de ocupar cargos executivos nas organizações oficiais.

Mesmo com essa realidade, de 1937 a 1939, ocorreu um fortalecimento do movimento sindical, em um contexto mundial de lutas contra o fascismo. Em janeiro de 1939 (data escolhida em homenagem ao líder cubano José Martí, nascido nesse mês), foi realizado o Congresso de Fundação da Confederação dos Trabalhadores de Cuba (CTC). Contou com a participação de 1.500 delegados, representando 780 organizações, às quais estavam filiados cerca de 645 mil trabalhadores. A criação da CTC representou o auge do trabalho desenvolvido pelo proletariado unitário sob a direção dos comunistas. Desde esse momento, a Confederação teve presença marcante no sindicalismo da ilha, sendo também participante ativa da Revolução Cubana.

---

* Por Claudia Mazzei Nogueira. (N. E.)

162   O *continente do labor*

Trajetória

Desde sua criação até 1958, véspera da Revolução, foram realizados nove congressos da CTC. Um pouco de sua trajetória posterior pode ser perfilada com base nesses eventos.

Em 1959, em plena Revolução, foi realizado o X Congresso da CTC, que contou com 33 federações e aproximadamente um milhão de afiliados. Entre suas decisões destacaram-se o apoio à Revolução, à reforma agrária, à formação das Milícias Nacionais Revolucionárias e o impulso ao desenvolvimento econômico, com o objetivo de combater o desemprego e melhorar o nível de vida dos trabalhadores.

Em 1961, no XI Congresso da CTC, a Confederação passou a se chamar Central de Trabalhadores de Cuba, alterando sua forma de união de federações para se constituir como representante nacional dos trabalhadores cubanos. Seu objetivo primordial era o de unificar os interesses da classe trabalhadora, em termos tanto sindicais como políticos, em torno do Partido Comunista, visando a um claro engajamento no processo revolucionário. O Congresso foi precedido pela criação de 25 sindicatos nacionais de trabalhadores, responsáveis pela substituição das federações das indústrias, bem como pela estruturação de seções sindicais nas empresas.

No XII Congresso, em 1966, os sindicatos nacionais foram reduzidos para catorze, mediante algumas fusões. Nesse momento, a CTC direcionou sua luta para aumentar a produção rural, particularmente a safra de açúcar.

O XIII Congresso, realizado em novembro de 1973, foi marcado pelo fortalecimento do movimento sindical, que traçou as principais diretrizes da participação dos sindicatos na construção e no fortalecimento do socialismo. Nessa época, o número de sindicatos nacionais havia aumentado para 23.

No período que se seguiu até a realização do XIV Congresso, a preocupação do movimento sindical esteve voltada para a melhoria cultural e educacional dos trabalhadores. Deu-se, então, a ampliação das escolas sindicais em todas as instâncias, destacando-se a Escola Nacional de Quadros da CTC, denominada Lázaro Pena. Mais de 64 mil sindicalistas cubanos frequentaram seus cursos, que também contaram com a participação de militantes sindicais e políticos da América Latina, do Caribe e da África.

O XIV Congresso foi realizado em 1978, após o I Congresso do Partido Comunista de Cuba. Devido às exigências do período, deu-se a redução para dezoito sindicatos nacionais. A ênfase do Congresso esteve voltada para a organização mais eficiente da economia. Em 1984, no XV Congresso, os sindicatos nacionais se mantiveram direcionados para a produção e o desenvolvimento do país, dando continuidade ao aperfeiçoamento da estrutura sindical e ao exercício dos direitos dos trabalhadores.

Luta contra a crise

Foi a partir do XVI Congresso de 1990, depois do colapso da União Soviética, que os principais esforços da CTC foram canalizados para superar a profunda crise que se abateu sobre o país em decorrência do fim do apoio dos países do Leste Europeu, com os quais Cuba tinha forte relação de dependência. Quase 3 milhões de trabalhadores e dirigentes sindicais participaram da elaboração de uma estratégia nacional para o enfrentamento dessa nova realidade.

Essa situação se mantém até os dias atuais (2006). A participação dos trabalhadores vinculados à CTC (dezoito sindicatos nacionais e aproximadamente 3 milhões de filiados) é primordial para a busca de soluções para problemas como a inflação, o déficit orçamentário, o desequilíbrio financeiro e outras questões vinculadas prioritariamente aos efeitos do bloqueio norte-americano e aos resquícios da desintegração da União Soviética e do Leste Europeu.

México*

CTM (Confederação de Trabalhadores do México/ Confederación de Trabajadores de México)

Após a Revolução Mexicana de 1910, emergiram sindicatos combativos, que obtiveram, na Constituição de 1917, a regulamentação de vários direitos trabalhistas. Em contrapartida, formaram-se entidades reunindo vários sindicatos, como a Confederação Regional Operária Mexicana (Crom). Era o início do abandono de um sindicalismo autônomo e com aspirações socialistas e de base, para uma aliança, por vezes subordinada e cupulista, com o Estado e em benefício do capital, a qual se mantém até os dias atuais.

Em 1936, no governo Lázaro Cárdenas, foi formada a Confederação de Trabalhadores do México (CTM), unindo trabalhadores no nível federal – como os da indústria, com destaque para os metalúrgicos, petroleiros e mineiros, e dos transportes, como os ferroviários – e nos níveis estadual e regional, reunindo gráficos e outros. O apoio da CTM, da Confederação Nacional Camponesa (CNC) e de outros setores sustentou a formação, em 1946, do Partido Revolucionário Institucional (PRI), mecanismo quase "natural" de passagem de dirigentes sindicais a cargos políticos. Dois anos depois, uma dissidência da CTM, reunindo categorias combativas como as dos ferroviários, mineiros, metalúrgicos e petroleiros, formou a Confederação Unitária do Trabalho (CUT).

Mesmo somando forças, as associações sindicais combativas e as burocratizadas estão longe de representar a totalidade da classe trabalhadora. Contribui para essa dificuldade a enorme diversidade nos sindicatos mexicanos, de práticas, histórias, orientações, estruturas etc. Enquanto os mineiros ou eletricistas têm, por exemplo, organizações de caráter nacional e de forte filiação, os trabalhadores da construção civil, da indústria têxtil e do comércio dispõem, quando muito, de sindicatos pequenos e dispersos. A unidade do movimento sindical mexicano ainda é uma aspiração, apesar das tentativas efetuadas nesse sentido.

Ao longo dos anos 1980 e 1990, os sindicatos enfrentaram forte oposição patronal, que buscava anular, nas negociações coletivas, importantes cláusulas contratuais e manter em baixa os salários, recorrendo ao argumento da crise econômica crônica. Em boa medida, esta resultava das políticas neoliberais adotadas, após 1988, por Salinas de Gortari. Acumulou-se, em seu governo, um crescente descontentamento popular, que culminou, em 1994, na rebelião armada organizada pelo Exército Zapatista de Libertação Nacional.

---

* Por Geraldo Augusto Pinto. (N. E.)

164   *O continente do labor*

Nos anos seguintes, formou-se no México um partido de direita "moderna", o Partido de Ação Nacional, pelo qual, dado o desgaste político do PRI, foi eleito, no ano 2000, o presidente Vicente Fox. Entretanto, pode-se dizer que, desde o governo Salinas, a condução da política mexicana pouco se alterou no sentido de democratizar-se ou mesmo voltar-se para os interesses nacionais.

PERU*

CGTP (Confederação Geral de Trabalhadores do Peru/ Confederación General de Trabajadores del Perú)

Na década de 1920, uma forte corrente marxista firmou-se no movimento operário do Peru. Seu inspirador era José Carlos Mariátegui, fundador do Partido Socialista do Peru, em 1928. Após a morte de Mariátegui, o PS peruano estreitou os laços com a Internacional Comunista e passou a se chamar, em 1930, Partido Comunista Peruano. Pensador original, Mariátegui concebia um processo revolucionário alicerçado na figura do índio, considerado força fundamental em qualquer processo de transformação. Foi um dos fundadores, em 1929, da Confederação Geral de Trabalhadores do Peru (CGTP), que teve curta duração.

Em 1944, o PC peruano e a Aliança Popular Revolucionária Americana (Apra) fundaram a Confederação de Trabalhadores do Peru (CTP), que ficou, a partir de 1945, sob o controle total da corrente aprista.

Em 1964, após o desligamento de correntes maoistas e trotskistas, o PC peruano adotou o nome de PC-Unidade. Depois de tentar retomar o poder na CTP, fundou em 1968, com outros partidos, a nova CGTP, aludindo simbolicamente à confederação criada por Mariátegui. A CGTP logo se tornou a principal central sindical do país.

Na década de 1970, a nova esquerda fez forte oposição à linha colaboracionista, encetada pelo PC-Unidade dentro da CGTP, ao regime do general Juan Velasco Alvarado. Expressivas federações, como a dos mineiros, desvincularam-se da central, somente retornando a ela na década de 1980. A Confederação Camponesa do Peru também se reorganizou, a partir de 1973, à margem da CGTP.

Os principais dilemas enfrentados atualmente pela central sindical são fruto da implementação das políticas neoliberais realizada por Alberto Fujimori na década de 1990. A flexibilização das leis trabalhistas foi o ponto essencial dessas transformações, que originou várias formas de trabalho precárias por meio do crescimento das terceirizações e subcontratações. O já alto índice de subemprego em 1995, de 42,4%, subiu para 60,3% em 2001. A consequência foi a drástica extinção da estabilidade no trabalho, da negociação coletiva dos salários e do controle dos preços, fatores que têm debilitado a ação sindical. A central busca, nos dias de hoje, aumentar os protestos e reivindicações políticas, reagrupando diversas forças sociais.

---

* Por Sávio Cavalcante. (N. E.)

CTP (Confederação de Trabalhadores do Peru/ Confederación de Trabajadores del Perú)

A Confederação de Trabalhadores do Peru (CTP) é fruto da ação de uma importante corrente política que cresceu no país após o enfraquecimento das correntes anarquistas: a Aliança Popular Revolucionária Americana (Apra), fundada em 1924, por Haya de La Torre, o qual defendia a necessidade de uma frente anti-imperialista e a consolidação de um capitalismo nacionalista, com forte presença do Estado e dirigido, sobretudo, pelas camadas médias. A Apra transformou-se em partido político em 1931.

Em 1944, a Apra e o Partido Comunista peruano, após assinarem o Pacto Sindical de Santiago, em um contexto de colaboração de classes, em virtude da luta contra o fascismo, fundaram a CTP, a qual ficou, a partir de 1945, sob o controle aprista.

Nas décadas de 1950 e 1960, o aprismo adotou uma postura mais conservadora, com o fortalecimento das correntes favoráveis à negociação e à colaboração com o governo. A consequência, no campo sindical, foi que a CTP passou a defender o sindicalismo "livre e democrático", vinculando-se à Organização Regional Interamericana de Trabalhadores (Orit) – entidade de apoio ao bloco ocidental na Guerra Fria – e cooperando com o governo dos Estados Unidos no combate ao comunismo.

Na década de 1990, somaram-se à CTP e à Confederação Geral de Trabalhadores do Peru – CGTP (fundada em 1968) – outras duas centrais: a Confederação Autônoma de Trabalhadores do Peru (CATP) e a Central Unitária de Trabalhadores (CUT). Em julho de 2004, elas uniram esforços para promover uma paralisação geral em protesto contra a política econômica e a corrupção do governo, além da escalada dos níveis de desemprego e de miséria da população.

Uruguai*

PIT-CNT (Plenário Intersindical de Trabalhadores – Convenção Nacional de Trabalhadores/ Plenario Intersindical de Trabajadores – Convención Nacional de Trabajadores)

A Convenção Nacional de Trabalhadores (CNT) foi criada em 1966. Cinco anos depois, um novo panorama político começou a ser construído no Uruguai com o surgimento da Frente Ampla (FA), que congregava comunistas, socialistas, democratas-cristãos, battlistas e nacionalistas saídos dos partidos tradicionais da esquerda independente. Essas forças foram duramente atingidas pelo golpe militar de 1973.

Em 1983, foi formada uma nova central, o Plenário Intersindical de Trabalhadores (PIT). Ao lado de outras associações que se mobilizavam contra a ditadura, o PIT participou da formação da Intersocial, cujas seguidas manifestações contribuíram para a realização de eleições gerais em 1984. No ano seguinte, o Plenário adotou a sigla PIT-CNT, proclamando a continuidade com a antiga central.

---

* Por Henrique Amorim. (N. E.)

166   O *continente do labor*

Um dos desafios enfrentados pelo PIT-CNT, nos anos 1990, foi a drástica redução no número de afiliados aos sindicatos. Isso resultou, em boa medida, do processo de desindustrialização e de redução do emprego industrial no Uruguai, decorrente da aplicação do receituário neoliberal.

VENEZUELA*

CTV (Confederação dos Trabalhadores da Venezuela/ Confederación de Trabajadores de la Venezuela)

Entre as várias centrais sindicais existentes no país, a mais importante é a Confederação dos Trabalhadores da Venezuela (CTV), criada sob influência da Ação Democrática (AD), um partido identificado, na sua origem, com a social-democracia europeia, mas que, atualmente, é o principal porta-voz do imperialismo norte-americano no país e um dos principais opositores a Hugo Chávez.

Após um golpe de Estado perpetrado pela AD, o partido organizou, em 1947, um congresso de trabalhadores que decidiu pela fundação da CTV. Todos os cargos de direção foram controlados por esse partido. Tal ação visava impedir a influência do Partido Comunista Venezuelano (PCV) e de grupos revolucionários no movimento sindical. Desde então, a CTV, braço sindical da AD, caracteriza-se por um sindicalismo corporativo e burocratizado.

Ainda fazem parte da história da CTV constantes denúncias de corrupção, um antigo e sólido vínculo com a AFL-CIO, dos Estados Unidos, e o apoio à Reforma Trabalhista neoliberal do governo de Rafael Caldera (A Lei Orgânica do Trabalho, de 1997), que resultou na perda de direitos trabalhistas e contribuiu para que o setor formal da economia abrangesse apenas 12% da classe trabalhadora.

A CTV teve participação decisiva em todas as ações golpistas no país, em particular na greve de 9 de abril de 2002, que antecedeu o golpe de Estado do dia 11, derrotado poucos dias depois.

A CTV também participou no locaute iniciado em 12 de dezembro do mesmo ano. O bloqueio, que contou com a adesão de empresários da indústria, do ensino privado, dos meios de comunicação, do comércio e dos executivos da Petróleos de Venezuela S. A. (PDVSA), tinha como objetivo principal impedir a produção e o refino do petróleo, o que comprometeria a economia venezuelana. Recorreu-se até mesmo a ações de sabotagem, com a destruição de máquinas e instalações.

Os empresários e a CTV sofreram forte resistência dos trabalhadores mais organizados e da população que, aos poucos, conseguiu reconquistar o controle sobre a produção, ocupando diretamente as fábricas ou exigindo a sua reabertura. Em razão disso, em fevereiro de 2003, o locaute foi derrotado. Cerca de 5 mil funcionários da PDVSA foram demitidos, incluindo executivos e diretores, e os presidentes da Fedecámaras e da CTV foram presos.

---

*   Por Daniel Romero. (N. E.)

Atualmente, a atuação da CTV passa por um forte processo de questionamento no meio sindical, principalmente representado pela perda de importantes sindicatos e pela criação e crescimento de uma nova central, a União Nacional dos Trabalhadores (UNT).

UNT (União Nacional dos Trabalhadores)

Criada em 2003, a União Nacional dos Trabalhadores (UNT) foi organizada por iniciativa da Força Bolivariana de Trabalhadores para se contrapor à conservadora CTV. Após a participação dessa central na tentativa de golpe de Estado de abril de 2002 e no locaute de dezembro do mesmo ano, abandonou-se a estratégia de tentar conquistar a sua direção e se decidiu pela criação de uma nova central, de corte classista e independente.

A UNT reúne militantes de esquerda e setores pró-Hugo Chávez e disputa com a CTV a direção do movimento sindical, principalmente nos setores metalúrgicos e na indústria petrolífera. Uma de suas bandeiras é a luta pelo controle da produção por meio da estatização e da cogestão.

FONTES DOS TEXTOS

Os textos que compõem este livro foram objeto de alterações para se adequarem à presente coletânea. Em relação aos textos publicados anteriormente, agradecemos aos respectivos editores, coautores e autores e, a seguir, indicamos suas fontes. Alguns foram publicados no exterior e agora são republicados no Brasil. Aqueles não mencionados abaixo são inéditos e editados pela primeira vez.

"O continente do labor" – uma primeira versão desse texto, bastante reduzida e substancialmente alterada, foi publicada em: Emir Sader, Ivana Jinkings, Carlos Eduardo Martins e Rodrigo Nobile (coords.), *Latinoamericana – Enciclopédia Contemporânea da América Latina e do Caribe* (São Paulo, Boitempo, 2006).

"Capitalismo e dependência" – foi publicado como apresentação de: Florestan Fernandes, *Capitalismo dependente e classes sociais na América Latina* (São Paulo, Global, 2009).

"As lutas sociais e o socialismo na América Latina no século XXI" – foi publicado, em versão preliminar e bastante alterada, em: *Socialismo e Liberdade* (Rio de Janeiro, Fundação Lauro Campos, ano I, n. 1, maio de 2009).

"Passado, presente e alguns desafios das lutas sociais no Brasil" – foi publicado em: dossiê "L'Amérique Latine en lutte hier et aujourd'hui", *Actuel Marx* (Paris, PUF, n. 42, 2007).

"O PCB, os trabalhadores e o sindicalismo na história recente do Brasil" – foi publicado em: Marcelo Ridenti e Daniel Aarão Reis (orgs.), *História do marxismo no Brasil* (Campinas, Editora da Unicamp, 2007, v. 6).

"1968 no Brasil" – foi publicado em: dossiê "1968: un monde en révoltes", *Contretemps* (Paris, n. 22, maio de 2008).

"Dimensões do desemprego no Brasil" – foi publicado em: *Interfacehs – Revista de Gestão Integrada em Saúde do Trabalho e Meio Ambiente* (São Paulo, Senac, v. 3, n. 2, 2008).

"As formas diferenciadas da reestruturação produtiva e o mundo do trabalho no Brasil" – foi publicado em: *Revista Latinoamericana de Estudios del Trabajo* (Valencia, ano 14, n. 21, 2009).

Os textos da parte III, "As principais centrais sindicais latino-americanas", foram todos publicados em: Emir Sader, Ivana Jinkings, Carlos Eduardo Martins e Rodrigo Nobile (coords.), *Latinoamericana – Enciclopédia Contemporânea da América Latina e do Caribe* (São Paulo, Boitempo, 2006).

BIBLIOGRAFIA

ALMEIDA, Maria Hermínia Tavares de. O sindicato no Brasil: novos problemas, velhas estruturas. *Debate e Crítica*. São Paulo, n. 6, jul. 1975.

ALVES, Giovanni. *O novo (e precário) mundo do trabalho*: reestruturação produtiva e crise do sindicalismo. São Paulo, Boitempo, 2000.

ANTUNES, Ricardo. *Adeus ao trabalho?* São Paulo, Cortez, 1995. [Ed. italiana: *Addio al lavoro?* Pisa, BFS/Biblioteca Franco Serantini, 2002.] [Ed. argentina: *Adios al trabajo?* Buenos Aires, Herramienta, 1999.]

_____. *O caracol e sua concha*: ensaios sobre a nova morfologia do trabalho. São Paulo, Boitempo, 2005.

_____. *Classe operária, sindicatos e partidos no Brasil*: da Revolução de 30 até a ANL. São Paulo, Cortez, 1982.

_____. *A desertificação neoliberal no Brasil*: Collor, FHC e Lula. Campinas, Autores Associados, 2004.

_____. Global Economic Restructuring and the World of Labor in Brazil: the Challenges to Trade Unions and Social Movements. *Geoforum*, edição especial "Urban Brazil". Nottingham, Pergamon, v. 32, n. 4, 2001.

_____. Les luttes sociales dans la sphère du travail au Brésil: quelques défis passés et présents. *Actuel Marx*. Paris, PUF, n. 42, dossier L'Amérique Latine en lute: hier et aujourd'hui, 2007.

_____. *O novo sindicalismo no Brasil*. Campinas, Pontes, 1995.

_____. Una radiografia dele lotte sindacali e socieli nel Brasile contemporaneo e le principale sfife da afrontare. In: CASADIO, M.; VASAPOLLO, L. (orgs.). *Lotte e regimi in América Latina*. Milão, Jaca, 2005.

_____. *A rebeldia do trabalho*. Campinas, Editora da Unicamp/Ensaio, 1988.

_____. Recent Strikes in Brazil: The Main Tendencies of the Strike Movement of the 1980's. *Latin American Perspectives*. Califórnia, Sage, ed. 80, v. 21, n. 1, 1994.

_____ (org.). *Riqueza e miséria do trabalho no Brasil*. São Paulo, Boitempo, 2006.

_____. *Os sentidos do trabalho*: ensaio sobre a afirmação e a negação do trabalho. São Paulo, Boitempo, 1999. [Ed. argentina: *Los sentidos del trabajo*. Buenos Aires, Herramienta, 2005.]

_____; SILVA, Maria Aparecida Moraes (orgs.). *O avesso do trabalho*. São Paulo, Expressão Popular, 2004.

ARMELINO, Martín. Algunos aspectos de la acción colectiva y la protesta en la CTA y el MTA. *Lavboratorio*: revista de estudios sobre câmbio social. Ano 6, n. 15, 2004. Disponível em <www.clacso.org/wwwclacso/espanol/html/biblioteca/fbiblioteca.html>.

AZEDO, Luiz Carlos. Modernização integrada e o mundo do trabalho. *Revista Novos Rumos*. São Paulo, Novos Rumos, 1990.

BAO, Ricardo Melga. *El movimiento obrero latinoamericano*: historia de una clase subalterna. Madri, Alianza, 1988.

BASUALDO, Eduardo. Las reformas estructurales y el plan de convertibilidad durante la década de los noventa: el auge y la crisis de la valorización financiera. *Realidad Económica*. Buenos Aires, Facultad Latinoamericana de

172 *O continente do labor*

Ciencias Sociales (Flacso), n. 200, 2003, p. 42-83. Disponível em <http://www.flacso.org.ar/uploaded_files/Publicaciones/27_AEYT_Las.reformas.estructurales.y.el.Plan.de.Convertibilidad.pdf>.

BIHR, Alain. *Du "grand soir" a "l'alternative":* le mouvement ouvrier européen en crise. Paris, Les Editions Ouvrières, 1991. [Ed. bras.: *Da "grande noite" à "alternativa".* São Paulo, Boitempo, 1998.]

BOITO JR., Armando (org.). *O sindicalismo brasileiro nos anos 80.* Rio de Janeiro, Paz e Terra, 1991.

_____ . *O sindicalismo de Estado no Brasil.* São Paulo, Hucitec/Editora da Unicamp, 1991.

BRAGA, Ruy. *A nostalgia do fordismo.* São Paulo, Xamã, 2003.

BUENDÍA, Aureliano. Guerra, neoliberalismo y intervención imperialista de Estados Unidos en Colombia. *Herramienta.* n. 13, s/d.

CADERNOS DO PRESENTE. São Paulo, Aparte, n. 2, jul. 1978.

CARONE, Edgard. *O PCB (1943-1964).* São Paulo, Difel, 1982. v. 2.

_____. *O PCB (1964-1982).* São Paulo, Difel, 1982. v. 3.

CASANOVA, Pablo González (org.). *Historia del movimiento obrero en América Latina.* México, Siglo Veintiuno, Instituto de Investigaciones Sociales (Unam), 1984, 4 v.

CAVAROZZI, Marcelo. Peronismo, sindicatos y política en la Argentina (1943-1981). In: CASANOVA, Pablo González (org.). *Historia del movimiento obrero en América Latina.* México, Siglo Veintiuno, 1984. v. 4, p. 200-50.

CHERESSKY, Isidoro. El movimiento obrero en Argentina (1930-1943). In: CASANOVA, Pablo González (org.). *Historia del movimiento obrero en América Latina.* México, Siglo Veintiuno, 1984. v. 4, p. 145-99.

CHILCOTE, Ronald. *Partido Comunista Brasileiro:* conflito e integração. Rio de Janeiro, Graal, 1982.

COGGIOLA, Osvaldo; BILSKY, Edgardo. *História do movimento operário argentino.* São Paulo, Xamã, 1999.

CORRÊA, Hércules. *A classe operária e seu partido.* Rio de Janeiro, Civilização Brasileira, 1980.

COSTA, Hélio da. *Em busca da memória:* comissão de fábrica, partido e sindicato no pós-guerra. São Paulo, Scritta, 1995.

DELARBRE, Raúl Trejo. *Crónica del sindicalismo en México (1976-1988).* México, Siglo Veintiuno, 1990.

_____. Historia del movimiento obrero en México, 1860-1982. In: CASANOVA, Pablo González (org.). *Historia del movimiento obrero en América Latina.* México, Siglo Veintiuno, 1984. v. 1.

DELGADO, Lucília Neves. *O comando geral dos trabalhadores no Brasil (1961/1964).* Petrópolis, Vozes, 1986.

DRUCK, Maria da Graça. *Terceirização:* (des)fordizando a fábrica – um estudo crítico do complexo petroquímico. São Paulo, Boitempo, 1999.

ENGELS, Friedrich. Carta de Engels a Kautsky, 26 de janeiro de 1893. In: Materiales para la história de América Latina. *Cuadernos Pasado y Presente PYP.* Buenos Aires, n. 30.

ESCUELA NACIONAL SINDICAL (ENS). *Informe sobre la violación a los derechos humanos de los sindicalistas colombianos.* 2004. Disponível em: <www.ens.org.co>.

FERNANDES, Florestan. *A ditadura em questão.* São Paulo, T. A. Queiroz, 1982.

_____. *A revolução burguesa no Brasil.* Rio de Janeiro, Jorge Zahar, 1975.

FREDERICO, Celso. *A esquerda e o movimento operário (1964-1984).* São Paulo, Novos Rumos, 1987. v. 1.

_____. *A esquerda e o movimento operário (1964-1984).* Belo Horizonte, Oficina de Livros, 1990. v. 2.

_____. *A vanguarda operária.* São Paulo, Símbolo, 1979.

FURTADO, João Pinto. *Trabalhadores em educação:* experiência, imaginário e memória sindical nos anos 80 e 90. Ouro Preto, UFOP, 1996.

GATO, Marcelo. Considerações sobre a questão sindical e a democracia. *Temas de Ciências Humanas.* São Paulo, Livraria e Editora Ciências Humanas, n. 5, 1979.

GIANNOTTI, Vito; NETO, Sebastião. *CUT:* ontem e hoje. Petrópolis, Vozes, 1991.

GIOVANETTI NETO, Evaristo. *O PCB na Assembleia Constituinte de 1946.* São Paulo, Novos Rumos, 1986.

GODIO, Julio. *Inmigrantes assalariados y lucha de clases 1880-1910.* Buenos Aires, Tiempo Contemporáneo, 1972. (Coleção Teoria y Politica.)

GOETHE, J. W. *Os anos de aprendizado de Wilhelm Meister*. São Paulo, Ensaio, 1994.

GORENDER, Jacob. *Combate nas trevas*. São Paulo, Ática, 1987.

GRAMSCI, Antonio. *Maquiavel, a política e o Estado moderno*. Rio de Janeiro, Civilização Brasileira, 1978.

HUMPHREY, John. *Fazendo o milagre*. Petrópolis, Vozes/Cebrap, 1982.

_____. As raízes e os desafios do "novo" sindicalismo da indústria automobilística. *Estudos Cebrap*. São Paulo, Cebrap, n. 26, 1980.

HUWS, Ursula. *The Making of a Cybertariat (Virtual Work in a Real World)*. Nova York/Londres, Monthly Review Press/Merlin, 2003.

IANNI, Octavio. *O ABC da classe operária*. São Paulo, Hucitec, 1980.

IBRAHIM, José. Movimento operário: novas e velhas lutas (debate). *Revista Escrita/Ensaio*. São Paulo, Escrita, 1980.

INTIGNANO, Beatrice. *A fábrica de desempregados*. Rio de Janeiro, Bertrand Brasil, 1999.

JIMENEZ, Patricia; GAMARRA, Carmen. Flexibilización y reconversión productiva en el sector industrial: laboratorios, confecciones, alimentos globalización y empleo. In: VIGIL, Griselda Tello (org.). *Globalización y empleo*. Lima, Asociación Laboral para el Desarrollo/Universidade Católica del Peru, 1994.

JINKINGS, Nise. *Trabalho e resistência na "fonte misteriosa"*: os bancários no mundo da eletrônica e do dinheiro. Campinas/São Paulo, Editora da Unicamp/Imprensa Oficial do Estado, 2002.

KORNIS, Mônica; SANTANA, Marco Aurélio. Greve. In: ABREU, Alzira Alves de (org.). *Dicionário histórico-biográfico brasileiro*. Rio de Janeiro, Fundação Getúlio Vargas, 2001. v. 3.

KURZ, Robert. *O colapso da modernização*. São Paulo, Paz e Terra, 1992.

LEON, Antonio García de. Os zapatistas hoje. *Olho da história*. Salvador, Faculdade de Filosofia e Ciência Humanas da Universidade Federal da Bahia, n. 3, jul. 1996. Disponível em <http://www.oolhodahistoria.ufba.br/03leon.html>.

LIMA, Eurenice. *Toyotismo no Brasil*: o desencantamento da fábrica, envolvimento e resistência. São Paulo, Expressão Popular, 2004.

LORA, Guillermo. *Historia del movimiento obrero boliviano*. La Paz, Los Amigos del Libro, 1969. 3 v.

MARANHÃO, Ricardo. *Sindicatos e redemocratização*. São Paulo, Brasiliense, 1979.

_____. *Os trabalhadores e os partidos*. São Paulo, Semente, 1981.

MARIÁTEGUI, José Carlos. *Ideologia y política*. Lima, Amauta, 1969.

_____. *Peruanicemos al Peru*. Lima, Amauta, 1972.

MARONI, Amnéris. *A estratégia da recusa*. São Paulo, Brasiliense, 1982.

MARTÍNEZ PUENTES, Silvia. *Cuba:* más allá de los sueños. México, Paradigmas y Utopias, 2004.

MARTINS FILHO, João Roberto. *Movimento estudantil e ditadura militar, 1964-1968*. Campinas, Papirus, 1987.

MARX, Karl. *O capital*: crítica da economia política. Rio de Janeiro, Civilização Brasileira, 1971.

MENEGUELLO, Rachel. *PT:* a formação de um partido. Rio de Janeiro, Paz e Terra, 1989.

MENEZES, Clarice; SARTI, Ingrid. *Conclat 1981*: a melhor expressão do movimento sindical brasileiro. Campinas, Cartgraf, 1981. (Coleção Ildes 3.)

MÉSZÁROS, István. *Beyond Capital:* Towards a Theory of Transition. Londres, Merlin Press, 1995. [Ed. bras.: *Para além do capital*. São Paulo, Boitempo, 2005.]

MOISÉS, José. *Greve de massa e crise política*. São Paulo, Pólis, 1978.

MORO, Aleida Plasencia. Historia del movimiento obrero en Cuba. In: CASANOVA, Pablo González (org.). *Historia del movimiento obrero en América Latina*. México, Siglo Veintiuno, 1984. v. 1, p. 88-183.

NAVARRO, Vera Lúcia. O trabalho e a saúde do trabalhador na indústria de calçados. *São Paulo em Perspectiva*. São Paulo, v. 17, n. 2, 2003. p. 32-41.

NEF, Jorge. The Chilean Model: Fact and Fiction. *Latin American Perspectives*. University of California, v. 30, n. 5, set. 2003.

174   O continente do labor

NOGUEIRA, Arnaldo. *A modernização conservadora do sindicalismo brasileiro*. São Paulo, Educ/Fapesp1998.

NOGUEIRA, Claudia Mazzei. *A feminização no mundo do trabalho*. Campinas, Autores Associados, 2004.

_____. *O trabalho duplicado*: a divisão sexual no trabalho e na reprodução – um estudo das mulheres trabalhadoras no telemarketing. São Paulo, Expressão Popular, 2006.

NORONHA, Eduardo. A explosão das greves na década de 80. In: BOITO JR., Armando (org.). *O sindicalismo brasileiro nos anos 80*. Rio de Janeiro, Paz e Terra, 1991.

OLIVEIRA, Francisco de. *Crítica à razão dualista/O ornitorrinco*. São Paulo, Boitempo, 2003.

OLIVEIRA, Isabel Ribeiro de. *Trabalho e política*. Petrópolis, Vozes, 1988.

PACHECO, Eliezer. *O partido comunista brasileiro (1922/1964)*. São Paulo, Alfa-Ômega, 1984.

PACHECO, Mariano. Del piquete al movimiento. *Cuadernos Fisyp*. Ciudad Autonoma de Buenos Aires, Fundación de Investigaciones Sociales y Políticas (Fiysp), n. 11, 2004. Disponível em <http://fisyp.rcc.com.ar/11.Piqueteros.pdf>.

PARTIDO COMUNISTA BRASILEIRO (PCB). *Vinte anos de política – documentos (1958/1979)*. São Paulo, Ciências Humanas, 1980.

PRADO JR., Caio. *A revolução brasileira*. São Paulo, Brasiliense, 1966.

PETRAS, James. Latin American: The Resurgence of the Left. *New Left Review*. Londres, n. 223, 1997.

POCHMANN, Marcio. *Atlas da exclusão social no Brasil*. São Paulo, Cortez, 2006.

_____. Desempregados do Brasil. In: ANTUNES, Ricardo (org.). *Riqueza e miséria do trabalho no Brasil*. São Paulo, Boitempo, 2006.

_____. *O emprego na globalização*. São Paulo, Boitempo, 2001.

QUINTERO, Rodolfo. Historia del movimiento obrero en Venezuela. In: CASANOVA, Pablo González (org.). *Historia del movimiento obrero en América Latina*. México, Siglo Veintiuno, 1984. v. 3, p. 152-200.

RAMA, Carlos. *Historia del movimiento obrero y social latinoamericano contemporaneo*. Montevidéu, Palestra, 1967.

RAMALHO, José. *Estado patrão e luta operária*: o caso FNM. Rio de Janeiro, Paz e Terra, 1989.

REIS FILHO, Daniel Aarão. A maldição do populismo. *Linha direta*. São Paulo, Partido dos Trabalhadores, n. 330, set. 1997.

_____. Questões históricas (exposição). In: GARCIA, Marco Aurélio (org.). *As esquerdas e a democracia*. Rio de Janeiro, Paz e Terra/Cedec, 1986.

_____; MORAES, Pedro de (org.). *1968, a paixão de uma utopia*. Rio de Janeiro, Espaço e Tempo, 1988.

RIDENTI, Marcelo. *Em busca do povo brasileiro*: artistas da revolução. Rio de Janeiro, Record, 2000.

RODRIGUES, Iram Jácome. *Trabalhadores, sindicalismo e democracia*: a trajetória da CUT. Tese de Doutorado, São Paulo, USP, 1993.

RODRIGUES, Leôncio Martins. *CUT*: os militantes e a ideologia. Rio de Janeiro, Paz e Terra, 1990.

_____. *Industrialização e atitudes operárias*. São Paulo, Brasiliense, 1970.

_____. O PCB: os dirigentes e a organização. In: *História geral da civilização Brasileira*. São Paulo, Difel, 1981. v. 10, cap. VIII.

_____. As tendências políticas na formação das centrais sindicais. In: BOITO JR., Armando (org.). *O sindicalismo brasileiro nos anos 80*. Rio de Janeiro, Paz e Terra, 1991.

_____; CARDOSO, Adalberto Moreira. *Força sindical*: uma análise sociopolítica. Rio de Janeiro, Paz e Terra, 1993.

ROJAS, Rodrigues Montoya. El Peru después de 15 años de violencia (1980-1995). *Estudos Avançados*. São Paulo, v. 11, n. 29, 1997.

RUIZ, Raul. Macroeconomia de los noventa. *Peru hoy*. Lima, Centro de Estudios y Promoción del Desarrollo (DESCO), n. 1, jul. 2002.

SADER, Éder. *Quando novos personagens entraram em cena*. Rio de Janeiro, Paz e Terra, 1988.

SALM, Cláudio. Emprego e desemprego no Brasil. *Novos Estudos*. São Paulo, Cebrap, n. 45, 1996.

Bibliografia 175

SANTANA, Marco Aurélio. Entre a ruptura e a continuidade: visões da história do movimento sindical brasileiro. *Revista Brasileira de Ciências Sociais*. São Paulo, n. 41, 1999.

_____. *Homens partidos*: comunistas e sindicatos no Brasil. São Paulo/Rio de Janeiro, Boitempo/Unirio, 2001.

_____. Political Representation and Trade Unions in Brazil: Ruptures and Continuities. *Working Paper Series*. Manchester, International Centre for Labour Studies, n. 18, jan. 1997.

_____. Trabalhadores e militância sindical: a relação partido/sindicato/classe no Sindicato dos Metalúrgicos do Rio de Janeiro (1947/1964). In: RAMALHO, José Ricardo; SANTANA, Marco Aurélio (orgs.). *Trabalho e tradição sindical no Rio de Janeiro:* a trajetória dos metalúrgicos. Rio de Janeiro, DP&A, 2001.

SCHWARZ, Roberto. Remarques sur la culture et la politique au Brésil, 1964-1969. *Les Temps Modernes*. Paris, n. 288, jul. 1970.

SEGATTO, José. *Breve história do PCB*. Belo Horizonte, Oficina de Livros, 1989. 2. ed.

SEGNINI, Liliana. *Mulheres no trabalho bancário*: difusão tecnológica, qualificação e relações de gênero. São Paulo, Edusp, 1998.

SILVA, Luís Inácio Lula da. *Lula – Luís Inácio Lula da Silva*: entrevistas e discursos. Guarulhos, O Repórter de Guarulhos, 1981.

SINGER, Paul. *Globalização e desemprego*. São Paulo, Contexto, 1998.

SOEDERBERG, Susanne. Deconstructing the Neoliberal Promise of Prosperity and Stability: Who Gains from the *Maquiladorization* of Mexican Society? *Cultural Logic*, v. 4, n. 2, 2001.

SOTELO, Adrian. *La reestruturación del mundo del trabajo*. México, Itaca, 2003.

SPINDEL, Arnaldo. *O Partido Comunista na gênese do populismo*. São Paulo, Símbolo, 1980.

SULMONT, Denis. Exclusión social y empleo: notas para un debate. In: VIGIL, Griselda Tello (org.). *Globalización y empleo*. Lima, Asociación Laboral para el Desarrollo/Universidade Católica del Peru, 1994.

_____. Historia del movimiento obrero peruano (1890-1978). In: CASANOVA, Pablo González (org.). *Historia del movimiento obrero en América Latina*. México, Siglo Veintiuno, 1984. v. 3.

TABOLARA, Cayetano Llobet. Apuntes para una historia del movimiento obrero en Bolívia. In: CASANOVA, Pablo González (org.). *Historia del movimiento obrero en América Latina*. México, Siglo Veintiuno, 1984. v. 3, p. 307-58.

TAYLOR, Marcus. Labor Reform and the Contradictions of "Growth with Equity" in Postdictatorship Chile. *Latin American Perspectives*. University of California, v. 31, n. 4, jul. 2004.

TELLES, Jover. *O movimento sindical no Brasil*. Rio de Janeiro, Vitória, 1962.

VALENCIA, Enrique. El movimiento obrero colombiano. In: CASANOVA, Pablo González (org.). *Historia del movimiento obrero en América Latina*. México, Siglo Veintiuno, 1984.

VENCO, Selma. *Telemarketing nos bancos*: o emprego que desemprega. Campinas, Editora da Unicamp, 2003.

VIANNA, Luiz Werneck. *A classe operária e a abertura*. São Paulo, Cerifa, 1983.

_____. *Liberalismo e sindicato no Brasil*. São Paulo, Paz e Terra, 1976.

_____. *Travessia*: da abertura à Constituinte 86. Rio de Janeiro, Taurus, 1986.

VINHAS, Moisés. *O partidão*: a luta por um partido de massas (1922/1974). São Paulo, Hucitec, 1982.

WEFFORT, Francisco. Uma convivência possível? In: O PCB encara a democracia, *Jornal do Brasil* (caderno especial), Rio de Janeiro, jul. 1979.

_____. Origens do sindicalismo populista no Brasil: a conjuntura do pós-guerra. *Estudos Cebrap*. São Paulo, Cebrap, n. 4, 1973.

_____. Os sindicatos na política (Brasil 1955-1964). *Ensaios de Opinião*. São Paulo, n. 2-5, 1978.

WITKER, Alejandro. El movimiento obrero chileno. In: CASANOVA, Pablo González (org.). *Historia del movimiento obrero en América Latina*. México, Siglo Veintiuno, 1984. v. 3.

Este livro foi composto em Adobe Garamond
Pro, corpo 10,5/12,6, e reimpresso em papel
Avena 80 g/m² na gráfica Forma Certa
para a Boitempo, em fevereiro de 2025,
com tiragem de 100 exemplares.